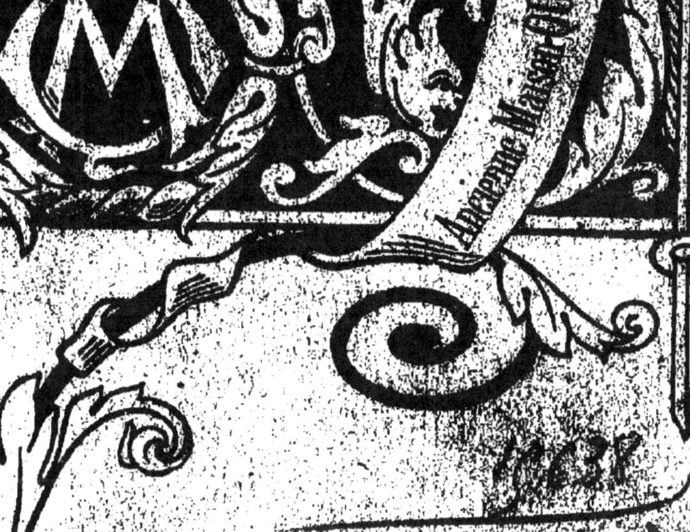

L'Art
Indo-chinois

PAR

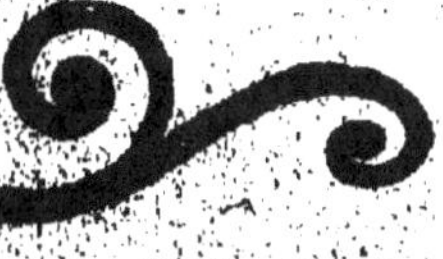

A. de POUVOURVILLE

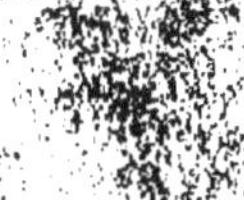

L'ART

INDO-CHINOIS

PAR

A. DE POUVOURVILLE

(MATGIOI)

PARIS
ANCIENNE MAISON QUANTIN
Librairies-Imprimeries réunies

Marius Michel del.

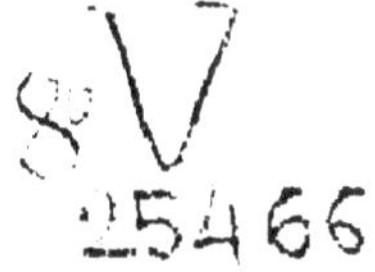

COLLECTION PLACÉE SOUS LE HAUT PATRONAGE

DE

L'ADMINISTRATION DES BEAUX-ARTS

COURONNÉE PAR L'ACADÉMIE FRANÇAISE

(Prix Montyon)

ET

PAR L'ACADÉMIE DES BEAUX-ARTS

(Prix Bordin)

BIBLIOTHÈQUE DE L'ENSEIGNEMENT DES BEAUX-ARTS
PUBLIÉE SOUS LA
DIRECTION DE M. JULES COMTE

L'ART
INDO-CHINOIS

PAR

ALBERT DE POUVOURVILLE
(MATGIOI)

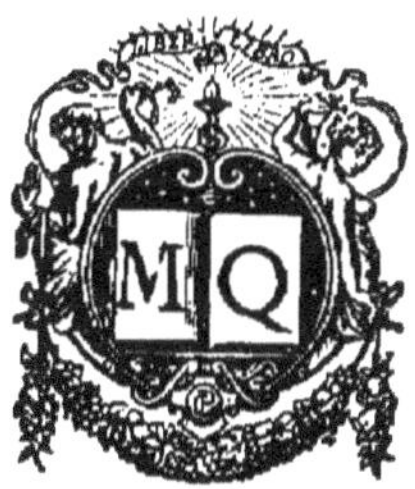

PARIS

ANCIENNE MAISON QUANTIN
LIBRAIRIES-IMPRIMERIES RÉUNIES
MAY & MOTTEROZ, DIRECTEURS
7, rue Saint-Benoît

A

MONSIEUR JULES HARMAND

MINISTRE PLÉNIPOTENTIAIRE

ANCIEN COMMISSAIRE GÉNÉRAL DE LA RÉPUBLIQUE FRANÇAISE
EN ANNAM

En témoignage de respectueux dévouement.

Juin 1894.

PRÉFACE

Seul, le nom de la race indo-chinoise est composé avec l'Inde et avec la Chine : la civilisation, le peuple, les coutumes, les philosophies sont bien une civilisation, un peuple, des coutumes et des philosophies à part, dont on ne peut espérer rencontrer ailleurs l'essence et les principes constitutifs.

Il en est de même pour l'art indo-chinois. On a souvent prétendu que les productions indo-chinoises n'étaient qu'un composé, — plus ou moins harmonisé, — des inspirations chinoises et hindoues. Certainement, surtout dans l'application des arts à la religion, les grands courants bouddhistes et taoïstes, qui se sont produits au cours des âges, ont laissé leur empreinte dans la Péninsule, qui était un point de passage obligatoire de leur exode. Mais une influence ne constitue pas un mouvement d'art là où il n'existait rien auparavant ; et, s'il n'y avait pas eu un art primitif indo-chinois,

sur quoi les arts indiens et chinois eussent-ils pu
exercer cette influence passagère ?

Si donc on croyait, avec ces deux arts, avoir
décrit tout l'être artistique extrême oriental, et si
l'on s'en tenait à leur étude chez ces deux peuples
(arts qui ne se sont vulgarisés davantage que parce
que les deux peuples, étant plus nombreux, les productions étaient plus considérables), on perdrait,
de gaieté de cœur, des notions intéressantes et de
grande valeur, et l'une des manifestations les plus
gracieuses et les plus personnelles de l'extrême
Orient.

Car la race annamite a mis, dans tous ses arts,
son caractère de grâce, de finesse un peu tendre,
parfois de préciosité discrète. Et ces signes, aussi
agréables que fugitifs, sont difficiles à saisir et à
fixer pour l'observateur occidental, à qui cette tour-
nure d'esprit est ataviquement étrangère.

Mais il ne peut être question, dans un livre de
vulgarisation qui fait partie d'un tout didactique
conçu sur un plan général, de préciser des origines,
d'étudier des curiosités, de rechercher les origina-
lités de cet art si complexe. L'auteur est obligé de
rester dans le domaine de ces généralités, qui sont
compréhensibles à tous et utilisables pour tous.
C'est ainsi que, à notre regret, il nous est impos-

sible de faire l'histoire du dessin indo-chinois, ni celle, si personnelle, de la céramique, et que, nous contentant de quelques traits rapides, nous sommes contraints de laisser ces descriptions, si intéressantes et si neuves, aux spécialistes des diverses branches, et de nous appesantir davantage sur les manifestations architecturales et statuaires, d'où se dégagent le mieux les conceptions esthétiques d'un peuple. L'ouvrage, ainsi conçu, peut perdre de sa saveur, mais gagne en valeur pratique. Laissant aux spécialistes l'histoire des spécialités, aux chercheurs la description des objets rares, il s'en tient aux grandes traditions et aux méthodes usuelles, et détermine ainsi l'adaptation spéciale du génie d'un peuple et une vision particulière de l'art dont la race indo-chinoise a bien l'exclusive propriété.

L'auteur a puisé des documents précieux pour caractériser l'architecture khmer dans le beau travail de M. Delaporte et dans les notes détaillées qui suivent ce travail et qui sont dues à la sagace observation de M. Harmand. Les gravures qui illustrent le résumé de l'art khmer ont été gracieusement prêtées par M. Delaporte et par la maison Charles Delagrave. En ce qui concerne les monuments khams, M. Charles Lemire, résident de

France en Annam, a bien voulu nous faire profiter de sa longue expérience et entr'ouvrir pour nous la précieuse mine des documents inédits qu'il possède sur la question. Nous avons trouvé des secours empressés parmi les fonctionnaires européens et indigènes de notre Protectorat, qui nous ont communiqué des pièces historiques de haute valeur, et parmi tous ceux qui nous ont facilité l'accès de collections, soit royales, soit particulières. Quelques richesses du musée Guimet ont été mises à contribution. Nous devons un témoignage spécial à S. E. Nguyen-Huu-do, ancien vice-roi du Tonkin ; au tongdoc Cao-Xuan-duc, gouverneur des Trois Citadelles, qui ont bien voulu, l'un nous faire la description des trésors royaux, l'autre nous donner l'histoire et la légende de l'art dans la province de Sontay; et enfin, pour la photographie sur place des éléments de nos illustrations, nous ne saurions avoir trop de gré à l'obligeance de M. H. Bernard de Jandin, qui a bien voulu prendre les épreuves des pièces des collections particulières, et de M. Dieulefils, qui s'est chargé, en Indo-Chine même, du soin analogue pour le chapitre de l'architecture.

Le choix très scrupuleux de ces gravures permet de se rendre compte à la fois de la tenue géné-

rale de chacune des branches de l'art, et aussi des
monuments et des œuvres les plus parfaits, par
lesquels les artistes des différentes époques se sont
manifestés. L'auteur ne pouvait songer à aller plus
loin dans ses investigations de ce pays si peu
connu, et cependant si riche en théories et en
curiosités. Son seul but était d'initier, le plus clairement et le plus rapidement possible, les intelligences européennes à un fonds artistique dont le
type général, assez mal fixé jusqu'à présent, n'éveil-
lait guère notre intérêt et duquel le caractère très
réservé de la race créatrice semblait, longtemps
encore, devoir nous éloigner.

A. DE P.

L'ART INDO-CHINOIS

L'ARCHITECTURE

L'architecture étant peu goûtée des particuliers qui ne recherchent que l'abri nécessaire dans leurs habitations, et y sont aussi indifférents qu'à la plupart des jouissances matérielles, il semble qu'il faille demander à l'architecture officielle ou liturgique les plus significatives manifestations de cet art.

C'est pourquoi il convient de distinguer dès l'abord l'architecture religieuse, l'architecture hiérarchique et l'architecture funéraire, comme devant donner les plus précieuses indications. Il peut être ensuite intéressant de rassembler quelques exemples d'architecture militaire, à laquelle s'adonnèrent jadis les races indo-chinoises, alors divisées en royaumes de Ciampa, Ailao, etc., à l'époque des invasions du Nord, architecture qui disparut avec les raisons qui l'ont fait naître.

I

L'ARCHITECTURE RELIGIEUSE

Il est bon, au sujet de l'architecture religieuse, d'établir une distinction qui s'étend d'ailleurs à tous les arts, aussitôt qu'ils s'appliquent à des sujets religieux. L'histoire de l'architecture est liée intimement à l'histoire des cultes; et la valeur, l'objet, l'ésotérisme ou l'exotérisme des croyances se traduit dans la grandeur, la sévérité ou la magnificence des édifices.

On sait que le culte héréditaire de l'Indo-Chine est celui d'une Force Unique, à laquelle on n'élevait primitivement pas de temple, et de Génies ou Esprits intercesseurs, au nombre desquels se trouvent, au premier rang, les Esprits des Ancêtres. Les autres cultes, à l'usage des grands et des philosophes, n'ont pas pénétré profondément dans l'âme et dans les habitudes de la race.

Or, ce culte d'une Unité impersonnelle est bien celui dont l'empereur Fohi, 3ooo ans avant Jésus-Christ, avait eu la conception, qui fut promulgué dans toute l'Asie orientale, et rendu populaire au xɪɪᵉ siècle av. J.-C., par l'enseignement du Yiking, le premier des Livres Sacrés. (Le *Yiking* n'est que le troisième livre des Changements, ou changements de la dynastie Tshéou : les deux premiers livres, le

Lienshan, — 2200 ans av. J.-C., — et le *Koueïtsang*, — 1780 av. J.-C., sont perdus.)

Des commentaires en ont été faits par des lettrés, tant Chinois qu'Indo-Chinois; et le premier roi indépendant de la Péninsule rendit ce culte officiel en ses États (dynastie de Huongvuong) presque à la même époque où les dynasties Chang et Tshéou l'établissaient en Chine. Le culte de Khiên (principe actif de Fohi) n'a ni temples ni autels. « La pierre de ses sacrifices, dit une paraphrase, est dans le cœur de ses serviteurs. »

Une pierre droite sous les grands arbres, une pierre sonore au sommet de quelques collines, telles étaient les seules manifestations extérieures du culte primitif. On en trouve encore quelques exemples : car, autour des grandes pagodes aujourd'hui existantes, on rencontre plusieurs de ces autels en plein air, où l'on ne sacrifie pas, et qui sont élevés en souvenir, et en imitation, un peu inconsciente, des cultes disparus.

Le culte des Ancêtres est un culte général, mais n'est pas obligatoirement un culte public : la loi originelle veut que ce culte soit rendu par les fils de l'Ancêtre dans la maison même de l'Ancêtre, de telle sorte qu'un coin de la chambre commune, chez les pauvres, et une chambre particulière dans la maison, chez les riches, constituent les temples de cette religion. sans laisser par suite un prétexte quelconque à des édifications spéciales.

Mais comme chaque village était, à l'origine, la propriété d'un seul chef de famille, que tous les habitants d'une commune sont parents entre eux (je ne puis entrer ici dans le détail de la formation des communes sur l'exemple des Bako, les cent Souches primitives, répandues ensuite en une quantité de collatérales), il s'ensuit que le culte que les habitants devaient à leurs premiers ancêtres est effectivement adressé à la mémoire d'un seul chef de famille, dont l'existence, certaine mais ignorée, se perd dans la nuit des temps et la confusion des annales. Ce chef de souche a donc droit à son temple, et chacun des habitants, en sa qualité de descendant, a le devoir de le construire et le droit d'y venir rendre ses hommages, et d'y faire les cérémonies traditionnelles à l'esprit de sa race. A frais communs les habitants d'une même localité construisirent donc un édifice, où ils logèrent d'abord les Tablettes du Premier Ancêtre, puis, et peu à peu, toutes les représentations des Génies intercesseurs et des Esprits légendaires, qui constituaient pour eux les Intermédiaires entre l'homme et la divinité.

Ce temple (car, à bien parler, le mot « pagode » ne saurait être employé que pour les constructions bouddhiques) était véritablement la « Maison de l'Ancêtre »; il devait posséder, — et possède en effet, — les principaux caractères d'architecture des maisons d'habitation : toit relevé très considérable, charpentes croisées, entre-colonnements nombreux. Ces caractères étaient conservés, avec plus de simplicité et d'ampleur. Et rien, sauf les décorations de l'intérieur, ne pouvait, dans les premiers temps, indiquer la destination de l'édifice.

Comme ces temples étaient fort révérés, et contenaient, en somme, toute la religion, et en même temps ιoute l'ancestralité d'une réunion d'hommes, des dons de terrain leur furent faits, et un petit domaine vint rapidement entourer chacun des temples : une enceinte extérieure les enfermait; et c'est sur ce péribole que l'imagination des premiers architectes se donnait libre cours, ainsi que dans les monuments votifs et les pierres commémoratives qui ornèrent peu à peu l'enclos sacré.

Le type de ces religions et de ces architectures primitives se trouve encore parmi les peuplades montagnardes du Lingnan, du Laos et des États Shans. Là, Khièn lui-même et sa sévère représentation n'ont pas pénétré; les Génies des Airs n'ont que des hommages, comme eux passagers et subtils; et, loin des grandioses amoncellements de l'Orient, une pierre à forme naturellement bizarre, où sont attachées d: grossières offrandes, est le seul hommage de ces peuples indifférents à leur dieu incertain.

Au même genre de temples doivent se rattacher les temples modernes élevés en mémoire des grands génies ou des hauts fonctionnaires que le peuple veut honorer. (Ainsi est le temple élevé dans l'ancien Hanoï, au général chinois Cao-Bien, qui fut un conquérant, mais un conquérant que le peuple vaincu conquit à son tour; ainsi est le temple tout récemment élevé en l'honneur du deuxième vice-roi du Tonkin, Nguyen-Huu-do; d'ailleurs, l'Indo-Chinois ne refuse jamais son hommage à la vertu, même chez ses ennemis.) Cependant, il faut remarquer que, suivant le lieu et l'époque où ces monuments commémoratifs furent élevés, l'influence bouddhique ou taoïste se fit sentir dans le plan général et spécialement dans l'ornementation intérieure.

Pour étudier convenablement l'architecture religieuse et les raisons de ses formes diverses, il faudrait entrer en des développements philosophiques qui n'ont pas ici leur place : la religion des peuples jaunes a subi de nombreuses transformations, au cours desquelles elle s'est parfois oblitérée et obscurcie. Il faut être convaincu néanmoins que le fonds en subsiste, que Laotseu a enraciné encore les croyances populaires, et que le bouddhisme et le confucianisme, — dont les Occidentaux mal prévenus font des religions, — ne sont reçus en Asie orientale que comme des systèmes de morale et de politique adaptés aux préceptes de la religion antique par leurs habiles créateurs ou importateurs.

Les trois grands courants : métaphysique, philosophique et moral, qui parcoururent l'Indo-Chine, prirent naissance environ à la même époque, vers le vi[e] siècle avant J.-C. Et sur toute l'Asie orientale passèrent ensemble, jetant de profondes assises dans les doctrines, faisant une forte impression sur les arts, le pèlerin Cakya, enseignant la parole de paix sous les banians, le docte Kongtzeu, rajeunissant les écoles et éclairant les textes, et le mage Laotseu, parcourant le monde sur son buffle blanc, à la conquête du mystère.

L'enseignement de Laotseu, uniquement métaphysique et dédaigneux de la forme, n'était guère fait pour inspirer les fantaisies imaginatives des artistes ; aussi est-il impossible de trouver, dans les temples taoïstes, aucune de ces gracieuses mièvreries, de ces tendres et

ingénieuses traductions des sentiments ténus de la race
indo-chinoise. La largeur des vues, la profondeur des

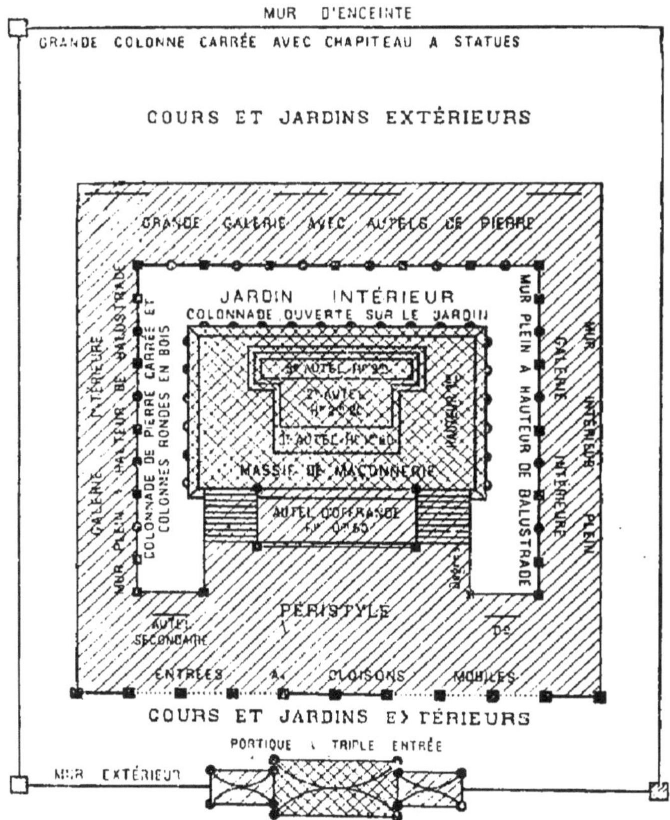

Fig. 1. — Plan d'un temple indo-chinois.

idées du sage, qui fut l'un des plus sombres génies de
l'humanité, n'avaient point de paraphrase possible dans
la pierre; elles ne pouvaient communiquer aux adeptes

qu'un esprit rigide, aux monuments que des aspects sévères, et à tous les arts qu'un galbe d'une retenue mystérieuse et d'une gravité symbolique.

Les temples et les monastères taoïstes (car le culte de Laotseu a donné naissance à une quantité d'ordres solitaires, contemplatifs et savants) étaient jadis fort nombreux; ils ont diminué lorsque, — les adeptes de Laotseu s'étant adonnés aux mystérieuses pratiques des Phan-Ac, et s'étant érigés en adversaires des rois et des cours, — les souverains de l'Indo-Chine interdirent successivement le culte extérieur du Tao, et n'autorisèrent plus que le temple commémoratif en l'honneur du philosophe, et l'enseignement du seul Livre de la Voie et de la Vertu, dépouillé de tous les commentaires dont les douze élèves du maître l'avaient environné et éclairci.

Tels qu'ils nous sont parvenus dans leur rareté, les temples du taoïsme, qu'aucun art ne semble orner, nous émeuvent par la solennité de leur forme, la majestueuse amplitude de leur plan, et par ce symbolisme ténébreux, éclos de la plus haute métaphysique, suivant lequel toutes les parties, même les plus petites de l'édifice, ont été dressées, et qui se retrouve dans toutes les actions, les pensées, les manifestations des disciples du maître. A ces titres, le monument taoïste est, plus encore que pour l'artiste, d'une étude admirable, fructueuse et attachante pour le penseur, curieux d'une tradition antique, partout ailleurs oubliée, là toujours vivante et triomphante.

Kongtzeu, — dont nos pédagogies occidentales ont fait Confucius, — ne fit pas une religion nouvelle,

puisque ses œuvres ne sont que des commentaires des
Livres Sacrés primitifs, les *Ngukinh,* et que les seuls
écrits dont il fut l'auteur ne s'occupent que de gouvernement et de littérature. Parmi tous les enseignements
divers que les disciples de Fohi tirèrent des schémas
et des hiérogrammes sigillaires qui constituaient l'An-

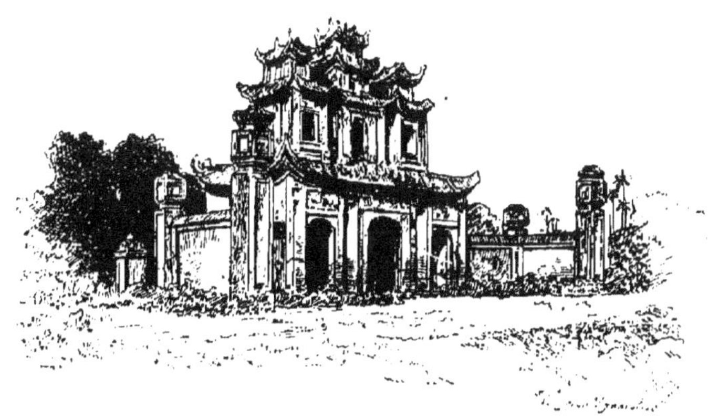

Fig. 2. — Un péristyle confucéen.

cienne Étude, Confucius dégagea le sens politique, et
mit en préceptes, conséquentiels de la métaphysique
du Yiking, la conduite des princes et des peuples les
uns par rapport aux autres. En dehors de cela, les conceptions spéculatives personnelles de Confucius étaient
loin de la perfection; et l'histoire est demeurée très
populaire de son entrevue avec Laotseu, durant laquelle il se reconnut, publiquement et de tous points,
inférieur au réformateur mystique. Malgré l'opinion
générale, qui fait de Confucius un créateur de reli-

gion, il ne faut voir en lui, ainsi que l'indiquent les surnoms que lui donna la postérité, que le Guide politique de la race et le Père des Lettres. C'est à ce seul titre qu'il est honoré aujourd'hui dans les temples qui lui sont spéciaux et qui, dans leur agencement et leur décoration, n'empruntent rien au « confucianisme », mais bien aux religions des Génies ou du Tao, auxquelles les principes confucéens ne se sont jamais opposés. La dimension et la disposition des corps de bâtiments distinguent seules les « dinh » (temples confucéens) des autres édifices religieux.

De même que les préceptes de Confucius ne furent qu'un système politique, de même le bouddhisme, en Indo-Chine, ne fut qu'un système de morale adéquat aux traditions et aux mœurs du peuple. Les moines voyageurs et les religieux pèlerins, qui, de Ceylan, importèrent le nouveau culte, le plièrent aux coutumes et même aux caprices des peuples où ils tentaient de l'acclimater. Le voyage sur les lieux mêmes en est une preuve. A mesure que l'on se rapproche de la Chine, l'influence visible du bouddhisme disparaît, et il faut être expert en théogonie et en statuaire orientales pour, au nord du 22° degré, distinguer un temple de Génies d'un temple de Fô ou de Phât.

Ce n'est que dans la sculpture, l'ornementation et les accessoires que l'imagination touffue de l'Inde se révèle : la sobriété de l'architecture n'en fut pas ébranlée.

Au contraire, dans la portion de l'Indo-Chine qui avoisine l'Inde, l'architecture des Siamois et des Birmans se rapproche de l'architecture des Indous, non seulement dans le détail et le bas-relief, mais dans les parties originales et fondamentales de l'édifice.

De plus, la race khmer, qui s'étend du Siam au Ciampa (aujourd'hui disparue dans les provinces de l'Annam), avait une conception d'art gigantesque, — dont il reste des traces jusqu'en des descendants dégénérés, — et qui rappelle dans sa structure l'Égypte, et dans sa décoration la Chaldée primitive. De sorte que, heurtant au Laos et au Cambodge le vieil art khmer, aujourd'hui perdu, l'art indien produisit un singulier mélange, — dû plus encore au vieux brahmanisme qu'au bouddhisme lui-même, — qui fait retrouver, à Bangkok et à Amarapura, la richesse ornementale indoue mêlée aux manifestations grandioses des races rouges, mélange dont les ruines des Grands Lacs du Cambodge sont l'expression la plus complète et la plus majestueuse.

Ce rapide exposé était nécessaire pour dégager, dans les diverses architectures des âges religieux de la Péninsule, le génie particulier de l'Indo-Chine des parts d'influence qu'eurent sur lui les courants prosélytiques du Sud et du Nord.

Le temple indo-chinois a, en dehors des détails dont peuvent l'entourer les architectes imaginatifs, une construction traditionnelle, un type dont on ne s'éloigne que rarement. Il rappelle la construction chinoise, non pas que les Chinois aient importé là leurs principes d'architecture, mais bien parce que la chaleur du climat et la violence des orages imposent, dans tout l'extrême Orient, des règles identiques dans la construction de toutes les habitations, maisons, temples ou casernes, où l'on recherche avant tout la fraîcheur et la solidité.

C'est pourquoi des toits considérables, en pyramide, donnent, sur des murs de 2 mètres à peine, des travées qui atteignent 15 à 18 mètres; c'est pourquoi un côté sur quatre, celui du Nord, est toujours laissé sans fermeture et libre à l'air; c'est pourquoi tous les édifices sont hypostyles, et renferment, suivant leur grandeur (les Rites étant à ce sujet tombés en désuétude), trois, sept, ou même neuf rangées de colonnes.

Le temple lui-même comprend un grand péristyle, qui forme à lui seul l'un des côtés de l'édifice, les trois autres côtés étant formés par un péridrome, caché de l'extérieur par des murs et des colonnes engagées, et donnant, par leurs côtés intérieurs, sur une cour plantée des arbres sacrés. Ce péristyle, ce péridrome et ce jardin englobent la portion principale du temple, qui domine le péristyle d'environ 1 mètre, et à laquelle on accède par des marches latérales assez étroites, de chaque côté de la table de pierre des offrandes : ces marches sont bordées de colonnes et de statues. Sur ce premier exhaussement se trouve un autel, sur cet autel un deuxième, sur ce deuxième un troisième; de sorte que, aux yeux des spectateurs du péristyle, les statues les plus élevées se perdent dans les solives. Cette construction dénote une connaissance approfondie de la perspective de sentiment, et double la grandeur réelle et la majesté de l'édifice; car, outre l'éloignement fictif que produit l'exhaussement successif des plans, il faut remarquer que, si grand que soit un temple, il n'a jamais de murs intérieurs, et que les colonnes seules soutiennent l'édifice.

On pense combien d'art il faut pour supporter par des colonnes un toit d'une élévation et d'une importance si considérables. Aussi les charpentes qui s'étagent jusqu'au faîte, et dont pas une n'est cachée, — attendu qu'elles servent d'ornements, — constituent vraiment le côté original et artistique de la construction. Encore y donnera-t-on plus d'attention quand on saura que, pour maintenir tant et de si lourdes masses, il n'est fait usage ni d'un tenon, ni d'une moise, ni d'un clou, ni d'un morceau de fer quelconque.

Le soutènement extérieur se fait par des linteaux de bois de fer posés sur des colonnes engagées; sur ces linteaux s'appuient de véritables lambourdes, sur lesquelles des colonnes de moindre taille que celles de l'édifice sont dressées perpendiculairement. Et c'est sur les embrèvements pratiqués aux extrémités de ces colonnes que viennent s'encastrer les arbalétriers et se poser les entraits des fermes. Chacune des fermes constitue donc à elle seule un édifice de charpente; elles sont reliées dans leurs différentes parties par de nombreux poinçons, qui ne sont pas tous placés verticalement, et elles sont reliées entre elles par de larges et épaisses pièces transversales (en nombre égal aux rangées longitudinales des colonnes), et qui emboîtent à la fois les lambourdes inférieures et les colonnes du fond.

Un assemblage des plus ingénieux maintient, sans le secours d'une seule parcelle de métal, cet immense échafaudage ; les embrèvements les plus profonds, les mortaises doubles les plus strictes, les queues d'aronde se multiplient ; souvent des parties de charpente viennent l'une à l'autre par des coïncements très étroits ; çà et là des sommiers considérables, chargés de sculptures, viennent chercher, jusqu'à l'étage inférieur, un point d'appui plus solide. Les colonnes qui soutiennent toutes ces charpentes ne sont pas enfoncées dans le sol, et le temple n'a pas de fondations.

Quand il s'agit, en effet, de commencer la construction, on place d'équilibre à terre de grandes pierres plates, sur lesquelles on dresse des colonnes ; ces colonnes sont, pendant la construction du toit, tenues perpendiculaires par un échafaudage secondaire, qu'on abat lorsqu'elles sont encastrées et enchevêtrées dans les œuvres du toit par les mortaises de leur tête.

Et quand il s'agit de réparer une colonne (tant il est vrai que ce singulier équilibre est d'une absolue stabilité), on retire la pierre sur laquelle elle est dressée, sans que rien dans l'édifice soit compromis. Enfin, quand j'aurai ajouté que toutes les pièces, quelles qu'elles soient, sont démontables, et qu'ainsi on peut, sans la moindre détérioration, transporter le temple morceau par morceau et le reconstruire un peu plus loin, on pourra se rendre compte de l'ingéniosité de ces constructeurs, qui ont fait de leurs édifices le gigantesque similaire de ces travaux de patience, importés d'Orient en Europe, composés d'une foule de petits morceaux de bois qui semblent attachés les uns aux autres, et qui tombent, soudain divisés, si l'on touche d'une certaine façon à l'un d'eux.

Les colonnes des temples sont faites avec les troncs élancés de ces bois de fer que l'on ne rencontre que dans les forêts de la Péninsule, et que les empereurs chinois font monter à grands frais jusqu'à Pékin et dans les provinces du Nord; le golim, le trac, le vanghuong, le sao, le teck sont les principales espèces; avec les couleurs et les veines du thuya, de l'ébène et du palissandre, ces bois, plus lourds que l'eau, sont d'une solidité extrême, d'un grain et d'un brillant remarquables, sont inaltérables, et résistent aux intempéries et aux attaques des vers.

Ces colonnes restent droites, lisses, sans ornements, et presque toujours sans coloration empruntée. Mais c'est sur tout l'édifice de la charpente que le génie des architectes et des constructeurs se donne libre carrière, et que les sculpteurs en plein bois abondent, ne laissant aucune place nue, et changeant les assises nécessaires de l'édifice en des morceaux de l'ornementation la plus riche et la plus fouillée.

Tel est l'intérieur architectural du plus simple temple indo-chinois : lorsque le village, — ou la communauté, si c'est un monastère, — est riche, le temple s'accroît d'un ou plusieurs corps de bâtiments qui ressemblent au premier, et d'avant-portails, sortes de pronaos d'élévation inférieure et de construction identique au temple lui-même. Des jardins intérieurs, soigneusement soustraits aux regards du dehors, séparent les bâtiments les uns des autres et aussi du temple central.

Les faîtes et les arêtes des toits sont ornés de sculptures symboliques, de pierre ou de stuc, qui complètent l'ensemble et dégagent la forme extérieure un peu massive de la construction.

Tel qu'il est dans son ensemble, — et il semble former un tout si complet que l'on n'en pourrait rien détacher, — le temple indo-chinois, avec ses sculptures débordantes, peuplé de ses innombrables statues, clos de murs où s'étalent de gigantesques bas-reliefs, entouré de ces jardins étranges, aux fleurs mystérieuses et sacrées, et couronné de ces arbres fuselés à panache qui font toujours l'étonnement des yeux, le temple indo-chinois donne une impression d'un art complet jusque dans les plus petits détails, à la fois fin et puissant, et dont l'admiration, due aux autres monuments occidentaux ou orientaux, ne saurait donner une idée.

La forme et la construction que nous venons d'indiquer servent indifféremment aux temples des Génies, du culte de Laotseu et de la religion de Phât.

Les statues et les sculptures intérieures peuvent seules guider l'œil et l'opinion; et encore il arrive souvent que dans les mêmes temples on trouve, trônant ensemble et sans jalousie, les esprits familiers du lieu, Laotseu et ses douze disciples, et Phât dans ses incarnations multiples.

Ce mélange convient assez bien à un peuple pour qui la religion n'avait jadis point de forme représentative et se composait uniquement du culte ancestral, agrémenté, chez les basses classes, de superstitions nombreuses, et, chez les hautes, de spéculations métaphysiques et mystiques.

Les temples confucéens, ou « dinh » (le nom de
« chua » étant réservé aux temples consacrés), s'écartent seuls de l'ordonnance générale ; ils se composent
de trois corps de logis formant les trois côtés d'un quadrilatère, parfois d'un carré parfait. Le quatrième côté

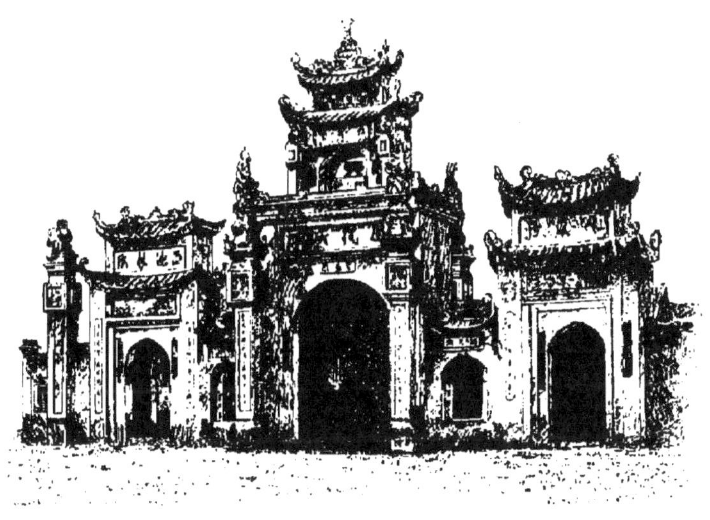

Fig. 3. — Portique de la grande pagode, à Hungyen.

est seulement indiqué par des pavillons séparés, en
dehors desquels un immense portique à trois ouvertures forme entrée. Comme les édifices confucéens ne
renferment pas de statues, mais seulement des tablettes,
et qu'on n'y fait point de sacrifices, mais seulement des
prières debout, il n'y a pas de perspective d'exhaussement de terrain, ni matière à un charpentage considérable ; les bâtiments sont profonds de deux ou trois

portées ordinaires de colonnes et d'une longueur variable.

L'intérieur du quadrilatère est occupé, soit par des jardins, soit par des pavillons, des stèles, ou des autels commémoratifs. C'est sur eux et sur les portiques que se reporte tout l'art de l'architecte.

Le portique atteint très souvent de grandes dimensions ; des sculptures monumentales le couvrent ; et un petit autel, surmonté de toits pyramidaux, couronne d'un dessin très léger l'entrée principale : les portiques de Hungyen et de Quangyen (ce dernier au haut d'un degré monumental) sont célèbres dans le nord de l'Indo-Chine.

On voit encore, sur le fleuve Rouge, au temple dit « des Quatre Colonnes », élevé il y a quatre cents ans en l'honneur du géant Ly-ong-tang, qui sauva l'Annam d'une invasion chinoise, les ruines d'un des plus beaux portiques. Détruit par les inondations, et aussi par les Français pendant leur conquête de 1883, il ne reste malheureusement plus, de ce célèbre pèlerinage, que des vestiges ne rappelant pas les époques de sa grandeur.

En dehors des portiques, ce qui est vraiment remarquable dans les temples confucéens, c'est la fréquente adjonction de pavillons séparés, soit pour les prières spéciales, soit comme maisons de prêtres de garde, soit comme tourelles pour les grandes cloches de bronze ; plusieurs architectes ont mis beaucoup de leur talent dans ces morceaux isolés, qui aident à la fois à la préciosité du détail et à l'harmonie de l'ensemble.

Les temples élevés en l'honneur de Confucius et
des lettres sont de trois sortes : les premiers sont

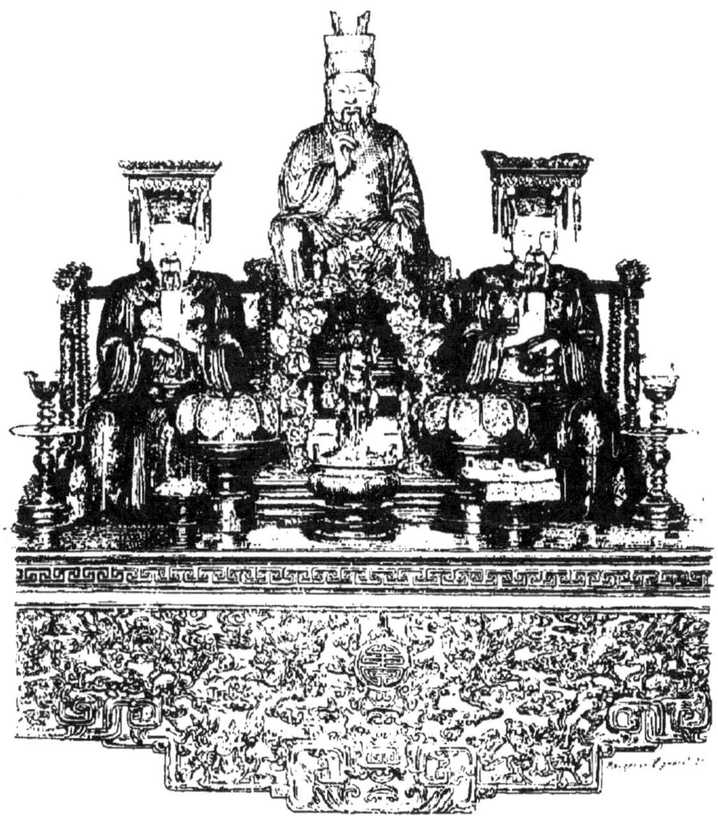

Fig. 4. — Intérieur de la pagode de Van-Mieu, à Sontay.

édifiés par les soins des mandarins des trois premiers
ordres (administration, justice, finances), sont remplis
de tablettes, de panneaux et d'inscriptions lettrées, et

portent le nom de Van-Mieu ; les autres sont élevés par
les soins et aux frais des mandarins de quatrième ordre
(armée), qui sont censés ne pas savoir écrire et n'avoir
aucune teinture de philosophie : ces derniers temples
se nomment Vô-Mieu et ne renferment pas d'inscriptions ; les mandarins militaires se font volontiers

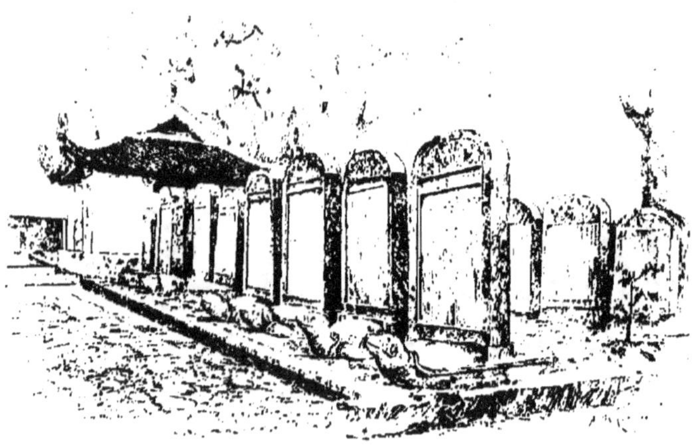

Fig. 5. — La cour des Stèles, dans le temple de la Littérature.

inhumer dans leurs environs ; les toits sont beaucoup
plus simples et moins élevés que dans les Van-Mieu.

Enfin, il existe dans chaque village une « dinh »,
sorte de grand temple carré couvert, avec un plancher
surélevé et un autel à inscriptions caché par un
grossier iconostase ; ce temple sert parfois de péristyle
ou de débarras au Van-Mieu ; en souvenir du Père des
Lettres, il sert de mairie, de lieu de réunion pour les
notables, de salle des fêtes anniversaires ; et, par

extension, on loge là les étrangers de distinction et les troupes de passage, tandis que les véritables temples (*chua*) sont absolument fermés en dehors des cérémonies rituelles.

Les modes et les motifs de construction des divers temples indo-chinois, au nord et à l'est de la Péninsule,

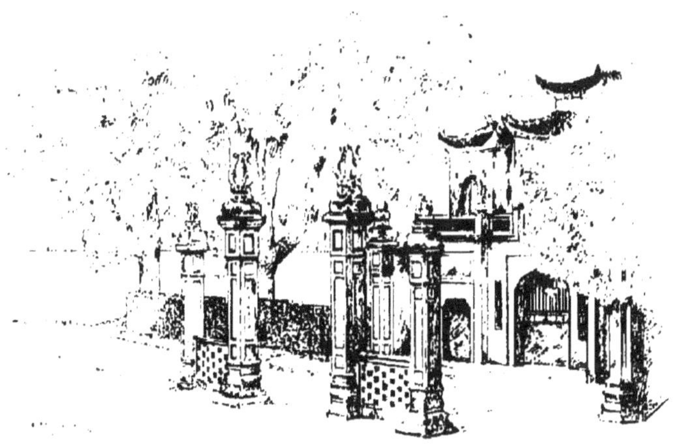

Fig. 6. — La pagode de Hotay, à Hanoï.

n'impliquent pas l'existence d'une école d'architecture, bien au contraire; car, si le lieu et le genre du culte influent sur la forme des bâtiments, l'époque n'y est pour rien; et on ne distingue pas de différence appréciable entre les temples qui remontent à un millier d'années et ceux que nos colons de 1887 ont vu construire. De plus, comme les pères transmettent leur métier à leurs descendants et que chaque village était primitivement composé des membres d'une même famille, il s'ensuit que tous les indigènes, capables de construire un temple, habitent, à de rares exceptions près, les mêmes régions; il s'ensuit aussi que cette région, qui fut jadis l'apanage d'une même famille, semble être habitée par une majorité de constructeurs et de sculpteurs, et qu'on semble y respirer dans l'air le sentiment de leur art.

C'est ainsi que le canton de Muong-Phu, dans le Delta tonkinois, est presque entièrement habité par des architectes et des menuisiers, et que, par suite, les provinces de Sontay et de Lamtao sont celles où l'on rencontre le plus de temples, soit dans les villages, soit même épars dans les bambous et les rizières à demi noyées.

En dehors de cette cause, comme c'est sur le lieu même des exploits des Génies et des Héros qu'on élève des temples commémoratifs, ce sont les pays les plus riches en légendes qui sont les plus riches en temples et en monuments anciens. Or, le Delta tonkinois est, parmi les peuples de l'Indo-Chine, celui qui a conservé le plus soigneusement la mémoire des anciens rois et la vénération des anciens mythes.

Enfin, chaque notable, chaque personnalité riche ou célèbre, tient à perpétuer son souvenir dans son lieu d'origine par l'érection d'un temple, chua ou dinh, aux Esprits et aux Lettrés de sa province. C'est ainsi que, par l'architecture, on peut reconstituer la vie, tant légendaire qu'historique, d'une souche ou d'une province, et que toutes les traditions de la race, touchantes, héroïques ou guerrières, sont traduites dans la pierre et perpétuées au souvenir et aux yeux des habitants.

Je citerai ici, à ce sujet, les morceaux d'architecture
les plus connus et les plus démonstratifs, qui, dans
toutes leurs parties, corroborent tout ce qui vient d'être
énoncé.

C'est ainsi qu'une femme d'un des rois de la dynastie Lê, originaire de la province de Sontay, couvrit le

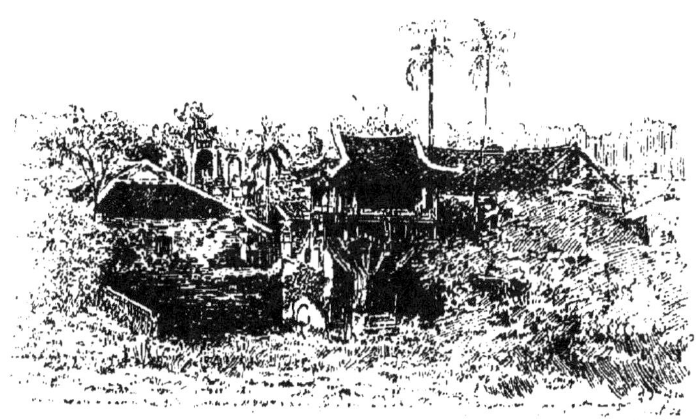

Fig. 7. — Le temple de Motcot (pagode du Mât), à Hanoï.

pays de Sonvi de nombreux temples votifs, et fit
construire, là où fut la maison de ses pères, au milieu
du village de Myha, un édifice qui est resté célèbre
sous le nom de « Temple de la Reine ». C'est ainsi
que, à Hanoï, la pagode du Mât (Motcot), qui est une
des plus gracieuses productions du génie annamite non
mélangé ou influencé, fut construite sur l'emplacement
même du puits que le général chinois Caobien avait
fait creuser, il y a dix siècles, pour chasser le Dragon
céleste qui symbolisait la fortune des rois d'Annam. De

même, les deux sœurs Trung, les Jeanne d'Arc tonki-noises, ont des autels commémoratifs dans tous les centres un peu considérables : de même, le sanctuaire de Sosô, célèbre dans tout l'Annam pour ses escaliers, a été élevé, dans le phu de Quocoai, aux Génies de marbre.

Enfin, le souvenir de la fondation même de l'em-pire, il y a quatre mille ans, et la légende de la lutte de Duc-Thanh avec Thuyphu (les Génies de la terre et des eaux, symbolisme des inondations annuelles de la plaine du Fleuve Rouge) et de la fuite de ce dernier, porteur du livre des destinées de l'empire, au sommet du mont sacré Thanvien (le Bavi), a été immortalisé par la construction de trois temples, entourés encore aujourd'hui de dévotion et de mystère, au bas, au mi-lieu, au sommet de la montagne; l'inférieur, le Denha de Tamson, attire tous les ans des milliers de pèlerins et est l'un des plus anciens édifices de la Péninsule.

On pourrait citer ainsi des milliers de constructions que la piété des ancêtres bâtit, et que la piété des des-cendants orne et garantit tous les jours.

Je ferai, au sujet de ces temples, une remarque qui s'applique à tous les monuments, ou à peu près, de l'Indo-Chine : c'est qu'ils durent beaucoup plus long-temps que les monuments similaires de la Chine; cela tient aux matériaux de construction. La Chine con-struit en briques et en bois légers et altérables; l'Indo-Chine possède des carbonates de chaux en assez grande quantité pour de forts revêtements; de plus, la plupart des essences de ses forêts sont, comme je l'ai dit, des bois de fer, lourds, serrés, inaltérables; enfin la brique

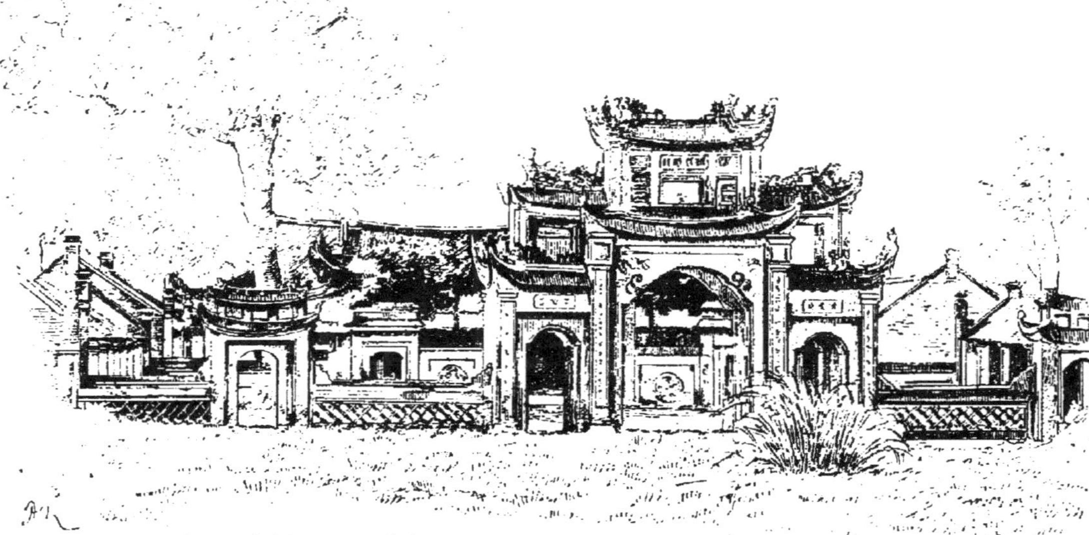

Fig. 8. — Le temple de Phunhi.

n'entre que très rarement dans ces constructions. On y utilise une sorte de pierre, — que les Français ont appelée pierre de Bienhoa, parce que c'est à Bienhoa qu'ils en découvrirent les premiers gisements, — et qui porte le nom de « da-aong », ou pierre d'abeille; elle se compose de stries et de cellules qui rappellent celles du rayon de miel; cette pierre est friable dans la carrière; à l'air, elle se durcit et acquiert des qualités d'élasticité et d'imperméabilité précieuses, qui permettent aux bâtiments qui en sont faits de braver les orages et les années.

Le seul temple ancien, sans contredit, qui soit resté complet malgré les vicissitudes des règnes et de nombreux transports, est celui de Bachma ou du « Cheval Blanc », élevé au xie siècle à la mémoire du général chinois Caobien. sur les anciens remparts de Daila, et qui se trouve aujourd'hui dans l'une des rues nouvellement percées de Hanoï. La main des hommes, les révolutions, les invasions qui ont ensanglanté la Péninsule, ont contribué à la disparition des monuments antiques, — que les légendes et les chansons populaires rappellent encore, — beaucoup plus que le temps lui-même, qui, après avoir détruit les détails les plus fragiles des édifices, semble, au contraire, couvrir et raffermir ce qu'il en a dès l'abord respecté.

Pendant que, au nord de la Péninsule, sous l'influence des métaphysiques abstraites mitigées par d'extraordinaires ou touchantes légendes, les artistes ornaient de détails gracieux et légers les lignes sévères de leur architecture, au sud, sous l'influence du brah-

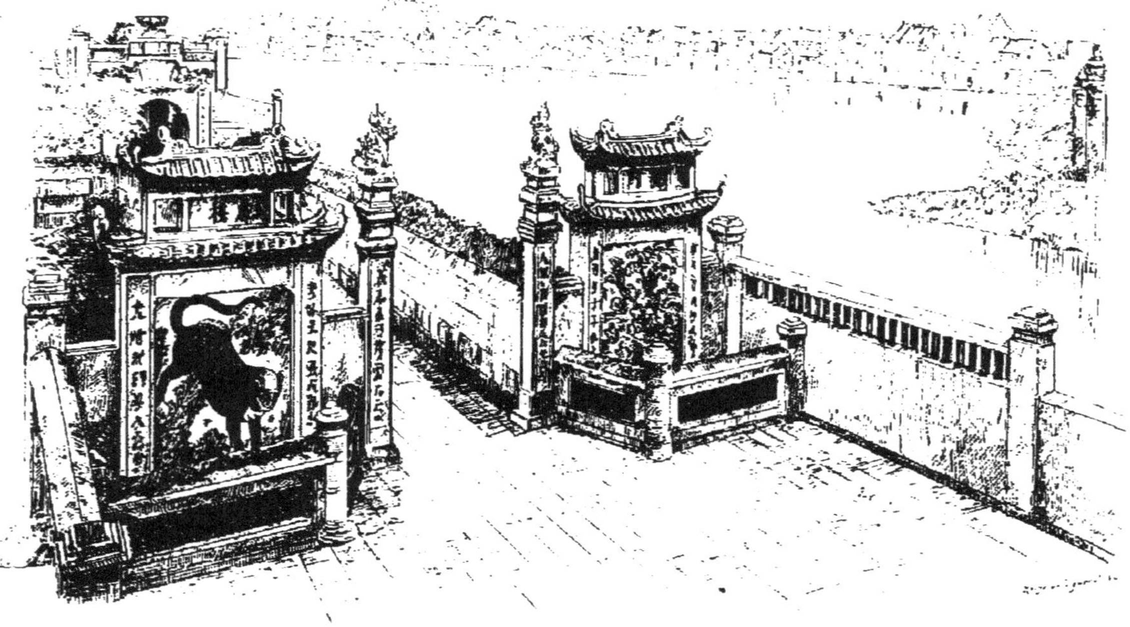

Fig. 9. — La pagode du Petit Lac (Hanguom), à Hanoï.

manisme, religion de la force, et du bouddhisme, religion du rêve, l'art indo-chinois, éclos dans le cerveau
de la race khmer, empruntait à l'Inde son exubérance
et son amour du gigantesque. Mais, en même temps, le
caractère tout spécial à la race imprégnait d'une régularité et d'une noblesse singulières les conceptions,
même les plus fantastiques; et le génie khmer, sous
cette impulsion, brodant sur le canevas, que d'autres
lui présentaient, un ouvrage personnel et supérieur,
atteignait dans ses productions cette perfection inimi-
table qui fait que, de l'aveu de tous, les monuments
qu'il a laissés en Indo-Chine rejettent bien loin en
arrière les manifestations des Indous, des Chaldéens,
des Égyptiens même, et se rapprochent, pour au moins
l'égaler, de tout ce que le génie occidental a produit
de plus merveilleux et de plus achevé.

Les études si raisonnées et si complètes que firent
de l'art khmer, de ses ascendances et de ses signes distinctifs MM. Delaporte et Harmand, facilitent aujour-
d'hui la tâche de quiconque veut résumer son histoire;
il est inutile de chercher ailleurs qu'en leurs travaux
le dégagement des principes, des lois et des conventions qui inspirèrent des œuvres dont les ruines elles-
mêmes étonnent les yeux.

L'art khmer, qui ne subsiste plus aujourd'hui que
dans son architecture et sa sculpture, emprunte, — ou
semble emprunter, — à l'Égypte la pyramide à base
carrée et à étages; la cella cubique à quatre entrées,
coiffée d'un sommet curviligne, simple ou étagé, est le
schéma de l'architecture religieuse indoue; à la Chaldée appartiennent les représentations gigantesques de

l'homme et des animaux légendaires, et les bas-reliefs sculptés avec une grandeur pleine de sobriété; à l'Inde encore appartiennent les plans des principaux édifices

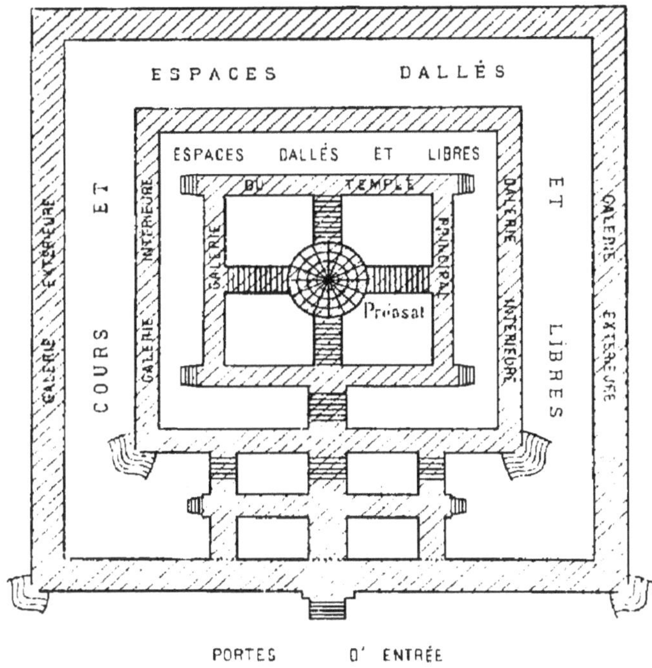

Fig. 10. — Plan d'un temple khmer.

et la véritable débauche de sculpture qui les couvre; mais ce qu'on ne trouve nulle part ailleurs, c'est l'homogénéité de la conception, le rapport parfait du tout aux parties en vue de l'effet général, c'est la merveilleuse entente, la hardiesse et le bon goût de l'architecture au milieu de la profusion des détails; et c'est ce

critérium du génie khmer qui manque à tous les peuples
de l'Orient, chez lesquels il aurait pu prendre des conseils et des exemples. L'influence chinoise seule reste
plus visible dans la construction et l'ornementation
des toitures; mais s'il suffit de remarquer que l'Inde,
comme l'Indo-Chine et avant l'Indo-Chine, a produit
la pyramide, le pilier carré, la colonnette octogonale,
la moulure en plate-bande, l'ogive surmontée de dessins fantastiques, et si, par là, on peut déduire dans les
lignes primitives l'art khmer de l'art indien, il faut se
rappeler que, en utilisant — peut-être — ces données
primordiales, les Khmers l'ont fait avec une originalité
puissante, qui a fait de ces emprunts une véritable propriété.

Il faut se rappeler surtout que l'on ignore absolument comment l'art indien a pu se transporter en Indo-
Chine et à quelle époque; car les monuments siamois,
laotiens et birmans sont postérieurs, pour la plupart,
aux monuments khmers et dérivent d'eux, bien plus
qu'eux-mêmes ne dérivent des Indous. Ni dans la littérature des peuples voisins (la race khmer n'a pas
laissé de livres), ni jusqu'à présent dans la sculpture,
on n'a pu reconstituer l'histoire antique de ce peuple
aujourd'hui éteint.

Avant l'année 1300, l'existence du Cambodge nous
reste un problème. Tout ce que l'on peut supposer,
c'est que, pour s'être évanoui sans avoir laissé de livres,
ni de descendance directe, ni de traces autres que ces
grands monuments qui devraient être encore debout
dans toute leur jeunesse, il faut que le peuple khmer
ait été secoué par les cataclysmes les plus violents.

Angkor-Thom, la vieille capitale du Cambodge, dont la construction est attribuée à Phra-Surivong, fut

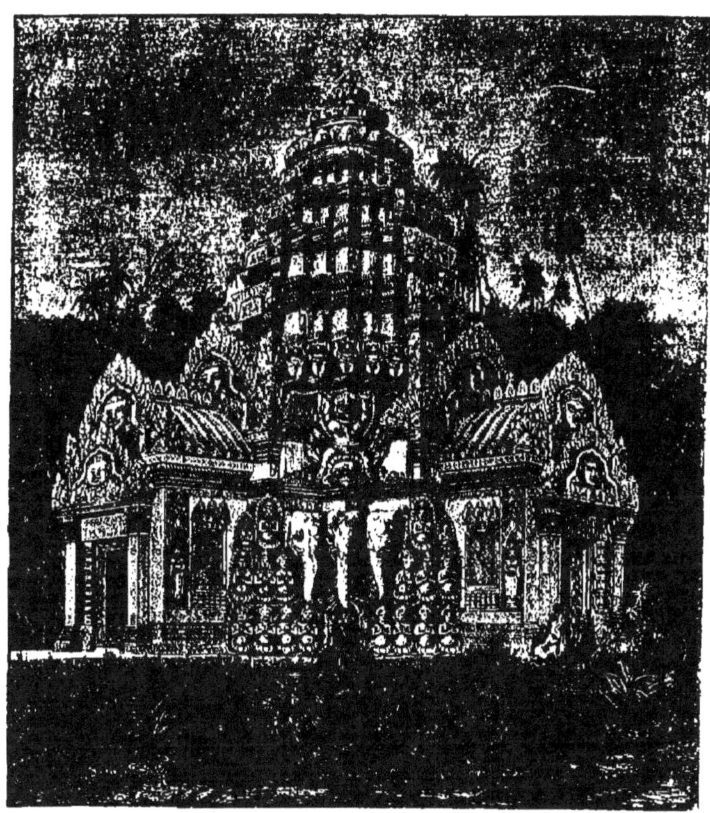

Fig. 11. — Préasat de Préatcol.

(D'après Delaporte : *Voyage au Cambodge.* — Ch. Delagrave.)

saccagé deux fois par les Siamois, en 1353 et en 1372, après quoi les rois du Cambodge transportèrent leur résidence successivement à Lovéck, à Oudong et à Pnom-Penh, reculant vers l'Est à mesure que s'affaiblissaient leur race et leur puissance, en même temps que la conscience de leur génie.

Les édifices sacrés des Khmers sont de trois sortes : les monuments plans, à galeries circulaires concentriques; les monuments pyramidaux à étage et les monuments à étage composés de la combinaison des deux premières formes. Dans tous ces monuments, le premier motif d'ornementation architecturale fut la porte, qui prit de telles proportions, qu'elle constituait parfois tout un côté de l'édifice. La porte khmer est restée un modèle tout spécial; elle consiste en une baie encadrée de moulures, ornée de colonnettes octogonales engagées supportant un entablement profondément fouillé, et de pilastres extérieurs surmontant un fronton ogival sculpté, avec un encadrement ondulé de flammes et de dentelures. Les moulures de base et d'entablement débordèrent bientôt sur les côtés et le long des voûtes. En même temps, les arêtes droites se transformèrent en courbes, et le sommet des monuments à étage prit l'aspect d'une tiare divisée en galeries superposées et formant retrait les unes sur les autres. Chaque étage représentait les dispositions de l'étage inférieur. L'édifice se terminait dès lors par des couronnes décroissantes sculptées de diverses manières, et sans doute aussi par des clochetons ou lotus, des boutons et des statues de métal, telles qu'il en existe encore sur les constructions similaires plus récentes de l'ouest de la Péninsule.

Telle est la forme académique des sanctuaires de

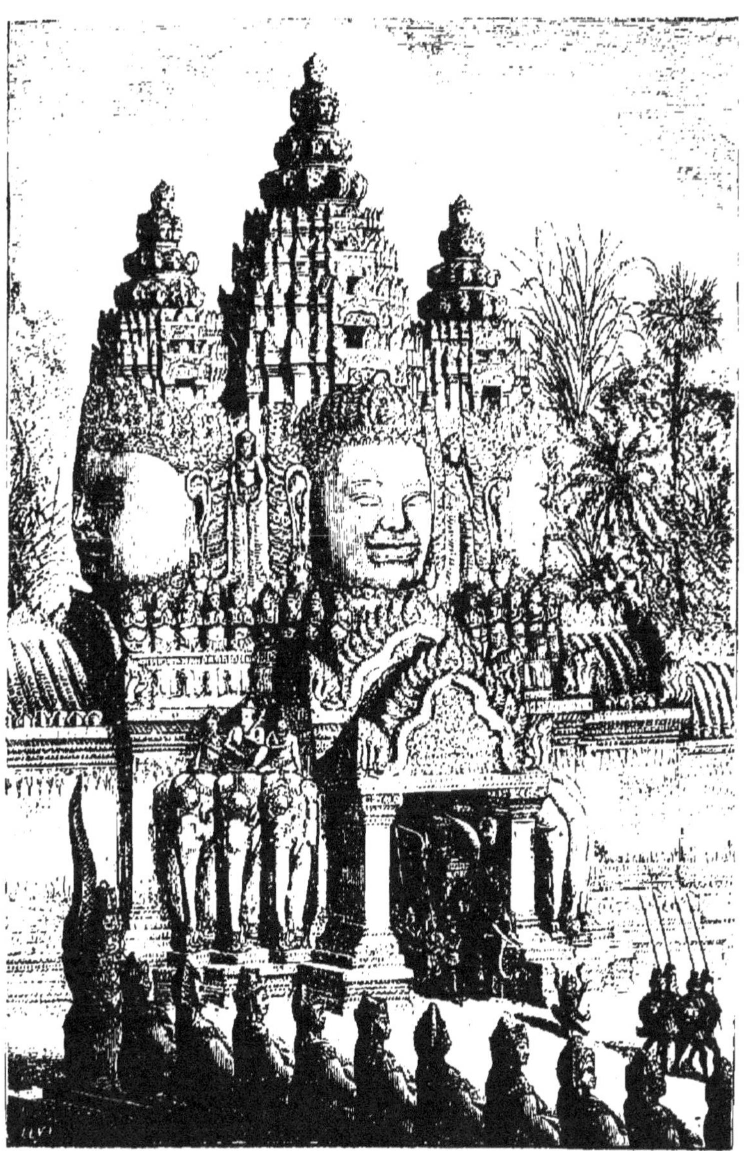

Fig. 12. — Porte d'Angkor-Thom.
(D'après Delaporte : *Voyage au Cambodge*. — Ch. Delagrave.)

l'art khmer ; elle est d'une architectonique absolument originale. On en chercherait en vain la trace en d'autres pays et à d'autres époques. Ces entrées gigantesques, rendues plus importantes encore par des élargissements successifs qui comportent autant de colonnettes et d'ornementations que la porte elle-même où ils aboutissent, surmontées de ces tiares de pierre, portent le nom de « préasat »; elles se renouvellent au moins trois fois par façade, c'est-à-dire douze fois par enceinte de même plan, et sont reliées entre elles par des galeries à toits énormes et à ornementations chinoises. Ces galeries sont ouvertes sur l'extérieur et comportent une muraille et une double ou triple colonnade ou des rangées de piliers soutenant des voûtes maîtresses et deux demi-voûtes latérales plus basses. Les piliers qui les soutiennent sont carrés, avec base et chapiteau à dessins de l'ordre dorique.

Pour augmenter la richesse architecturale de la construction primitive, les architectes khmers imaginèrent de superposer les galeries et de dessiner des préasats d'étage perpendiculairement aux préasats construits sur le niveau du sol.

« Si l'on imagine, dit M. Delaporte, cette intersection crucifère surmontée d'une haute tour, si l'on ajoute des moulures très accusées, des voûtes profondément fouillées et couronnées de crêtes, des frontons entourés de découpures bien distinctes, on se représentera facilement l'ensemble architectural produit par une telle disposition, plusieurs fois répétée sur de grandes lignes de colonnes basses, dont le développement excède parfois 250 mètres... »

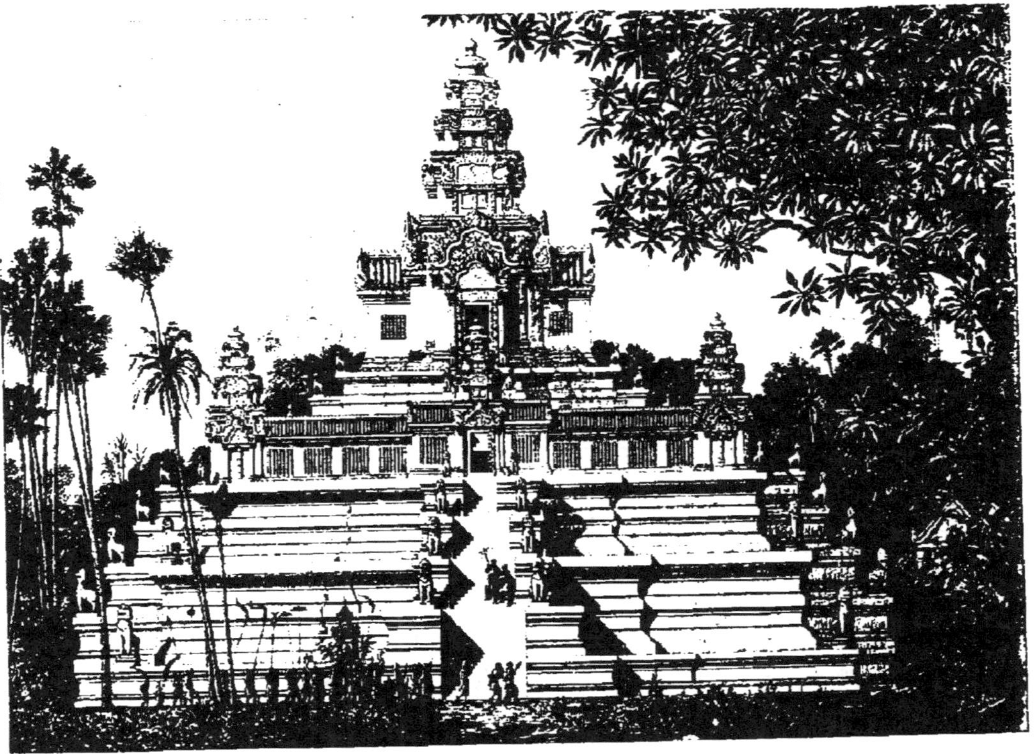

Fig. 13 — Pyramide de Phi-man-Akas. (D'après Delaporte : *Voyage au Cambodge*. — Ch. Delagrave.)

C'est en multipliant et en variant à l'infini cette ornementation architecturale que les artistes khmers ont obtenu ces amoncellements de si merveilleux effets, qui constituent leurs villes et leurs forteresses.

Parmi les pyramides que les Khmers élevaient en l'honneur de leurs dieux, les premières furent de simples massifs de pierre, avec des escaliers monumentaux aux quatre côtés; souvent, au lieu de s'élever d'un seul jet, elles s'élevaient par gradins. Sur ces gradins, on construisit des portiques, des colonnes, des préasats, de sorte que la pyramide ne devint bientôt plus que l'occasion du monument et comme la fondation seulement d'un temple pyramidal.

Dans ces constructions perfectionnées, le plan de la base, au lieu d'être un simple quadrilatère, projette des avancements symétriques où s'encadrent des escaliers qui font saillie au milieu des façades ; cette disposition s'accentue de plus en plus aux étages supérieurs, et au sommet le dessin se transforme définitivement en un espace crucifère qui supporte, soit le sanctuaire, soit la statue.

La pyramide de Phi-man-Akas offre un exemple absolument complet des pyramides sacrées cambodgiennes ; elle est située dans les ruines d'Angkor-la-Grande ; au sommet d'un triple étage de constructions, à même le sol d'une colline, se trouve le quadrilatère de base de la pyramide, qui n'a pas moins de 130 mètres de côté; par cinq étages successifs, que gravissent quatre escaliers à gradins, défendus par soixante-dix-huit lions géants, on accède à la galerie inférieure, qui est terminée par de petits édicules et

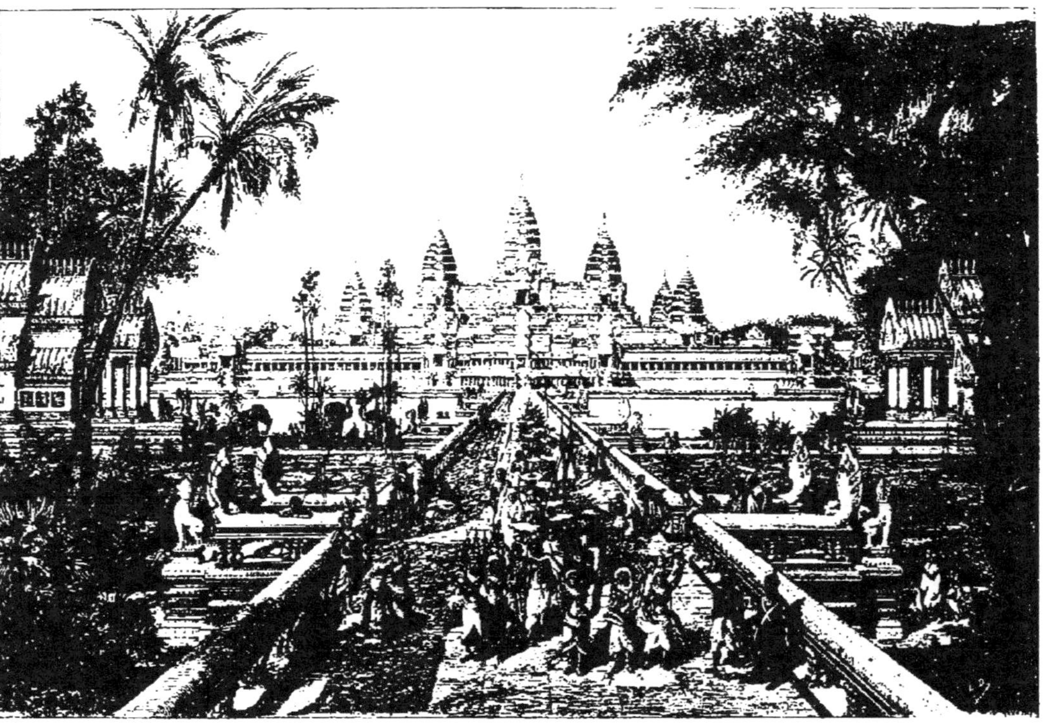

Fig. 14. — Temple central d'Angkor-Wat. (D'après Delaporte : *Voyage au Cambodge. —* Ch. Delagrave.)

des portiques; au-dessus du toit de la galerie s'élèvent encore trois étages, garnis de statues gigantesques; puis vient la galerie terminale où se trouve le sanctuaire, couronné d'une immense préasat à quatre gradins.

Une quantité de ces pyramides étaient élevées sur des montagnes, et il en reste encore des ruines splendides. Dans les villes, on construit aujourd'hui des pagodes sur leur imitation; ces formes pointues, qui rappellent la coiffure primitive de Brahma dans les sanctuaires de l'Inde, se retrouvent dans tous les monuments qu'on appelle *stoupa*, et jusque dans les pagodes relativement modernes de Pnom-Penh.

Enfin, le temple véritable était à la fois composé et du temple plan antique et de la pyramide arrivée à son plus haut degré de perfection. Cet édifice, qui est le summum de l'art khmer, se compose essentiellement d'une vaste galerie à colonnes enserrant un massif pyramidal sur les degrés duquel s'étagent des galeries décroissantes et dont le sommet est surmonté d'un sanctuaire. Les éléments du monument plan se trouvent ainsi exhaussés et mis en vue par les gradins de la pyramide, et l'ensemble donne un effet décoratif maximum. Tel est le couronnement du temple de Baion, dans le palais des Quarante-deux-Tours, à Angkor-Thom. Tel est également le temple central d'Angkor-Wat, mais dont le dessin tient à la fois, à cause des multiples destinations primitives du monument de la citadelle, du palais et du sanctuaire. Il serait trop long de faire une description exacte de ces édifices gigantesques, et il est impossible de la tronquer par une énumération trop brève. Il faut donc renvoyer le lecteur, curieux de ces magnificences, à *l'Architecture khmer*, de M. Delaporte, et au musée khmer, établi par ses soins, à Paris, à la suite de sa mission dans l'intérieur de l'Indo-Chine.

A mesure que l'on s'éloigne de ce territoire restreint qu'habitèrent jadis les Khmers et qui est, en réalité, toute la portion occidentale du Cambodge, l'exubérance et la perfection des détails disparaissent pour faire place à une architecture plus raisonnable, de forme moins tourmentée, d'aspect moins gigantesque, néanmoins tout aussi pure, et parlant à l'esprit un autre langage par la régularité et la simplicité même de ses lignes. C'est l'ancienne architecture laotienne, dont on retrouve aujourd'hui l'influence dans l'architecture moderne cambodgienne et siamoise, et qui tient fort peu de l'Inde pour tenir davantage du génie annamite.

Mais cette transformation ne s'opère que peu à peu, et à mesure que l'on va du sud au nord, en remontant le cours du Mékong, où la civilisation de l'intérieur de la Péninsule s'est toujours fixée ; elle s'indique d'abord par des détails à peine sensibles, ensuite par des affinités de plus en plus éclatantes.

La forme coutumière des édifices religieux, jusqu'au royaume de Bassac, tributaire de Siam, comporte plusieurs enceintes rectangulaires autour du sanctuaire, chacune des enceintes devenant plus riche à mesure qu'on s'approche de l'édifice central ; celui-ci est généralement entouré immédiatement d'une galerie à fenêtres intérieures qui rappelle les dispositions indo-chinoises. Le sanctuaire est un édifice en forme de tour carrée, dont chaque face est précédée d'un avant-corps. L'influence cambodgienne se fait sentir dans les pilastres très ornementés, la dimension monumentale des portes d'entrée, les tympans richement sculptés, et les monuments accessoires qui remplissent les intervalles situés entre les différentes enceintes. Le sanctuaire de Pnom-Bachey, dans la région de Koukan, qu'on prétend daté du xe siècle, est le plus méridional de ces édifices d'un nouveau genre.

Le temple de Bassac offre déjà un dessin plus sévère, une suite de colonnes carrées, droites et sans ornements, qui sont d'un très grand effet lorsqu'elles sont en masse, et qui témoigne de moins d'imagination, mais de plus de sobriété dans l'art des constructeurs.

On commence à trouver, au lieu des décorations en flammes fantastiques, le chapiteau de couronnement, si noble d'aspect qu'on le jurerait sorti d'un ciseau grec, comme, par exemple, aux ruines de Watphu ; également, les portes sont surmontées de simples frontons affectant toutes formes, depuis le fronton surbaissé jusqu'au gâble, mais sobre de détails et dénué des fantaisies indiennes.

Sur tout le cours du moyen Mékong, spécialement à Peu-Nom, la même influence double se constate; mais à mesure que les dimensions des édifices diminuent et que leurs lignes se régularisent, l'influence méridionale disparait et ne se fait plus finalement sentir que dans la pointe métallique ou sculptée qui sert de couronnement aux édifices et qui perce au-dessus

des toits chinois à cinq étages, et des galeries édifiées
en style du pays natal.

Le royaume du Laos nord, indépendant jusqu'en
1826, offrait, paraît-il, une remarquable succession d'édifices architecturaux. En
1528, des familles féo-
dales puissantes fondè-
rent des principautés
souveraines à Vienchan
et à Luang-Prabang.
Vienchan, ruiné en
1826, après la captivité
de son dernier roi, est aujourd'hui remplacé par
Nongkai. Les nom-
breux vestiges qui en
subsistent permettent de
reconstituer cette archi-
tecture pyramidale qui
est en honneur dans le
nord de la Péninsule.
Les récits de Gérard de
Wusthoff mentionnent
la fameuse pyramide de

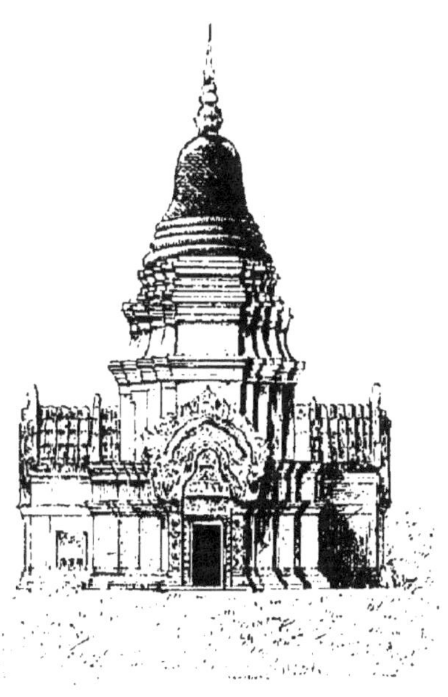

Fig. 15.

Une pagode de la vallée du Mékong.

Tatluong, dernier souvenir de l'art khmer : « ... La pyramide centrale, qui présente à la base cette forme rectangulaire et qui est arrondie en dôme au sommet, repose sur
deux terrasses superposées; la terrasse supérieure supporte vingt-huit pyramides de dimensions moindres; elle
communique avec la terrasse inférieure par deux escaliers ; de la dernière terrasse, quatre escaliers donnent

au dehors; la base du monument a 150 mètres sur 160, sa hauteur est de 30 mètres; une stèle à l'entrée indique que le monument fut consacré pendant la première moitié du xvi⁰ siècle. »

En dehors des pyramides, les pagodes affectent de plus en plus la forme indo-chinoise, et les temples de Luang-Prabang sont construits sur le même modèle.

Enfin, au delà de Luang-Prabang, l'influence chinoise domine définitivement les conceptions laotiennes; les nombreuses pagodes de Xientong, aux toits superposés et aux arêtes curvilignes, dénotent le voisinage du Céleste Empire.

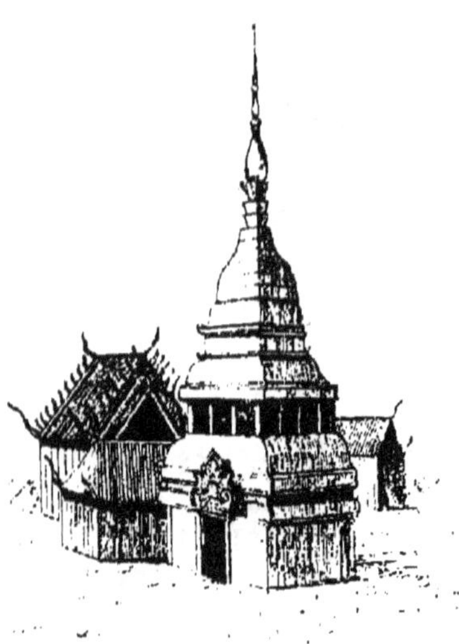

Fig. 16. — Une pagode du haut Laos.

Les temples du Lingnan rééditent les constructions en bois dur, aux énormes charpentes sculptées, sans un morceau de fer, que nous avons décrites dans le Tonkin français; et il est à remarquer que, dans les préfectures méridionales de la vice-royauté du Yun-Nan, les émigrés annamites, appelés aujourd'hui Mantze, ont apporté, avec la fidélité aux rois Lê qu'ils ont suivis dans leur exil et qu'ils soutiennent dans leurs revendications, leurs mœurs, leurs coutumes

et les principes héréditaires de leur art architectural.

L'art moderne de la partie occidentale de la Péninsule n'emprunte rien aux grandioses conceptions
architecturales des peuples éteints. Leur art ancien, du
même goût qu'aujourd'hui, fut seulement plus fastueux
et solennel. Il est difficile de l'établir d'une façon certaine. Les ruines d'Ajuthia, au nord de Bangkok, indiquent seulement l'ancienne architecture à colonnes
cannelées, et ne donnent de renseignements que pour
la statuaire. Les pagodes ruinées du Suphan ne sont
que des imitations. Il eût fallu que les pagodes
antiques de l'indépendante Birmanie eussent été conservées, pour nous donner une image assez pure de
l'architecture des Thaïs; malheureusement, Ava et
Amarapura, tant de fois détruites et depuis si longtemps délaissées, ne nous offrent que des vestiges informes; les mille pagodes de l'antique Pagan, et cet
énorme temple inachevé de Mengun à Mandalay, ont
été victimes de conquérants tour à tour furieux et
avides, et nous ne saurions sur leurs ruines établir
des observations vraisemblables et de bonne foi.

On dit que, du côté de cette Birmanie encore
cachée, où les derniers défenseurs de la famille royale
de Thibau empêchent qui que ce soit de pénétrer, on
découvrira un jour tout un côté de l'art birman ressus-
cité; mais pour l'analyser, il faudra attendre que les
événements ou la civilisation nous ouvrent l'entrée de
ces contrées inhospitalières.

Les pagodes de Siam et de Birmanie se distinguent

aujourd'hui beaucoup moins par le souci du beau et du grand que par celui de l'énorme et du riche.

Entourées de murs d'enceinte, les pagodes élèvent sur des colonnes doubles des toits nombreux étagés les uns au-dessus des autres, dans le même sens et presque avec la même grandeur: d'ailleurs, le toit occupe une bien moins grande place de la physionomie générale, et c'est ce qui empêche de voir, en ces toits étagés, un produit de l'influence chinoise. La pagode de Wat-chang, à Bangkok, qui passe pour le modèle du genre, et qui est en tout cas la plus riche construction du monde asiatique, comporte, par-dessus le plan inférieur de l'édifice, qui se coupe à angles droits en plusieurs quadrilatères égaux, une pyramide à clochetons de 300 pieds de haut; sa base est en forme de tronc de cône, et on y aboutit par 150 gradins; au-dessus, le tronc de cône devient une tour hexagonale, couronnée de tourelles et de clochetons en grand nombre; le tout est sommé d'une flèche en bronze doré à vingt branches torses. Cet échafaudage, s'il ne satisfait pas l'œil délicat d'un amateur, impose néanmoins par sa masse et son élévation. Mais c'est surtout dans le détail et dans la valeur de l'ornementation que l'amour-propre siamois se donne un libre cours et dépasse, en effet, tout ce qu'on peut imaginer. Les murs, les voûtes, les dalles des terrasses, les parvis des temples ne sont que des porcelaines vernissées de mille couleurs voyantes; d'énormes rosaces en mosaïques peintes ornent les cours et les péristyles; les toits à cinq étages éclatent du bleu, du rouge et du vert de leurs tuiles; une miroiterie insolente s'étale sur les tympans et jusqu'aux cha-

piteaux des colonnes, et agace l'œil de son éclat perpétuel et changeant.

Les portes de laque sont incrustées de nacre; les
charpentes elles-mêmes brillent d'ornements éclatants;
des fresques et des sculptures enluminées courent partout; des kiosques, des belvédères, des terrasses, des
statues remplissent toutes les perspectives; les métaux
précieux en plaques recouvrent parfois des sculptures
géantes et des murs entiers.

Devant tant de richesses et des couleurs si éclatantes, le voyageur étonné s'arrête, et l'on arrive à
comprendre l'exclamation de Beauvoir, disant que les
temples de Shangaï, de Canton et de Pékin sont aux
pagodes de Bangkok ce que l'église de Quimperlé est
à Notre-Dame de Paris.

Bangkok entier reluit de ces stoupas, de ces colonnes, de ces toits luisants et relevés en flamme, de
ces terrasses bigarrées, et semble une vaste enluminure
vraiment séduisante. Mais il faut ajouter que l'art architectural lui-même est inférieur et qu'on l'a négligé
pour ne songer qu'au déploiement orgueilleux de ces
coûteuses magnificences. La pagode de Xetuphon no-
tamment se distingue par ses douze pyramides, dont
les unes sont dorées, et les autres recouvertes de porcelaines multicolores.

La même magnificence se remarque dans les pyramides et les monuments à terrasse. La pyramide dite
de la Montagne d'Or, élevée en 1387, est carrée, et sa
hauteur atteint 400 pieds; les quatre façades ont chacune leur escalier monumental : au troisième étage,
quatre galeries se croisent sur la terrasse supérieure,

et à leur jonction se dresse un dôme haut de 150 pieds terminé par la flèche brahmanique dorée.

Au monastère de Phra-Bât, près de Prakpriau, trois murs d'enceinte enferment deux temples semblables, au milieu desquels prend naissance un escalier de marbre avec double rampe de métal doré; l'escalier atteint une grande terrasse, où se dresse un monument à base quadrilatère, tout en pierres sculptées; peu à peu il devient dôme à plusieurs courbes, et au-dessus du dôme s'élance une pyramide de 120 pieds. Les portes et les fenêtres sont à avancements successifs, ce qui est le seul vestige de l'architecture khmer; des peintures, des incrustations de nacre, des plaques de métal argenté et doré couvrent cette immense construction, qui sert de maison-mère aux talapoins du royaume.

Il n'est pas étonnant que l'on ait estimé à 40 millions le prix de la construction d'une seule de ces merveilles, étonnantes, nous le répétons, davantage par la richesse que par le bon goût de leurs ornementations et surtout que par la valeur de leur architecture.

Dans toute la partie occidentale de la Péninsule, et jusqu'aux frontières de l'Inde, la même débauche de couleurs et de métaux subsiste, sous la même pauvreté réelle du génie. La valeur et la célébrité des pagodes ne se mesurent donc plus là qu'à la richesse et à la générosité de ceux qui les font construire. Ce genre d'architecture pénètre même aujourd'hui au Cambodge, où l'on trouve qu'il est plus facile de décorer d'immenses charpentages que de ciseler les chefs-d'œuvre de pierre des ancêtres. Les récentes pagodes de Pnom-Penh et de Compong-Luong sont une preuve

de cette dépravation, quoique encore timide, d'un génie
jadis impeccable.

Il est bon, d'ailleurs, de faire remarquer que, au
Laos jusque et y compris l'antique Vienchan, les corps
de logis les plus massifs étaient revêtus d'armatures de
métal, bronze ou bronze argenté; mais il convient, en
même temps, d'ajouter que les parties les plus délicates
des édifices étaient réservées, et qu'on épargnait aux
sculptures et aux moulures ce revêtement singulier.
et, surtout, que jamais aucun sacrifice ne fut consenti
par les artistes laotiens ou indo-chinois du Nord à ce
déploiement un peu vulgaire, et, en tout cas, fort peu
artistique, d'une simple valeur numéraire.

L'esprit d'ailleurs des peuples se retrouve ici plus
que jamais dans leur architecture, et surtout leur
architecture religieuse. Tandis que les Indo-Chinois
y mettaient, avec la sobre grandeur de leur race, la
note souvent gracieuse et émue de leur caractère, tandis que les Khmers bâtissaient, à hauteur de géants, ces
colosses si conformes à leur atavisme, les Siamois et
leurs voisins trahissaient, dans leurs temples, plus
hauts que solides et plus brillants qu'orthodoxes, la
légèreté, l'amour-propre et la vanité incurables qui font
tout le fond de leur caractère et de leur politique.

II

L'ARCHITECTURE MILITAIRE

Chez un peuple dont l'histoire est aussi tourmentée que celle de l'Annam, et qui avait pour voisins les turbulents souverains de Chine et de Ciampa, l'architecture militaire devait jouer un grand rôle. Et si l'intérieur du pays, sauf la capitale, devait, grâce au caractère pacifique de la race, ne point voir de travaux militaires, il n'en était pas de même aux frontières. A l'époque où l'histoire des dynasties d'Annam est encore obscurcie de mythes et de légendes, elle renferme cependant les détails les plus précis sur les fortifications des villes, que leur situation exposait davantage aux invasions; et, à côté de ces détails, nous lisons la suite des bouleversements qui ont jeté bas ces remparts primitifs, sur lesquels furent édifiés d'autres plus solides disparus eux-mêmes aujourd'hui pour la plupart. Il est impossible de trouver ailleurs une plus frappante démonstration de l'existence tourmentée des peuples de la Péninsule.

La première forteresse historique semble avoir été l'œuvre d'An-duong-vuong, roi de Thuc (aujourd'hui Caobang), en 250 avant J.-C., et fondateur de la deuxième dynastie annamite. Une montagne entière fut enfermée dans la citadelle de Loa; et les murs, d'une épaisseur et d'une hauteur extraordinaires, montaient en spirale jusqu'au sommet, où se trouvait le rempart central. Cette disposition valut à la citadelle le surnom de Tulong, nom qui existe encore aujourd'hui et qui désigne la haute vallée du Songchai, entre

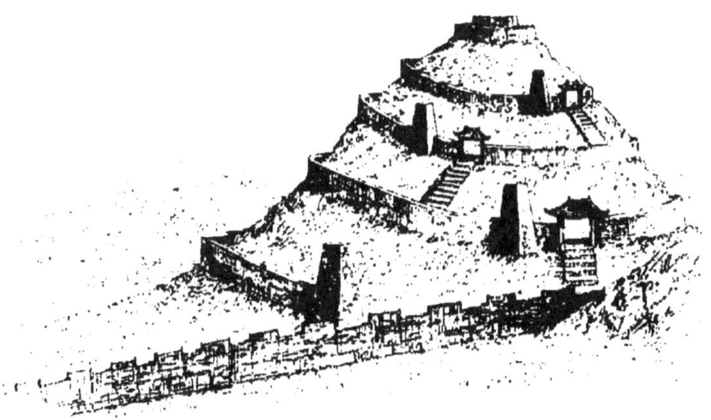

Fig. 17. — Citadelle de Conlonthanh.

les monts Caobo et Mayen, sur les frontières probables de notre Protectorat tonkinois.

On voit encore, aux flancs de Modong, des ruines gigantesques, que les Chinois de Kaihoa prétendent être celles de Conlonthanh (nom chinois de Loa), détruite vers 1400, au commencement des guerres de l'Indépendance, par le général annamite Dongtât. La forme en spirale des ruines de Tulong semble donner raison à cette prétention.

Vers la même époque, les rois de Thuc faisaient fortifier les points de Caobang et de Langson ; mais il n'est rien resté de ces défenses primitives, et les livres n'en font aucune description.

La première citadelle dont l'histoire nous ait conservé tous les détails de construction est celle de Daïla, qui fut construite sur l'emplacement d'une partie de la citadelle de Hanoï, du Petit Lac et du Jardin d'Essai; elle fut commencée, en 785, par Truong-bang-Nhi, après ses victoires sur les invasions rouges et noires

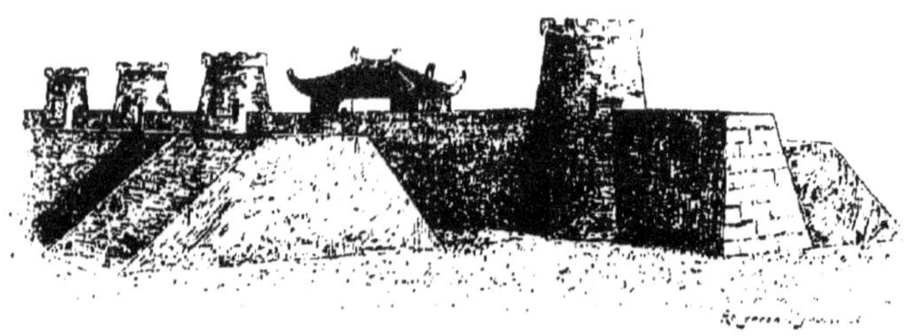

Fig. 18. — Les anciens remparts de Daïla.

venues de la Malaisie. Dès 808, Truongchan porta les défenses jusqu'au bord du Fleuve Rouge. Mais les dimensions gigantesques qui signalèrent à l'attention des historiens la citadelle de Daïla lui furent données par Caobien en 871, et il en fit la capitale du royaume dont il se déclara le souverain, après sa guerre triomphale de dix ans contre les Lucchieû (Moïs et Laotiens du moyen Mékong et de la chaîne intérieure d'Annam).

L'enceinte de la citadelle de Daïla avait une longueur de 9 kilomètres; ses murs avaient une épaisseur de 11 mètres à la base et de 2^m,50 au sommet. Sur les murs, qui avaient une élévation de 9 mètres, Caobien

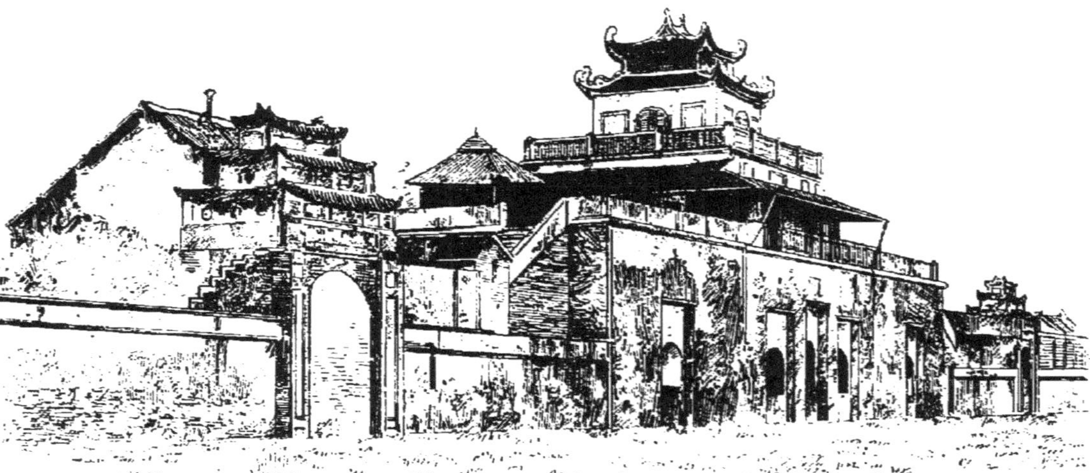

Fig. 19. — Réduit de la citadelle de Hanoï.

éleva cinquante-cinq miradors et six portes monumentales. En dehors des murs, et pour les défendre autant des eaux que des ennemis, Caobien éleva un système de digues d'une longueur de 10 kilomètres, dont la hauteur était de 7 mètres et l'épaisseur, à la partie basse du mur, de 9 mètres ; la base totale de la digue, avec ses revêtements de terre, était d'une épaisseur de 23 mètres.

Cinq siècles plus tard, ces formidables défenses étaient encore debout et résistaient au siège que Chebong-Nga, roi des Ciampois, tenta vainement pendant six mois (1385). En 1398, Daïla fut négligée et abandonnée par la dynastie Trân, qui avait construit sur les collines de Antôn, dans le Thanhoa, une nouvelle capitale, Taydô, sur le berceau de leur famille.

Les Chinois, qui occupèrent alors Daïla, construisirent à l'est une deuxième forteresse, du nom de Dongquan, de sorte que Thanhlong (Hanoï) était enserrée entre Dongquan et Daïla. Ces deux forteresses jouèrent un grand rôle dans les guerres de l'Indépendance. Assiégées, dès 1424, par Lêloi, elles avaient été, par surcroît de précautions, entourées d'un rempart commun et fort élevé. Lêloi dressa en face de Daïla une forteresse égale en puissance ; il construisit sur le fleuve, vis-à-vis Dongquan, une citadelle flottante supérieure en hauteur, et, au delà du fleuve, un observatoire, de la hauteur de la tour Baothiên (cet observatoire se trouvait au bord du Song-Bode, sur la route de Batang à Grenh). Il avait fait préparer des échelles roulantes, fondre des canons très mobiles appelés « canduong ». Après de nombreux combats, il fit encore élever une

muraille, des tranchées, une enceinte d'investissement,
sur la rive gauche du fleuve et enserrant toute la partie méridionale de Dongquan. Toutes ces lignes, formées de terres et de bambous, étaient construites avec
une extrême rapidité; une histoire rapporte qu'une
nuit suffit pour bâtir l'enceinte d'investissement depuis
la route de Hué jusqu'à Anhoaphuong (aujourd'hui
Canhphuong), sur un parcours de 2 kilomètres. Dans
les derniers jours de 1427, l'enceinte de Daïla tomba
au pouvoir de Lêloi, et les Chinois capitulèrent pour
les deux forteresses et la capitale.

La dynastie des Lê fortifia encore Hanoï, mais elle
en fut chassée par l'usurpation des Mac; les Lê ne
purent y rentrer (1592) qu'après un long siège, après
avoir mis le feu à la citadelle et rasé les triples murailles. C'est de cette époque que le rôle militaire de
Hanoï cessa. Les incendies de 1609 le diminuèrent
encore. Une invasion chinoise, repoussée par Hue
(1787), qui construisit sur le Fleuve Rouge le premier pont qu'on eût encore vu mobile, en face de Gialam, mit le comble à sa ruine. Enfin Gialong le détruisit presque complètement avant d'y entrer, et c'est sur
des vestiges informes que fut édifiée, sur des plans demi-
asiatiques, demi-européens, la citadelle actuelle, dont
le mirador central rappelle mal les anciennes magnificences guerrières de Daïla.

On voit des traces des vieilles fortifications de la
capitale des Lê sur la route au delà du Grand Lac, à
l'embranchement qui rejoint la route de Sontay; quelques mouvements de terrain y indiquent encore les
extrémités des grandes digues extérieures. Il n'existe

pas de vestiges de la citadelle de Dongquan, qui avait son extrémité est à l'emplacement actuel du village de Quan-Noï. La muraille d'enceinte d'Anhoaphuong a servi à l'établissement d'une des grandes digues qui coupent la route de Hué, en aval de l'ile de Gialam. Le reste est confondu dans les fortifications actuelles.

L'influence et les conseils des Français qui, dès 1781, s'attachèrent à la maison des Nguyen et préparèrent son avènement, se font sentir dans le tracé des forteresses du Delta tonkinois, dont les détails seuls de l'exécution révèlent la main annamite : telles sont les citadelles de Sontay, Hunghoa, Bac-Ninh, Namdinh, etc. Les grandes places fortes qui furent construites par les Indo-Chinois seuls, comme Dongvan et Lamtao, érigées ou réédifiées par Hoangkeviem contre l'amiral Courbet en 1883, ne sont que d'énormes levées de terre, sans art, et témoignant seulement d'un travail assidu.

Sur l'histoire de l'architecture militaire du nord de la Péninsule semble copiée celle des autres villes, Hué (Hoachau), Binhdinh, Taydo, Tranninh, qui furent tour à tour les héroïnes et les victimes des plus diverses vicissitudes. Chaban, la capitale des Ciampois, fut, à diverses reprises, si bien ruinée qu'il n'en reste rien. L'histoire des sièges successifs de Tranninh montre que les Indo-Chinois connaissaient les mines et les travaux d'approche (1672).

Elle indique aussi que, suivant l'exemple chinois, les bas Annamites construisirent, aux frontières de leurs provinces, de grandes murailles, percées de rares portes, qui devaient empêcher les invasions; l'une d'elles allait de Tranninh à la mer, et portait le nom de mur de Bochanh.

La relation des événements de Cochinchine nous apprend que, dès 1675, les Cambodgiens connaissaient l'obstruction des fleuves par des navires coulés, des chaines, des brûlots et des forts, soit mobiles, soit sur pilotis. L'insurrection de Tayson se heurta aux citadelles de Tinhphu, de Cantho, du Rachgia. Saïgon fut fortifié plusieurs fois en remparts de terre, jusqu'en 1787. Les fortifications de Tankhai (on appelle ainsi le tracé octogonal de 1789) étaient en

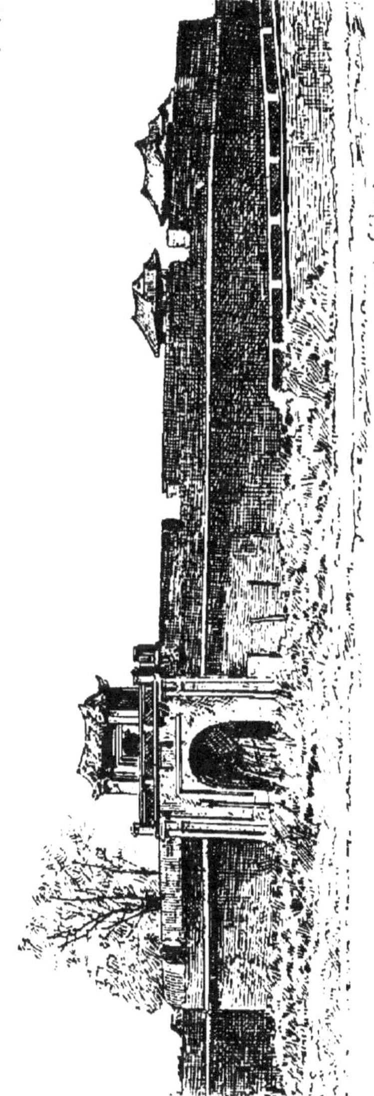

Fig. 20. — Entrée de la citadelle de Sontay.

pierre et percées de portes monumentales; on en voit encore aujourd'hui des traces dans la ville neuve. Cette fortification fut rasée par Minhmang, réédifiée sur un plan plus modeste, et définitivement abattue en 1859 par les Français, qui laissèrent Saïgon ville ouverte.

Les Annamites connaissaient aussi les fortins isolés, que nous nommons blockhaus. Dès le xve siècle, les fortins de Thanhoai, Phuquoc, Tuliem, Camgiang jouèrent un rôle marqué. En 1403, les forts de Daban, de Tuyenquang, et le fortin fluvial de Bachhac, sur la Rivière Claire, empêchaient l'arrivée, dans le Delta tonkinois, d'une invasion chinoise. Ceux de Tamky (Quang-Oai) s'opposaient aux incursions des Ciampois. Les réduits de montagne de Yenmang, Lamson, Balaï, d'où Lêloi partit pour délivrer l'Annam, et où, après chaque échec, il se renfermait inexpugnablement, sont restés célèbres dans toutes les mémoires.

Les dernières architectures vraiment sérieuses au point de vue défensif sont celles que construisirent les vieilles familles féodales des hautes rivières du Tonkin, du Laos, du Vantuong (ce qu'on appelle aujourd'hui les États Shans). Ces seigneurs, qu'on ne venait guère chercher en ces territoires lointains, n'en construisaient pas moins des forteresses sourcilleuses, au confluent des rivières où ils commandaient. A cause de la formation géologique de leurs petits royaumes, ils ne pouvaient guère se servir de briques, moins encore de pierres : ils bâtissaient sur le roc, avec le roc.

C'étaient, en général, de grandes constructions carrées à plusieurs étages, des miradors massifs avec des

escaliers extérieurs et des murs épais courant, à travers
les ravins et les bois, du haut des montagnes au bord
des fleuves; les angles défensifs et les habitations seulement étaient cimentés. Les murs d'enceinte, parfois
même les miradors les moins élevés, étaient faits de
blocs à peine dégrossis, et empilés les uns sur les
autres.

Les vieilles fortifications des Câm, les anciens sei-

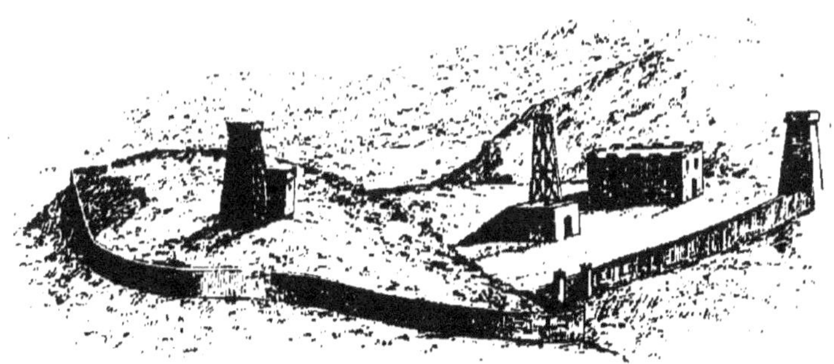

Fig. 21. — Les anciens remparts de Laï.

gneurs des chaûs de l'Ouest. dans leur capitale de Laï,
détruite seulement en 1887, sont parmi les derniers et
les meilleurs exemples de ces constructions, sauvages
et frustes comme leurs maîtres.

Les citadelles du pays khmer étaient construites
avec le même amour du grandiose que leurs palais et
leurs temples. La double enceinte, qui sert d'abord de
fossé à la citadelle, et ensuite de mur d'octroi à la ville
elle-même, dans toutes les agglomérations de l'extrême
Orient, prenait un caractère de valeur qui cependant

ne semblait pas, par lui-même, donner une grande force de résistance à la fortification, et il eût sans doute mieux valu, pour soutenir convenablement un long siège, se trouver dans les citadelles un peu brèves du Tonkin que derrière les immenses périphéries du bas Mékong. « ... Une immense enceinte rectangulaire, dit M. Delaporte, faite de terre levée et garnie de corps de garde, renfermait les agglomérations urbaines et les temples secondaires groupés autour de la citadelle, et embrassait d'une même circonvallation gigantesque toutes les vastes « pontéay » (citadelles) rassemblées autour de la citadelle centrale : c'est ainsi que les édifices et leurs annexes arrivaient à couvrir des surfaces immenses... Devant ces grandes circonvallations, un abaissement factice ou naturel du terrain permettait aux eaux de puits de s'amonceler. On entourait les dépressions d'une bordure ou chaussée de terre, et à la saison des pluies la dépression devenait lac. La terre enlevée se retrouvait ailleurs; elle servait à construire les boulevards d'enceinte, à surélever les cours intérieures, etc. »

A l'intérieur des circonvallations étaient les villes et les lacs, puis la citadelle véritable ou pontéay. Un rempart, percé de quatre tours triomphales et bordé à l'extérieur d'un large fossé, constituait la fortification.

Quatre chaussées, se coupant à angle droit dans l'intérieur de la citadelle, aboutissaient à ces quatre portes, et franchissaient les fossés sur quatre ponts aux piles et aux balustres gigantesques. Les murs étaient en pierres énormes, non cimentées. coupés en deux par une large berme, et descendaient ensuite au niveau

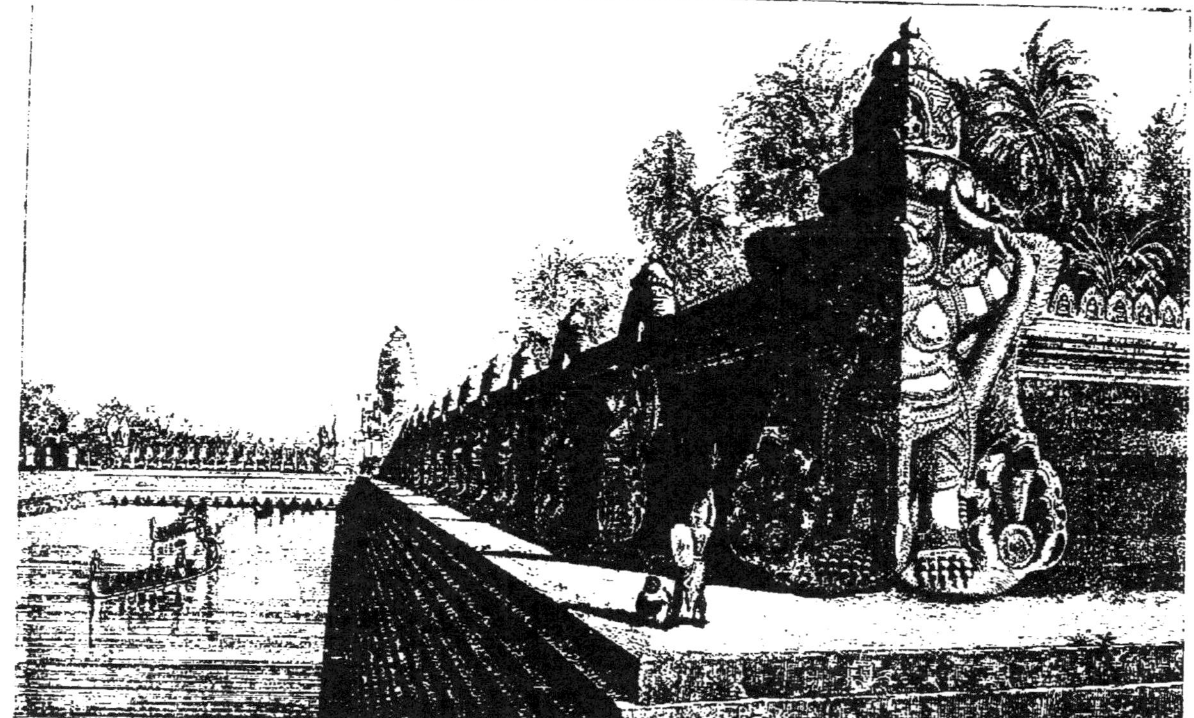

Fig. 22. — Un angle de la citadelle de Préakhan. (D'après Delaporte : *Voyage au Cambodge*. — Ch. Delagrave.

de l'eau des fossés par des gradins ardus; les soubassements des murailles venaient parfois jusqu'au milieu du fossé; elles étaient couronnées d'entablements à moulures, avec crêtes sculptées en ogives, en fer de lance, etc... Plusieurs de ces murailles étaient garnies d'un rempart intérieur fort épais.

A l'extérieur, l'ornement architectural s'étalait dans toute sa fougue. Les portes de la citadelle d'Angkor-Thom portaient les quatre faces géantes de Brahma; les murailles de Préakhan étaient flanquées de garouda géants (animal fantastique à corps d'homme et à tête d'oiseau, issant d'une double tête de naga ou serpent sacré); ces garouda supportaient, en véritables cariatides, des tourelles qui n'étaient pas toujours simplement ornementatives, et qui servaient souvent d'abri défensif aux « flanqueurs » des fossés.

Cette enceinte, rempart et fossé, était souvent précédée elle-même de fossés larges et profonds en deçà même du rempart intérieur, fossés qui n'étaient traversés que par quatre ponts identiques à ceux de l'extérieur, et qui devenaient prétexte à des ornementations nouvelles.

Enfin, le centre de la citadelle, occupé le plus souvent par un temple ou un palais, est lui-même très souvent une citadelle en miniature, avec un petit fossé, une muraille appelée « compong kéo », et encore une douve limitant cette nouvelle défense. Enfin, les galeries du temple, ouvertes rarement, et dont les grandes baies donnaient toujours sur les cours intérieures, servaient au besoin encore de dernière protection.

Ces fortifications compliquées ne sont plus de mode aujourd'hui; elles n'ont jamais d'ailleurs dépassé les limites du royaume khmer, et, en tout cas, elles n'ont pas garanti leurs maîtres de l'invasion ou de la destruction complète.

Il n'y a guère de fortifications dans l'intérieur du Laos, dont les populations sont peu guerrières et dont la meilleure défense est dans la nature même de leur pays, sauvage et peu hospitalier. Seulement, sur les frontières extrêmes se trouvent quelques villes ou villages retranchés; leurs enceintes affectent parfois la tenue de la citadelle indo-chinoise, ou plus souvent, comme les hauts remparts crénelés de Xieng-Haï, se souviennent des longues murailles de la Chine, avec leurs portes sombres et rébarbatives.

Les forteresses de Siam et de Birmanie affectent la forme des citadelles khmers dans la disposition de leurs défenses et dans le placement des édifices à l'intérieur des enceintes. Mais aucun souci d'architecture originale ne s'en dégage; et, même dans la rectangulaire Tathun, ni à Bangkok, ou dans les constructions de Paknam, récemment devenues célèbres, on ne peut rien relever de particulier ni de remarquable à l'actif de leurs constructeurs.

III

L'ARCHITECTURE CIVILE

Les lois qui régissent la construction des édifices religieux ont leur application tout aussi stricte dans les constructions de l'ordre civil. Les trois préceptes principaux, qu'on retrouve énoncés à chaque occasion dans la *Siaohio*, le *Leki* et le *Giale*, sont les suivants: Commencer par loger dans sa maison les Esprits des Ancêtres morts; consulter les Rites pour orienter la maison et ses ouvertures; séparer strictement le quartier des hommes de celui des femmes. L'homme supérieur (*Giale*, II, 4), qui se construit une demeure, commence par y élever un autel d'Ancêtres dans le quartier Est, au centre de l'appartement intérieur; la salle destinée à ce culte est à cinq rangs d'étagères, sur la dernière desquelles on place les tablettes; on sépare cette salle des autres par un rideau. Le Sud-Ouest, dit le *Leki* (III, 13), doit toujours être le fond de la maison, le coin tranquille et mystérieux réservé aux délibérations de la famille et à la demeure de son chef. Un mur solide (*Giale*, III, 16) et des portes épaisses doivent séparer les quartiers du dedans et du dehors, ce dernier étant aux hommes; les deux parties de la maison ne doivent pas avoir un seul lieu commun.

Ces coutumes sont d'une observation continue, et

sont même, par la force de la tradition, entrées dans le domaine légal. En effet, on lit dans les *Luatle* de l'empereur Gialong. pour l'Indo-Chine, que quiconque fera construire un bâtiment officiel de plan contraire à la coutume reçue, sera puni de la peine du bâton (*Luatle, Lois des travaux publics,* I, 3).

Si nous rappelons que les nécessités atmosphériques et climatériques, autant que la tradition elle-même, réclament, pour la solidité et la fraîcheur des bâtiments construits, une très grande importance de la toiture et son abaissement moyen jusqu'à 3 mètres au-dessus du sol et l'emploi de galeries demi-couvertes et dégagées complètement sur les cours intérieures, on verra dans quel cadre étroit le génie des architectes civils est obligé de se maintenir, et on comprendra plus facilement que, à l'intérieur de ces limites, il n'ait guère pu produire de chefs-d'œuvre dans le nord de la Péninsule et se soit contenté d'orner par le détail le type obligatoire auquel le contraignaient la loi, la tradition et l'hygiène.

Le choix de l'emplacement de la maison indo-chinoise est un véritable Rite; sa construction est une véritable cérémonie. Le Dragon, qui est le symbole de la sagesse divine et la manifestation de sa puissance sur la terre, est aussi le Père de la race annamite et le directeur de toutes les actions des fils respectueux et fidèles. Les grands Dragons, qui. au temps légendaire, parcoururent, créèrent et gouvernèrent l'empire d'Indo-Chine, sont aujourd'hui montrés dans les images, et leurs dépouilles corporelles sont enfouies au fond de

la terre. Bâtir sa maison auprès d'elles est une condition de bonheur, disent les sages. Les montagnes épan-
dues sur le sol sont le dos du Dragon, et les pierres
(*da aong*) à trous sont leurs écailles ; il est bon de se
mettre à leur proximité ; les collines qui sortent des
chaînes sont leurs pattes innombrables, et, s'il est bon
de se mettre à leurs côtés, il ne faut pas se mettre à la
place des griffes. Il faut, si l'on peut, se placer où souf-
flait leur haleine (auprès de leur gueule, d'où sortait le
caractère Phuc, le bonheur), et c'est le présage assuré
de royauté future que de bâtir sur la place de leur
œil. C'est pour obéir à cette tradition que Caobien
bâtit la pagode de Motcot à Hanoï, et que, pour que
personne ne fût roi après lui, il fit construire une
colonne élevée, dont les fondations devaient crever
l'œil du Dragon. Cette cruauté ne lui réussit point,
puisqu'il mourut obscurément et en disgrâce.

En tout cas, il est très bon de mettre sa maison à
l'ombre des corps des Dragons. Il faut que la maison
ne soit pas ouverte du côté du soleil, et surtout que la
porte ne regarde l'extrémité d'aucune montagne, mais
bien le milieu seulement des collines.

Lorsque la maison est construite sur une pente, il
faut l'adosser à la hauteur et ouvrir la porte du côté
de la plaine. Il ne faut jamais bâtir, — sous peine de
voir ses descendants devenir aveugles, — le long d'une
eau dormante ; si l'eau est vive, il faut bâtir le long du
cours et ouvrir la porte, non pas vis-à-vis l'eau, mais
du côté de l'horizon vers lequel elle coule.

Dans la maison, le foyer doit être placé de telle sorte
que ceux qui s'y assoient ne puissent regarder que le

nord ou le sud. Cette disposition est des plus importantes, Thocong, dieu du foyer, étant le premier des
dieux domestiques de l'Annam.

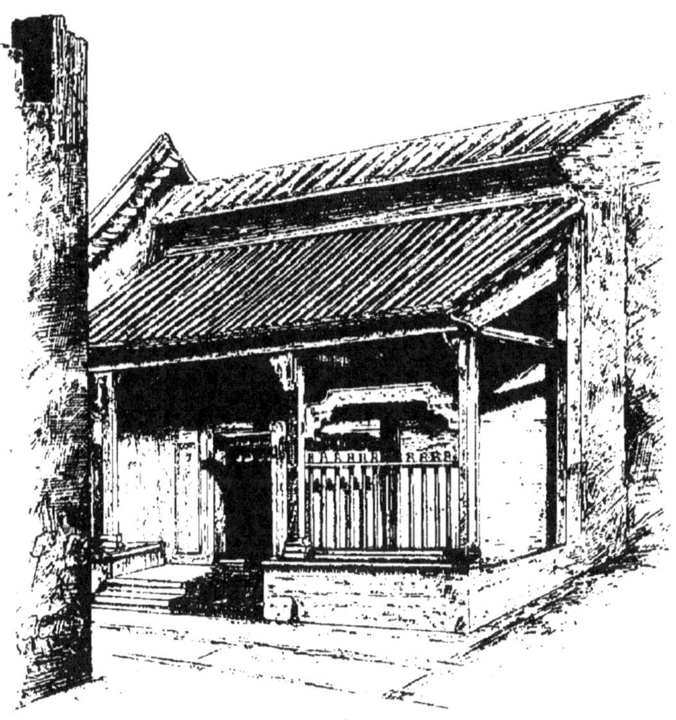

Fig. 23. — Une maison en Annam.

Des réglementations également étroites sur lesquelles il est inutile d'insister concernent l'époque de
la construction ; il importe, en tout cas, que le jour et
même l'heure de la première mise en œuvre soient dési-
gnés suivant des règles rituelles et d'après les anniver-

saires particuliers de chaque famille. Celui qui construit la maison doit, autant que possible, avoir un nombre d'années impair et, spécialement, ne doit point avoir vingt-quatre, trente-huit ni quarante-huit ans. Ces trois âges sont, au contraire, très favorables pour couper les bois dont on se servira pour le toit et les charpentes et pour les faire sécher.

Une fois le jour et l'heure dûment choisis, on élève d'abord les quatre colonnes du milieu de l'édifice, puis la ferme et les arbalétriers. On laisse ainsi du jour, et on continue le lendemain, jusqu'à la fin du charpentage. Ensuite on édifie le toit. Le toit fini, on consacre la maison : un religieux ou un savant docteur, après quelques formules rituelles, désigne par leurs noms les esprits avantageux qui deviendront les familiers de la maison et qui écarteront les mauvaises influences. Ensuite, on construit le foyer d'après les règles données.

Enfin, on bâtit les trois murs de la maison, le quatrième étant remplacé par une colonnade donnant sur le jardin ou sur l'étang intérieur.

On voit par là que les murs ne sont pas les soutiens de l'édifice, mais seulement la protection des habitants contre les intempéries et les regards du dehors.

Le premier soin de l'architecte, une fois le gros œuvre achevé, est de faire venir les sculpteurs et de faire creuser sur les entraits des fermes, en commençant par celui de la ferme médiane, ainsi que sur le linteau de la porte d'entrée, la formule du ciel : « Nguyen hanh loï trinh », qui est répétée sur tous les édifices de l'Indo-Chine, et qui est la signification du premier des soixante-quatre trigrammes hiératiques de Fohi (cause initiale, liberté, bien, perfection). Cette sentence est accompagnée, sur les colonnes voisines, de préceptes confucéens, taoïstes ou même bouddhiques, qui se rapportent tous généralement à la piété envers les an-

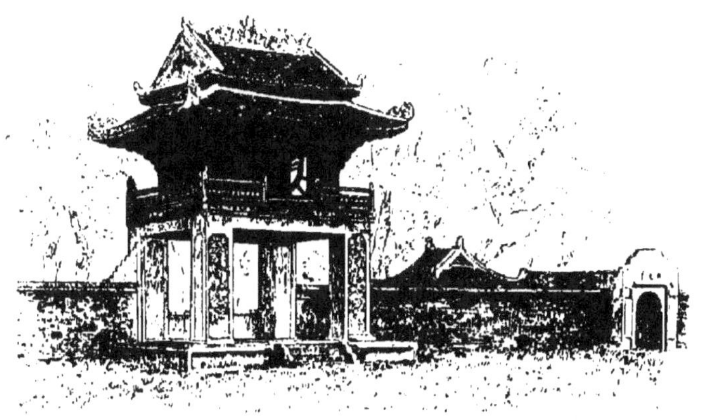

Fig. 24. — Pavillon de l'Éloquence, à Hanoï.

cêtres, à la pitié que l'on doit avoir pour les malheureux, à l'hospitalité que l'on doit pratiquer vis-à-vis les voyageurs.

Ceci fait, le squelette de la maison est terminé, les Rites et les Traditions sont satisfaits, et le propriétaire et l'architecte peuvent agir à leur guise dans le petit champ imaginatif qui leur est laissé.

Les colonnades qui servent de soutien à l'édifice sont rangées par portées de trois, sept ou neuf; les autres nombres sont interdits par les Rites; mais les constructeurs peuvent employer trois, sept ou neuf portées, suivant la richesse, et indépendamment de la fonction ou de l'ancestralité de leur client. Ces trois nombres ont, — comme toutes les numérations asiatiques, — un symbolisme mystique ou métaphysique. Les maisons à trois entre-colonnements, ou « Thien-dia-nhiên », sont en souvenir des trois grands éléments du Yiking : le ciel, la terre et l'homme qui les unit. Les maisons à sept portées rappellent les « that tinh » ou les sept éléments constitutifs de l'homme. Les maisons à neuf portées symbolisent le ciel, la terre et l'homme, chacun par un triple hommage, et rappellent aussi la formule « ba hon tinh via » (trois passions, neuf éléments) par laquelle Wen-Wang, le sage empereur, caractérisait l'androgyne. Les idéogrammes de ces trois, sept ou neuf éléments sont sculptés, de droite à gauche, sur les linteaux des portées.

Les extrémités des solives, des arbalétriers, des entraits, de toutes les pièces sont sculptées en têtes de dragons, et tout le charpentage est couvert de scènes légendaires, d'inscriptions symboliques ou de « van [1] » (signe du feu, analogue à notre grecque), de telle façon qu'il ne reste aucune surface unie, et que les pièces les plus nécessaires à l'équilibre semblent n'avoir été posées que comme motifs d'ornementation. Les arêtes et les faîtes des toitures sont ornés de dragons et de chimères, tête levée, prêts au vol, et souvent les ailes déployées.

Les corps de logis se coudent à angles droits les

1. Dix mille : les Annamites appellent ainsi, par ressemblance graphique, le « swastika » indou.

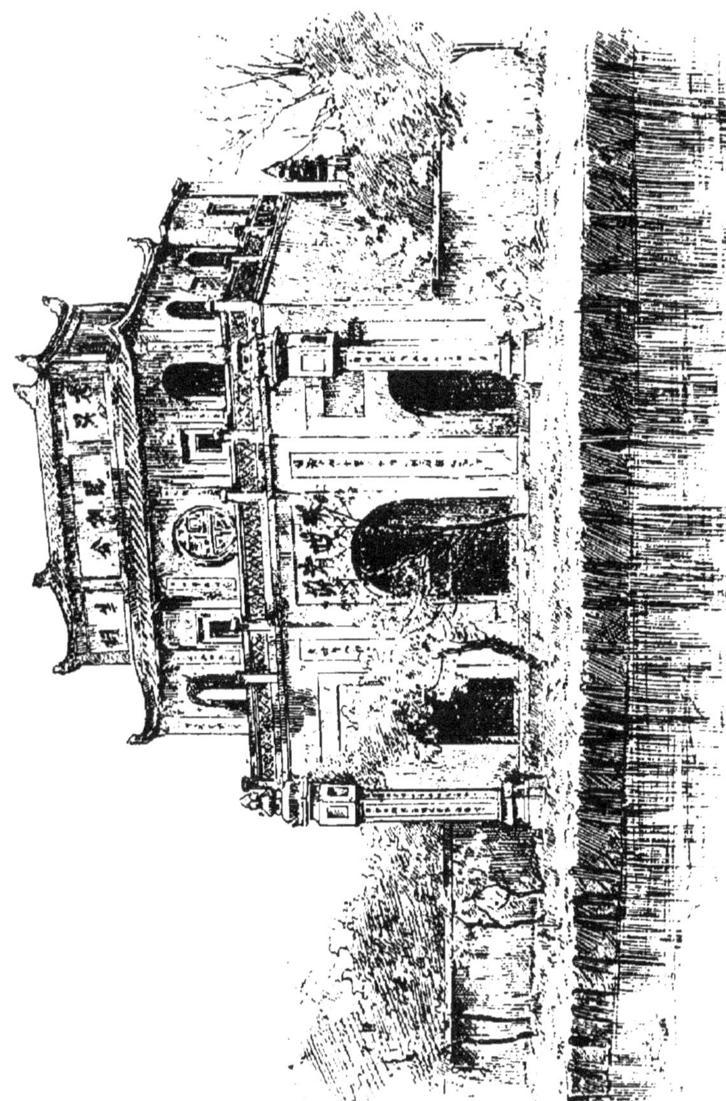

Fig. 25. — Entrée du palais du vice-roi, à Hanoï.

uns sur les autres, de façon à obtenir un espace intérieur carré, qui forme une cour dallée, ou un petit
jardin, ou encore un étang; une galerie à colonnes règne
le long des escaliers à deux ou trois degrés qui joignent
le dallage à la maison, qui s'en trouve séparée la nuit
par des portails de bois mobiles, assez analogues à nos
devantures de magasin, et qui représentent souvent des
scènes mythiques en mosaïque ou peintes sur laque.
Une seule ouverture donne au dehors; elle est fermée généralement par trois ou quatre portes solides et
étroites, qui donnent à la construction un aspect général de défiance et de sauvagerie.

Fort souvent aussi, dans les demeures les plus
riches, un mur de séparation se trouve entre la maison
même et les cours, en souvenir du « tchaoping » chinois.
Ces murs sont moulés, souvent sculptés, ou peints de
bas-reliefs et coupés à intervalles réguliers de colonnes
carrées, recouvertes de mosaïques, au sommet desquelles s'épanouissent les flammes ou les fleurs mystiques, où se dressent parfois les lions bouddhiques
en leur pose hautaine de gardiens du logis. Les maisons des fonctionnaires, les salles d'audiences des officiers de justice, les palais des vice-rois et des gouver-
neurs comprennent de nombreuses enceintes de ce
genre, au milieu desquelles se trouvent les kiosques,
les jardins ou les appartements privés.

De beaux spécimens se voient aussi dans les édifices
connus sous le nom de « Camps des Lettrés ».

Les jeunes gens de toutes les parties de l'Empire qui
aspirent aux grades de « tutai, cunhon ou de tiensi »
(bachelier, licencié, docteur), se rendent, à des époques

fixes, dans ces immenses enceintes, où ils se rencontrent par centaines, et où ils sont mis en loge et isolés de l'extérieur et les uns des autres pendant tout le temps de leurs examens. Ces solennités qui, dans un empire ami des lettres, étaient célébrées avec le plus d'éclat

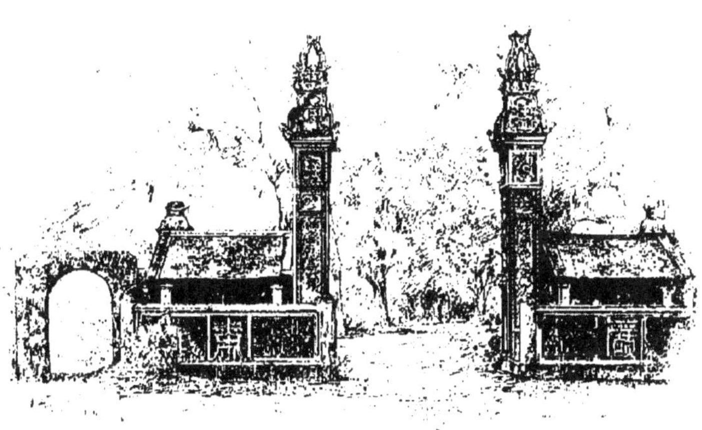

Fig. 26. — Porte Balny, à Hanoï.

possible, étaient toujours présidées par un membre de la famille royale, rassemblaient les dignitaires et les principaux officiers du royaume, et se tenaient d'habitude à Hanoï ou à Nam-Dinh; pour l'obtention des grades supérieurs à celui de « tiensi » (docteur), les lauréats des précédents concours allaient dans les enceintes particulières de Hué subir les épreuves imposées par le Comat et par le Souverain lui-même.

Les palais impériaux et royaux de l'Indo-Chine

participent au même type de construction et se distinguent par la quantité des corps de logis, la hauteur des nivellements et des toitures, la profusion des ornements et la valeur de la matière employée. La demeure des Nguyên, à Hué, est parmi les modèles du genre ; des cours spacieuses séparent les bâtiments, des arcs triomphaux les relient, les charpentes les plus extraordinairement découpées les soutiennent, les moulures et les bas-reliefs les plus majestueux les ornent. Rien n'a été négligé pour rendre splendide la demeure d'un roi qui, d'après les Rites, doit passer la plus grande partie de son existence immobile, sinon oisif, au fond de son palais.

Dans le pays khmer, l'architecture civile emprunte à l'architecture hiératique les caractères de grandeur et d'homogénéité sur lesquels nous avons insisté assez pour n'avoir plus à y revenir.

Les palais des rois à Angkor-Thom comprenaient des salles, soit rectangulaires, soit en forme de croix, ainsi que le voulait la tradition, ainsi surtout que l'exigeait l'agencement spécial des portes et des baies par des avancements successifs ; les voûtes étaient composées d'énormes pierres massives posées en encorbellement et taillées, après la pose, en forme d'ogive, de telle sorte que la courbe qui en résultait affectait, dit M. Delaporte, la figure de la coupe renversée d'une coque de navire.

Les terrasses, construites pour l'agrément des grands, sont polygonales et élevées seulement de quelques mètres.

Les escaliers, qui y accèdent de toutes parts, sont

décorés de lions gardiens ou de géants porte-massue.

La forme, le nombre des saillies, des retraits, des angles, varient à l'infini ; toutes les formes de croix, de la croix grecque à la croix gammée, y sont mises à contribution ; on cite même les ruines de la terrasse de Ponteay-Chma, à huit saillies d'angles aigus, et la grande terrasse d'Ekday, rectangulaire, où une seconde terrasse en forme de croix s'élève sur le terre-plein de la première. Des rinceaux, des moulures, des colonnettes, parfois des compositions légendaires, couvrent les murs de soutènement de ces terrasses et de ces esplanades chères aux monarques khmers, où les cours les plus nombreuses étaient à l'aise et dont les éléphants descendaient aisément les degrés gigantesques.

Quant aux maisons particulières du sud de la Péninsule, la continuité de la température chaude, l'absence complète de tout hiver, obligent à les tenir plus ouvertes encore que les maisons de l'Annam. La chambre où l'on dort est seule fermée de trois côtés ; dans le reste de la maison, le toit acquiert une importance telle qu'il devient la maison à lui tout seul. De chaque côté, sa pente est diminuée, et des colonnes supportent de nouveaux avancements et de nouvelles corniches, jusqu'à 2 mètres à peine du sol. Les murs sont abattus ; il ne reste qu'une simple rangée de pierres de taille, surmontée d'une balustrade à hauteur de la main d'un homme, pour séparer de la rue l'intérieur de la maison. C'est sous cette sorte de hall couvert que l'Indo-Chinois du Sud passe toutes ses journées, pour ainsi dire, vivant publiquement.

Il est vrai que la plupart de ces maisons se trouvent au centre d'un petit jardin très ombragé. Les toitures, les colonnes et les balustrades participent aux ornements coutumiers, où la fantaisie siamoise commence à percer.

La maison de montagne, ou maison laotienne, obéit dans sa construction à une autre préoccupation.

Elle est construite tout entière sur pilotis, aussi haut qu'une habitation lacustre, afin que ses habitants ne soient pas impressionnés de l'humidité qui se dégage de la terre et des miasmes qui sortent des feuilles mortes et de l'humus de ces régions élevées. Sur les pilotis, le plancher est fait de bambous écrasés ou de rotins tressés ; une véranda court tout le long des quatre côtés de la maison, et la moitié des parois sont en nattes tressées, qui se relèvent à la façon des stores d'Europe, pour laisser passer tout l'air et toute la lumière. Les charpentes sont des plus légères, des plus élevées ; et les innombrables pailletis du faîtage sont disposés avec l'uniformité et la régularité d'un travail de vannerie. Ces élégantes et, malgré tout, solides constructions, sont entourées de hangars et d'une grande palissade avec poterne. Un escalier de bois, et très simple, conduit du sol à la véranda ; on le dresse le soir, et les habitants, la nuit, sont chez eux, à l'abri des importuns de toute sorte. Pour les lettrés ou les grands seigneurs héréditaires, on construit sur pilotis en pierre, couvrant un quadrilatère à trois pilotis par côté, des maisons et des pavillons véritablement artistiques. Les murs, formant balustrades, sont sculptés de bas-reliefs et sont surmontés de panneaux de bois ajourés du meilleur effet; des colonnes extérieures et contournées soutiennent les extrémités du toit à triple étage, à triple flamme et à faîtage orné de flèches sculptées; les portes sont ornées de colonnettes courbes, de chapiteaux desquels de fines sculptures retombent en pendentifs; des escaliers de pierre et des cariatides fantastiques cachent la rigidité des assises.

Ce type de maison sur pilotis se trouve dans tout le pays de montagne de la Péninsule; il existe dans le Laos, sur le cours du Ménam; il est le mode de construction couverte dans les principautés du Nord, Xientong, Xiengsen, Xienhong : c'est lui qu'on trouve sur toute la Rivière Noire, à Laokai sur le Fleuve Rouge, et enfin à Cho-Bo et jusqu'au pied du Bavi, en plein Delta tonkinois.

Si faible qu'elle puisse être, c'est là aussi une preuve de la communauté des besoins, des traditions et des arts dans toutes les souches du pays laotien, dont la plus grande partie est déjà nôtre, et qui, ne pouvant subir plusieurs influences, doit nous appartenir tout entier.

Les palais modernes du sud de la Péninsule sont un mélange peu raffiné des anciennes grandeurs indigènes et des principes de l'architecture « confortable » que les Européens ont importée. Le palais du roi Norodom, à Pnompenh, offre cette bigarrure singulière d'une façade imitée de la tradition khmer, à moitié cachée par une colonnade qui est un diminutif de celle de la Bourse de Paris. Par-dessus une terrasse à balustres, qui semble venir des campagnes de la Seine, s'élèvent des portes à frontons en flamme, puis des toits à la chinoise, que crèvent de petites pyramides siamoises et des flèches pointues de l'Inde brahmanique. L'œil ni l'esprit ne trouvent de satisfaction à ce singulier tableau qui prouve chez le promoteur de la construction d'un éclectisme d'art bien mal entendu.

Le palais du roi de Siam à Bangkok constitue à lui seul une ville entière, enclavée dans de hautes murailles; il renferme, en dehors de l'habitation royale, des bureaux, des casernes, des magasins, des haras, les écuries des fameux éléphants blancs.

Au milieu de ces constructions indigènes se trouve la salle des réceptions officielles, récemment construite dans ce style administratif anglais, que l'on ne peut que déplorer partout où on le rencontre. Le palais proprement dit est bâti comme sont bâties les pagodes qui l'environnent, avec un luxe incroyable et sans grande harmonie ; les toits recourbés, les multiples colonnes, les galeries s'entre-croisant en tous sens, en sont les principaux mérites. Les plus grandes salles ont la forme de T, et le dôme, surmonté de la flèche traditionnelle, s'élève sur la partie du transept fermée par la jonction des deux ailes latérales. Dans chaque travée de colonnes s'épanouissent des tympans richement ouvragés. Les fûts des colonnes, revêtus de plaques d'or à leur partie inférieure, se terminent en grosses cannelures, au sommet desquelles surgit, énorme, un chapiteau polychromé. Les plafonds sont à caissons alternativement dorés ; les murailles sont peintes à fresque ; les panneaux sont couverts d'arabesques et de peintures de laque sur laque. Dans certaines salles, les parquets sont en cuivre poli.

La maison siamoise, sauf dans quelques familles

riches qui prodiguent le bois de teck à l'intérieur et les tuiles multicolores à l'extérieur, semble la maison d'un peuple industrieux, mais misérable. Elle est soutenue par huit colonnes rondes, en bois dur; le plancher, fait de bambou comme dans la maison laotienne, est suspendu à 2 mètres au-dessus du sol. Entre chaque travée de colonnes, on dresse le « fa », ou cloison de bois légère et souvent mobile, claies enlacées dont les montants reposent sur des plinthes. Le toit est aigu et formé de feuilles de palmiers séchées, assemblées par des lattes et des chevrons. Chaque maison possède un « noksan » ou véranda protégé par un avant-toit peu élevé et d'une grande longueur, où les habitants des maisons modestes passent presque toute leur vie.

Il n'y a, pour ainsi dire, plus d'édifices publics construits suivant la tradition indigène. La mode anglaise, plus maigre et plus désagréable encore au milieu de la nature exubérante, a gâté tous les goûts et conquis tous les cœurs.

La situation géologique des Deltas des grands fleuves Ménam, Mékong et surtout Fleuve Rouge, a contraint les peuples des plaines et des rives de la mer à la pratique d'un art spécial, celui de la distribution et de la retenue des eaux, grâce à des travaux de terre et à des constructions. En multipliant par mille les petits travaux de drainage que les cultivateurs français opèrent dans leurs prairies aux confluents des rivières, on obtiendra l'effort gigantesque dépensé et la photographie exacte de milliers d'hectares de rizières orientales, qui, sans le système de digues fermées et entr'ouvertes à propos, ne seraient que des marais salins ou des tourbières improductives.

En Cochinchine, et au Tonkin surtout, chaque rivière, chaque arroyo, chaque dérivation, — et on les compte par centaines, — est suivi, à droite et à gauche, depuis les montagnes jusqu'à la mer, par une double digue qui retient le cours du flot, empêche et canalise l'inondation, et en laissant passer les eaux nécessaires à la fécondation du sol protège les récoltes contre les crues estivales. Ces digues, dont la hauteur et l'épaisseur sont proportionnées au débit des fleuves qu'elles accompagnent, sont l'œuvre, non pas de l'État, mais des communes et des villages dont elles empruntent le territoire au fur et à mesure de leur route, et sont construites sur un gabarit uniforme. Ces énormes levées de terre qui, bout à bout, ont une longueur de plusieurs milliers de kilomètres, sont maintenues à une inclinaison un peu plus forte que la pente naturelle des terres par les plantations des essences les plus vivaces et les plus entêtées de l'extrême Orient; leur sommet est assez large pour que les routes de grande communication, dites routes mandarines, y soient facilement tracées à l'abri des inondations. Et l'art extrême qui y est consacré consiste surtout en cette mesure délicate qui fait que la même digue, en un endroit donné, laisse passer juste assez d'eau pour être utile aux cultures, et en retient tout l'excès nuisible. On voit que la beauté de la récolte, et par suite l'existence même du peuple, sont attachées à leur construction et à leur entretien; c'est aussi avec un soin jaloux que les législations s'occupent d'elles et que les autorités riveraines en surveillent la conservation. Le livre VIII des *Luatle*, qui traite des travaux publics, contient les régulations les plus strictes, avec les sanctions les plus sévères, concernant la hauteur et la largeur des levées de terre, le nombre et l'importance des saignées, la fréquence des inspections, la quote-part de chacun dans les travaux de réfection, la durée et la perfection de ces travaux, et les rapports les plus circonstanciés qui doivent être transmis à ce sujet par les autorités locales au gouverneur de province et, le cas échéant, jusqu'au vice-roi et à la cour royale. (*Luatle impériales*, livre VIII, chap. II, § 1 à 4, et *Lê supplémentaires*, 1 à 5.)

Les ponts constituent la partie la plus importante et la plus soignée de ces travaux d'art. Tandis que, devant les citadelles, les ponts chinois, d'une seule portée et d'une faible courbure, sont d'usage, les ponts des plus grandes routes sont à culées de pierres ou de briques, assez rapprochées, sans voûtes, et se composent de linteaux placés bout à bout, et aussi les uns à côté des autres, pour former le tablier où court le chemin. Là où les eaux sont très rapides, il n'est pas fait de ponts, on use de bacs; mais lorsque le débit des eaux n'est jamais suffisant pour déterminer l'allure torrentielle, les Indo-Chinois construisent, avec de petites portées, sur des culées de bois à jour et composées seulement de gros madriers en croix, des ponts de bois dont les divers éléments, tous en bois, sont courbés uniformément au feu et sont retenus les uns aux autres par des pièces de fer assez rares, laissant un jeu entre elles. De larges et épaisses planches de bois de fer forment les tabliers; des colonnades réunies en leur

milieu par une balustrade courante supportent un toit
de bois assez aigu, de même largeur que le pont et
nullement historié; ces ponts sont parfois obliques sur
les cours d'eau qu'ils traversent, et cette disposition
augmente encore la singulière ressemblance qu'ils ont
avec ces deux ponts si célèbres qui traversent la Reuss
au milieu de la ville de Lucerne. Les buffles, les éléphants, les convois les plus chargés passent sans
crainte sur ces ponts, que le jeu laissé entre leurs parties constitutives rend plus insensibles aux courants
des inondations.

Les ponts de pierre du sud de l'Indo-Chine sont
des plus majestueux, et leurs balustrades communient,
comme tout le reste de l'architecture, aux principes de
l'idéal khmer. Leur largeur dépassait parfois 40 mètres.
Les ponts d'Angkor-Thom et de la citadelle de Chma
avaient en balustrades le « naga », ou serpent doréà neuf
têtes, se déroulant tout le long des bords et soutenu
par les mains multiples de géants, dont les statues
uniformes se répétaient par centaines et dont les
épaules dépassaient les éléphants royaux.

Les ponts de Compong-Soai étaient ornés d'oiseaux
gigantesques alternant avec des fleurs de nelumbo :
« ... Les parapets, dit M. Delaporte, sont figurés par
des nagas soutenus par des balustres figurant chacune
un groupe de huit lionceaux ou griffons en cariatides;
les corps sans fin, ornés de lignes de rinceaux et de
perles, se relèvent à chaque extrémité pour former le
cou du reptile qui se recourbe et se divise en un
éventail géant... »

La construction de ces ponts différait d'ailleurs

essentiellement, suivant qu'ils étaient jetés sur des eaux vives ou sur des eaux dormantes. Sur des eaux dormantes, le pont était un véritable massif de pierre ininterrompu dans lequel étaient percées de petites ouvertures cruciformes destinées à assurer le nivellement de l'eau dans les lacs ou les fossés. Sur

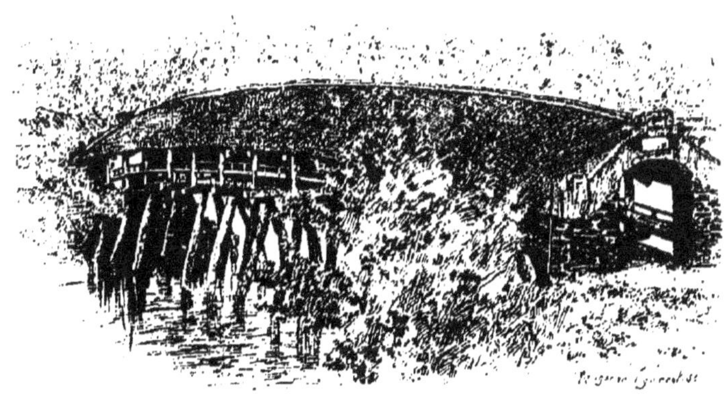

Fig. 27. — Un pont couvert au Tonkin.

les eaux vives, on prenait d'abord la précaution d'élargir le lit de la rivière, afin que le courant fût diminué d'autant ; les revêtements des rives étaient maintenus par des berges de pieux en étages, séparées par des bermes horizontales.

Le pont était construit à l'endroit élargi, les arches étaient massives, les portées étaient étroites, très élevées et très nombreuses ; la voûte n'existait point ; les arches se réunissaient sous les tabliers par des moellons posés en encorbellement. Le plus considérable de ces ponts, celui de Spéanteuk, avait 145 mètres de long et trente-quatre arches.

Dans la vallée du Mékong et du Ménam, les ponts à la chinoise, simples et pratiques, étaient le plus généralement usités. Dans le Laos, on trouvait parfois des ponts indo-chinois, et dans les campagnes ces ponts en rotins ou en lianes d'une seule jetée, qui semblent aériens tant ils sont légers et ajourés, et qui, malgré leur apparence et à cause de leur élasticité, résistent aux vents, aux orages et au passage même de chevaux chargés.

IV

L'ARCHITECTURE FUNÉRAIRE

La croyance générale des peuples d'Indo-Chine fait que les monuments de l'architecture funéraire sont assez rares et indiquent tous la sépulture d'un homme vénéré ou d'un personnage de marque.

En effet, mélange harmonique des traditions primitives et des préceptes de Laotseu, le dogme populaire est que, à la mort, la portion immatérielle de l'homme entre dans une nouvelle existence, que sa portion matérielle tombe à la terre et s'y confond, et que l'esprit, subtil et invisible du père de famille, demeure le conseil et la providence de ses enfants. C'est cette croyance qui a installé dans la maison même le culte de l'ancêtre défunt et qui fait revivre son esprit dans les membres à venir de la famille en deuil. Cette régé-

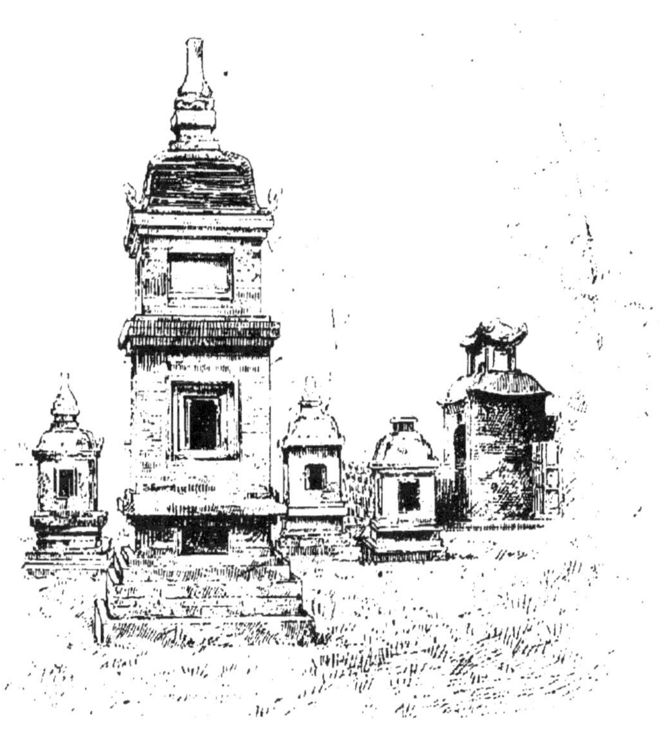

Fig. 28. — Stèles et tombeaux tonkinois.

nération, qui forme d'âge en âge un circulus ininterrompu, va même s'appliquant au corps ; et il est de coutume que la dépouille mortelle soit inhumée dans les rizières familiales, sans caveau, dans une seule caisse de bois, afin qu'elle demeure au milieu des siens et qu'elle continue à habiter et à nourrir le champ que le vivant avait fait prospérer. Il n'y a donc pas, à proprement parler, d'inventions ni de monuments funéraires dans le peuple, ou du moins ne recouvrent-ils jamais la tombe de celui dont ils perpétuent la mémoire.

Comme, d'autre part, il est interdit d'inhumer dans l'intérieur de l'enceinte des villages, il s'ensuit que les familles pauvres, qui ne possèdent pour tout bien qu'un petit carré de terre autour de leur maison et n'ont pas de champ au dehors, doivent inhumer les leurs dans les terrains incultes que les propriétés des pagodes ou les domaines royaux cèdent aux villages. Ces terrains sont choisis parmi ceux qui rappellent des souvenirs historiques, et, depuis les générations les plus reculées, les populations entassent là leurs morts.

C'est ainsi que près de Sontay, vis-à-vis le lieu dit Gosoi, où fut jadis une immense forteresse dont le peuple n'a pas conservé le nom, les habitants de toute une partie de cette province ont fait leurs inhumations; aujourd'hui, ce champ funèbre, uniquement composé d'ornements à fleur de terre, forme un exhaussement de terrain de 8 mètres sur plusieurs kilomètres carrés. Ces sépultures collectives n'ont aucune espèce de monument.

Le *Giale,* au chapitre des Rites funéraires, recommandait de ne mettre aux côtés du cercueil qu'une brique indiquant le nom et les qualités du défunt, et de ne faire aucun monument de pierre ni de marbre, et de n'enfermer dans la tombe ni or ni objets précieux, qui pouvaient inciter à un vol et à une violation de sépulture. Les livres rituels vont jusqu'à blâmer Confucius d'avoir construit des mausolées à sa femme et à un ami qu'il chérissait. Ces prescriptions sont en-

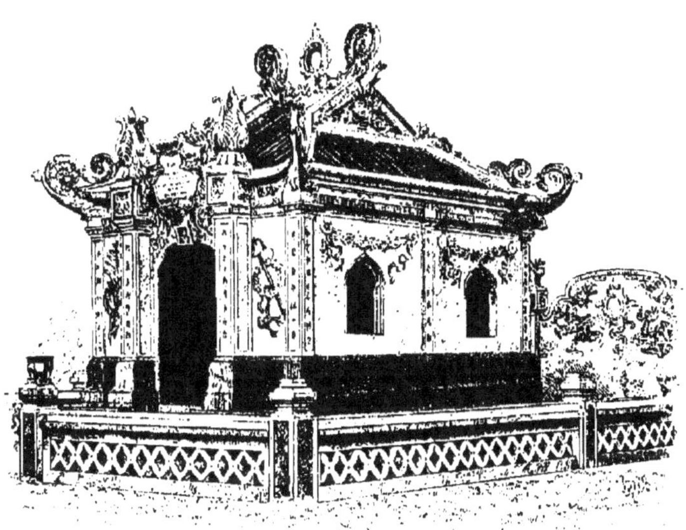

Fig. 29. — Pagode funéraire à Hungyen.

core en honneur de nos jours, et la brique de constatation écrite en caractères sigillaires (chuthién) accompagne toujours les ossements que l'on met parfois au jour. Des recommandations spéciales, suivant les pays, sont faites pour le choix de l'emplacement des sépultures, mais la recommandation universellement suivie (*Leki* II) est de tourner la tête des cadavres vers le nord, le pays des ténèbres. D'ailleurs, en ce qui concerne les emplacements des cimetières populaires et des cadavres dans les tombes, on suit généralement tous les principes exposés pour la construction des maisons : car, dit la Loi, l'Esprit du mort mérite autant de respect que l'Esprit du vivant.

Les pagodes funéraires et les temples commémoratifs des grands sont en petit nombre et très fastueux. Dans un pays où le culte des morts est un des grands Rites, l'enlèvement des cadavres et la violation des sépultures comptent parmi les plus grands fléaux et les meilleures ruses de guerre des rebelles. Aussi l'inhumation des rois se faisait dans le plus grand mystère ; trois condamnés à mort, extraits de la prison pour la circonstance, venaient la faire et ensevelissaient le roi, après quoi on leur coupait la tête avant qu'ils eussent pu communiquer au dehors ; puis on bâtissait le tombeau dans les environs du véritable lieu de l'inhumation. Le premier soin des dynasties régnantes était de détruire les mausolées et, s'il se pouvait, de disperser les ossements des dynasties déchues, afin qu'ils ne pussent demeurer comme des fétiches pour leurs fidèles et ranimer le zèle des ennemis. Lorsque les Lê furent remplacés par les Nguyên, le roi Gialong fit détruire les monuments funéraires qui, depuis quatre siècles, étaient élevés dans la vallée du Fleuve Rouge par les descendants de Leloi. Mais il chercha en vain la fosse où s'amoncelaient les ossements de tant de rois, ainsi que la pierre qui les recouvrait et sur laquelle était gravée l'inscription du « trannguyên Quyhn », inscription d'après laquelle les Lê devaient être à une certaine époque renversés par les Nguyên, et les Nguyên, un peu moins

de cent ans après, remplacés par les Lê. Le Fleuve
Rouge, dont les débordements annuels changent parfois

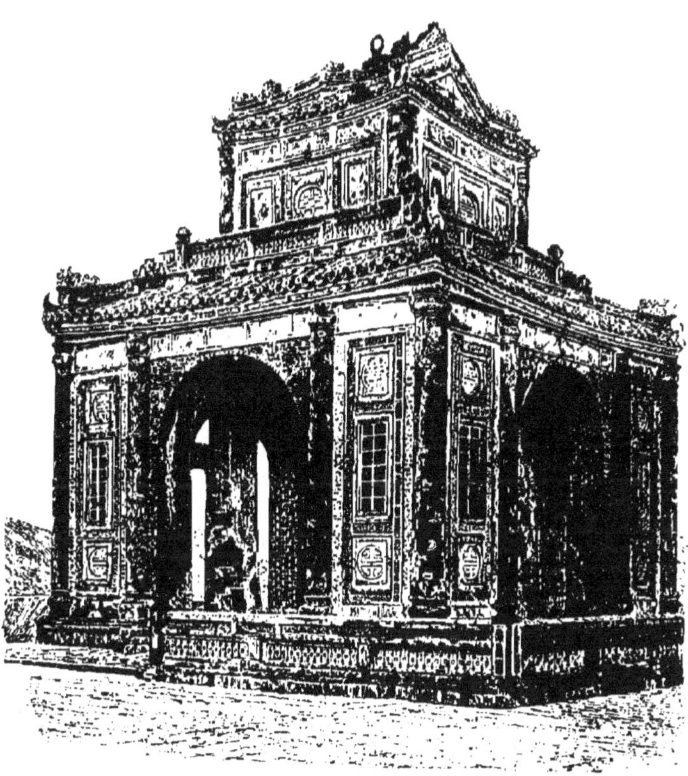

Fig. 30. — Portique et stèle du roi Tuduc.

le cours, les servit dans leur vengeance. Il renversa,
fouilla et brisa la colline où reposaient les Lê; et aujourd'hui on montre encore, coupé en deux par le
fleuve, entre Pholu et Laokai, un monticule déboisé

que la tradition populaire appelle « Dat thanh Vua Lê »,
ou « le Tombeau des rois Lê ». Mais le Fleuve Rouge,
s'il a emporté les ossements à la dérive, n'a pas mis à
jour la plaque fatale où est prophétisée la chute de la
race des Nguyên.

Les mausolées des rois de cette dynastie récente
sont aux portes de Hué; plus heureux que ceux des
autres races, ils sont sous la protection des lois fran-
çaises, et ce spécimen d'art fastueux sera conservé malgré les révolutions.

En dehors de ces mausolées, on construit encore,
en mémoire des héros ou des savants disparus, des
temples funéraires, qui ne diffèrent pas des temples
consacrés destinés au culte journalier. Les morts remarquables sont conservés au souvenir par des pierres
commémoratives couvertes d'inscriptions, par des stèles
que l'on rencontre en pleines rizières ou sur le bord
des routes, qui sont analogues aux stèles chinoises, et
qui sont supportées, suivant les croyances du défunt,
par un lion de Fo ou par un des Tulinh mythiques,
spécialement la tortue. Plusieurs sont ornées des fruits
taoïstes, la pêche et la grenade, et portent en exergue
les caractères Phuc et Tho, symbole du bonheur et de
l'immortalité.

Par un simple sentiment analogique, nous range-
rons parmi les monuments commémoratifs ces temples,
ces fossés au fond des montagnes, cachés dans des
excavations souterraines dont la nature a fait presque
tous les frais, et qui n'ont demandé que des travaux
d'appropriation minimes. Ils se rencontrent, en effet.

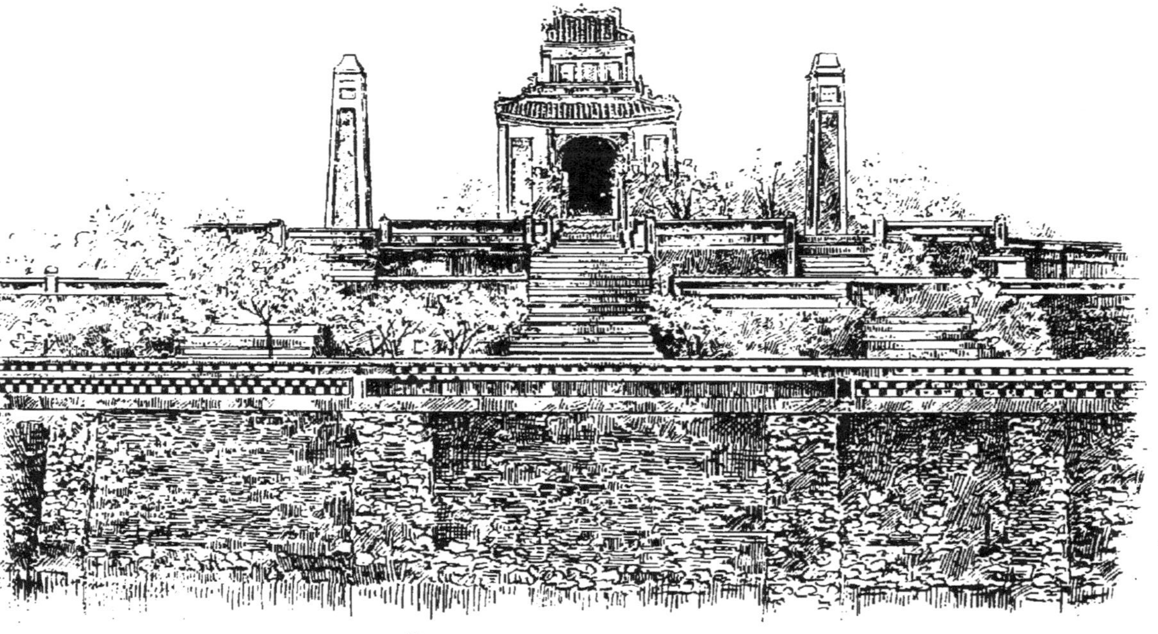

Fig. 31. — Nécropole du roi Tuduc.

d'habitude au voisinage des grandes sépultures, et les couvents des bonzes qui y sont attenants passent leur temps à prier l'âme des morts. L'assez grande rareté de ces singuliers sanctuaires en fait un objet d'universelle curiosité. M. Baille, résident de France en Annam, raconte combien étaient visités les fameux temples souterrains des Montagnes de Marbre, près de Tourane : « Un immense escalier de marbre rose, dit-il, conduit à l'ouverture, située à mi-flanc parmi les manguiers, les cicas et les aréquiers, qu'on ne franchit qu'après être passé par l'intérieur du couvent des bonzes gardiens ; la grotte a une hauteur de 40 mètres ; elle est défendue par quatre géants de bois, montés sur des dragons de pierre, et ne prend jour que par le haut ; les parois sont de marbre vert foncé ; toutes les excavations et tous les retraits sont garnis d'autels et de statues. Mais ce qui frappe le plus le spectateur, c'est la nature riante qui entoure le grave et funèbre sanctuaire. Parmi les roses, les frangipanes et les chrysanthèmes, les bonzes, sans troubles intellectuels ni soucis matériels, semblent avoir trouvé « dans la douce abdication d'eux-mêmes la suprême formule de la science et de la félicité humaines ».

Les sépultures laotiennes des bords du Mékong rappellent, par leurs traits généraux, les sépultures ordinaires du Bengale. Sur un prisme plus ou moins élevé et placé sur des degrés superposés se trouve un dôme assez massif et écrasé, qui s'évase à sa partie inférieure en forme de cloche. De la partie supérieure sort une colonne cannelée ou écaillée, parfois arrondie

sans aucunes moulures. Du sommet de la colonne,
sans qu'un chapiteau soit intercalé, sort une frise
gigantesque, qui passait chez les Khmers pour une
représentation de la flamme, et chez les bouddhistes,
pour l'image du bouton de lotus. Quatre colonnettes
fuselées parquent, au-
tour de la tombe, un
peu de terrain consacré.
Quand la famille a as-
sez d'argent, ou que le
mort était un religieux
connu, l'emplacement
entier est couvert d'une
toiture de bois ou de
feuilles.

Au Cambodge et
dans tout le pays
khmer, le même type
de monument funéraire
domine.

La coutume sia-
moise est de n'enterrer
que les morts « apri »

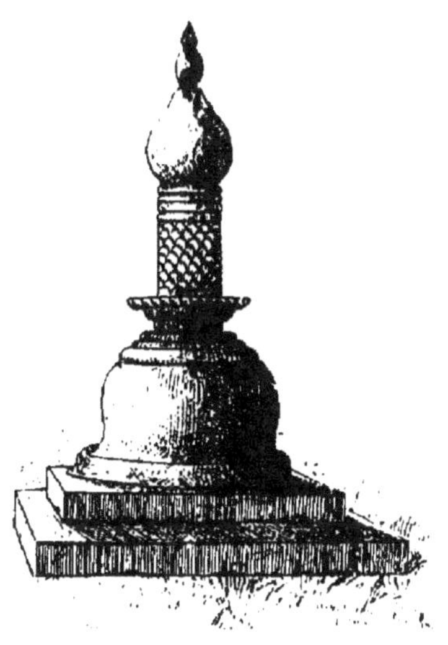

Fig. 32.
Monument funéraire laotien.

ou maudits. Les autres cadavres sont brûlés, et on
recueille les cendres dans des urnes qui, tantôt sont
reportées dans la maison du mort, tantôt sont disposées dans des nécropoles spéciales.

Il n'y a dans les cimetières ni stèles ni monuments.
Les édifices crématoires ne se composent que de colonnades et de larges pierres servant de bûchers.

Les grands seuls ont droit à des mausolées, et les

bûchers sur lesquels ils sont soumis à la crémation sont d'immenses et légers édifices qui disparaissent avec eux. Il faut lire, dans les relations de Mouhot, la description de ces véritables villes et montagnes en carton-pâte, gardées parfois par des statues de pierre et des barrières rehaussées de matières précieuses; le

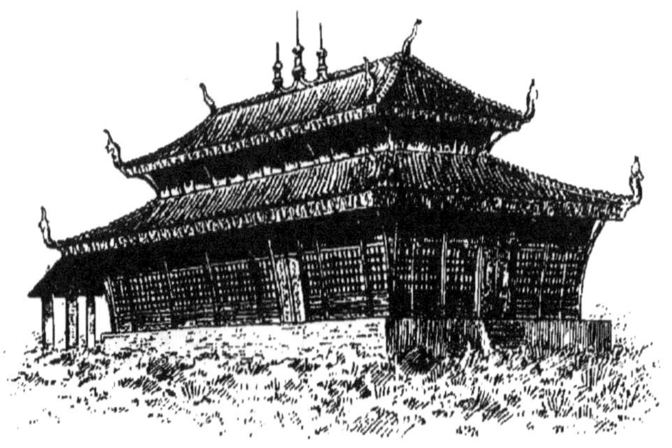

Fig. 33. — Mausolée dans la province de Xieng-Tong.

tout d'ailleurs est toujours détruit, et le « vat-saket » garde seul les cendres. On connaît aussi la coutume horrible qu'avaient certains Siamois fanatiques de nourrir avec des membres détachés des cadavres qu'on allait brûler les vautours sacrés qu'on élève dans les charniers du « vat-saket ».

Seuls, les rois de Siam ont des mausolées et des nécropoles magnifiques. Leurs cendres sont conservées dans un temple qui est au milieu de leur palais et qui porte le nom de « maha prasat'r ». Ce « maha prasat'r » a la forme d'une croix grecque surmontée d'un toit à cinq étages, que domine, à leur jonction, une pyramide élevée et scintillante de dorures et d'émaux.

Devant les portes sont des géants de pierre ou de chaux recouverts de briques multicolores, d'émaux, de porcelaines ou de mosaïques. Ces sentinelles mesurent tantôt 10, tantôt 15 mètres de hauteur.

LA SCULPTURE

Le genre d'architecture hiérarchisée qu'affectionnent les peuples de l'Indo-Chine a laissé une grande place à la sculpture monumentale et décorative, qui était chargée de cacher l'uniformité et la raideur des lignes générales. — D'autre part, les rites religieux de la religion de Phât ont donné à la statuaire une extension que le culte de Laotseu ne connaissait point et à laquelle l'esprit de la race n'était pas prédisposé. — De plus, la sculpture en elle-même devait trouver dans la grande variété des bois, tantôt faciles, tantôt précieux, de l'Indo-Chine, des matériaux propres à exciter le travail de l'ouvrier et l'admiration des connaisseurs. Enfin, le travail de l'ivoire, plus rare qu'on ne pense, et devenu un véritable travail de luxe au seul usage des plus qualifiés et des plus riches, devait, grâce à la finesse et au tact délicat de l'ouvrier, acquérir, dans ses rares manifestations, une réputation considérable et un prix qui n'est jamais inférieur à cette réputation.

I

LA SCULPTURE MONUMENTALE

En Indo-Chine, la sculpture monumentale est essentiellement décorative, et n'est pas indissolublement attachée aux constructions qu'elle orne, mais qui seraient parfaitement achevées sans son secours. Il n'arrive jamais qu'un motif sculptural prenne l'ampleur d'une partie d'édifice ou fasse corps avec lui. Jamais un fronton, ni une colonne, ni un sommier n'apparaîtront en seule valeur de sculpture; il y a séparation absolue entre la construction utilitaire, si l'on peut parler ainsi, et la construction ornementative, et c'est ce manque de cohésion, — dont un œil habitué aux édifices occidentaux ne peut guère se faire une idée, — qui fait que, malgré la richesse et parfois la surcharge de la décoration, la simplicité de l'architecture apparaît toujours : d'aucuns traiteraient de pauvreté artistique cette manière de faire. Je ne sais cependant si, loin d'être irraisonnée, elle n'est pas le produit d'un calcul et d'une ruse d'optique.

Dans les plus vastes palais, aux ornementations les plus étendues et colorées des plus étranges peintures, l'œil charmé, mais non fixé, perçoit à travers les détails la simplicité du plan et la rectitude de l'ensemble; et lorsqu'il s'agit de constructions considérables, la défectuosité apparente que je signalais fait ressortir davantage la grande uniformité de l'édifice et la majesté du symbole qui préside à son élévation.

On a dit, — en conséquence de ce que je viens d'avouer, — que la sculpture ornementative ainsi comprise était non œuvre d'artiste, mais travail d'ouvrier superposant des pièces plus ou moins bien découpées. C'est aller un peu loin. Après avoir vu combien rigide était la réglementation de l'architecture, on ne saurait penser que l'ornementation destinée à cette architecture puisse être laissée à la fantaisie de chacun. Il y a donc des règles, ou mieux des traditions d'ornementation et de sculpture monumentales. Et dans une branche d'art où il n'y a d'ordinaire aucune règle nécessitée par l'utilisation du produit, et où tout dépend de l'inspiration de l'auteur, les régulations existantes semblent enserrer, plus étroitement que partout ailleurs, l'imagination de l'artiste, dont le talent et le délié ne peuvent se traduire dans la position, l'ensemble ou le choix de l'ornementation, mais dans le détail de l'exécution.

Le marge est moindre et la personnalité de l'artiste diminuée, mais l'œuvre n'en est pas moins une conception ou un travail d'art et pas du tout une tâche de manouvrier.

La tradition donc admet seulement l'ornementation superficielle, c'est-à-dire recommande, lorsque la maison est construite suivant les rites, les coutumes et la convenance personnelle, de couvrir d'agréments les parties trop uniformes ou trop nues. Les murs de la maison sont de trop petite élévation pour offrir un champ bien vaste. C'est donc sur les murs d'enceinte et sur les toits que l'art sculptural a sa seule carrière.

Comme l'analogie pouvait le faire présumer, c'est parmi les sujets religieux et traditionnellement légendaires que les artistes ont choisi dès l'abord leurs motifs, et ils n'en sortent plus guère aujourd'hui.

La figure ni le corps de l'homme n'ont paru devoir leur convenir, et, en dehors de l'interprétation figurée de divers symboles apparents de la divination et de la magie astronomiques, ils n'ont donné leur préférence qu'aux animaux fantastiques mentionnés dans l'ancienne mythique et à qui ils pouvaient donner les formes les mieux appropriées au motif d'ornementation qu'ils voulaient tirer d'eux.

Le dragon, représentant à la fois du Roi, du Sage et du Ciel, est figuré dans toutes ses attitudes : couché, prêt à s'envoler, volant et se posant (voir les démonstrations du Yiking) ; il est, dans les temples et les palais impériaux, armé de cinq griffes à chacun des membres et de quatre griffes seulement pour les autres édifices.

Le phénix, symbole de l'immortalité ; la chauve-souris, symbole du bonheur ; la tortue et le cheval-dragon, qui apportèrent aux hommes la science des premières représentations graphiques, sont les sujets préférés des sculpteurs. Ils ne sont pas traités d'une façon uniforme, mais de la manière qui convient le mieux aux parties des édifices où ils sont appliqués, et avec une profusion d'accessoires et un agrandissement tels que, dans les commencements, toutes ces bêtes mythologiques avaient reçu des Européens surpris le nom collectif de chimères. Grâce aux mythes des différents cultes, le buffle, le cheval, certains poissons, la grue, le serpent, et surtout ce lion court, ramassé, à la gueule pavée d'une triple rangée de dents, qui est le gardien des temples bouddhiques, reviennent le plus souvent dans les sculptures et les bas-reliefs. L'éléphant

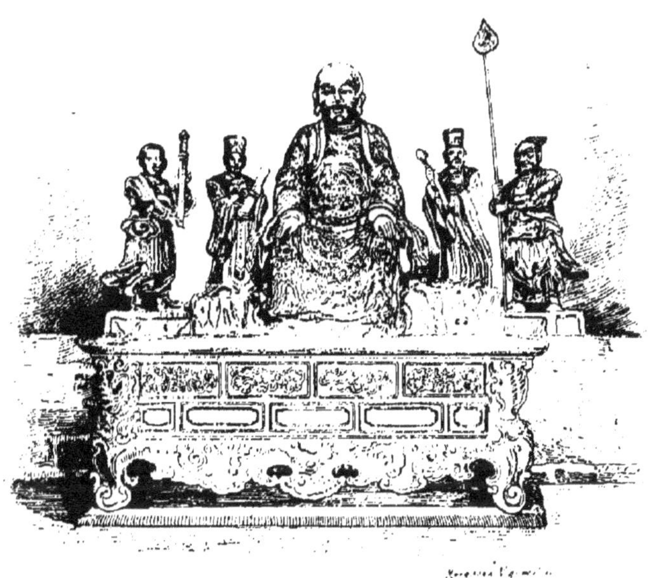

Fig. 34. — Bas-relief tonkinois.

et le tigre qui, dans le nord du Tonkin, ont parfois des autels, sont représentés aussi fréquemment. Le paon se voit quelquefois dans les ornementations des pagodes des bords du Fleuve Rouge.

La fleur de lotus et le faisceau de flammes symboliques servent le plus souvent à l'agrémentation des chapiteaux. Ces deux emblèmes ont été volontairement déformés au point de pouvoir être confondus l'un avec l'autre et de ressembler aux ornements en feuilles d'acanthe corinthienne.

Les ornements conventionnels les plus usités sont : la grecque, le cercle mi-parti, les cannelures, etc.

Spécialement, la grecque (signe du feu ou « swastika » des Indous) revêt les formes les plus diverses. C'est d'ailleurs dans l'agencement de ces divers moyens pour recouvrir le plus complètement et le plus heureusement les parties à orner que se décèle l'ingéniosité de l'artisan. La forme primitive de chaque animal et de chaque objet se plie peu à peu aux fantaisies : c'est ainsi que les dragons, courant jadis sur les faîtes et ouvrant leurs gueules et dressant leurs cornes aux diverses extrémités des toitures, sont devenus rigides parfois comme des balustrades, et que c'est le toit lui-même qui se recourbe désormais en pointe et se termine par une corne de métal. De même les chauves-souris, appliquées décorativement au mur, ont pris la forme de marteaux de portes gigantesques ou de fenêtres à double ogive renversée, en souvenir des ailes éployées. On voit, dans ces conditions, combien grande peut être la diversité de la décoration, malgré le petit nombre apparent des motifs.

C'est spécialement la diversité et les courbures originales des lignes qui donnent à l'ensemble de la décoration un air de richesse qui masque longtemps à l'œil la simplicité du procédé. On n'a, pour s'en rendre compte, qu'à jeter les yeux sur un morceau d'architecture ornementé, le portique de la pagode de Quangyên, par exemple, qui est un des morceaux les plus finis de

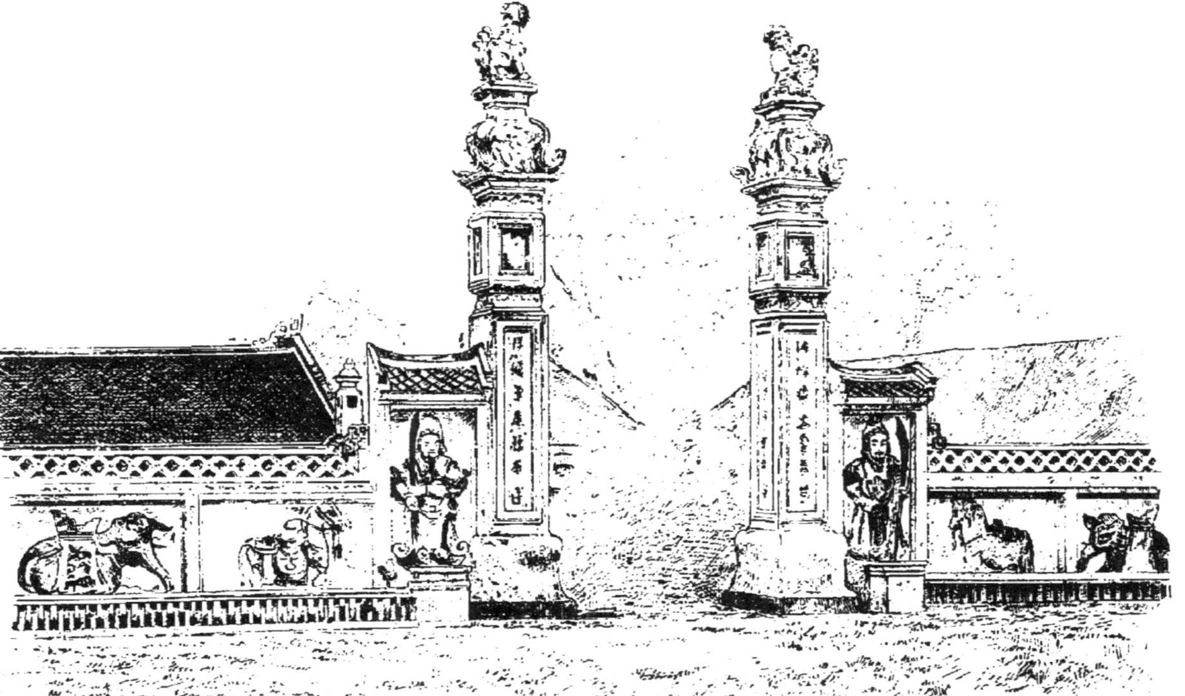

Fig. 35. — Porte et bas-reliefs à Ninhbinh.

la décoration tonkinoise et qui est d'une véritable splendeur, et à décomposer ensuite les éléments de cette décoration si touffue; on verra qu'ils se réduisent à trois, différemment traités suivant leur situation sur le portique : la corne relevée aux angles des toits, le swastika et la feuille de lotus.

Il est juste cependant d'ajouter que les caractères chinois, que tous les artistes, suivant les Rites et aussi suivant le goût général, peignent, découpent et sculptent de mille sortes sur les façades, ont un certain caractère esthétique intrinsèque et contribuent d'une sorte appréciable à la décoration d'ensemble.

Malheureusement, le genre spécial de pierre qui se trouve dans le nord de l'Indo-Chine ne permet pas souvent des sculptures aussi nombreuses et aussi fines. La pierre à cellules « daaong » ne peut convenir à un travail un peu délicat. Aux premiers jours de l'extraction, elle est trop molle ; plus tard, elle se brise suivant les alvéoles de l'intérieur. Il est donc impossible de l'employer.

Il existe du marbre en assez grande quantité; mais les fortes machines pour l'extraction manquent aussi bien que les scies et les instruments de polissage, et que les outils à la fois fins et forts pour la sculpture. Le travail du marbre se fait avec un petit instrument qui ressemble à notre poinçon, et le polissage, — qui n'acquiert jamais la moindre perfection, — se fait au sable broyé et à la main. Les objets de marbre sculpté sont donc rares et fort chers. Comme, d'ailleurs, les blocs de pierre à sculpter que l'on faisait venir étaient d'un gros prix de revient et servaient uniquement aux statues commandées par les rois et les grands de la cour, il fallut trouver un expédient pour satisfaire la demande des particuliers et les désirs de chaque village et de chaque famille, qui voulaient, et à bon compte, le plus d'ornements possibles sur leurs temples particuliers. La composition qui fut employée permit d'agir aussi facilement et rapidement que le fait notre stuc et notre carton-pierre, tout en conservant à s'y méprendre l'aspect de la pierre blanche et à grain serré.

La confection de l'ingrédient est assez originale. Elle peut se faire aussi facilement en petite ou en grande quantité. On fait en terre un trou cylindrique, et sur les parois un revêtement de planches en bois dur. On remplit la moitié du cylindre avec de la chaux, et on ajoute de l'eau jusqu'à ce que le cylindre soit plein aux deux tiers. Aussitôt la chaux vive formée, on met sur le niveau supérieur de l'eau des feuilles de papier que l'on a soin de couper égales à la section du récipient. Avec une fourche de bois dur à cinq dents, disposées en cercle, on frappe la surface du papier et on la crève en maints endroits pour que la chaux vienne par-dessus. On ajoute ensuite d'autres feuilles de papier et on brasse avec la fourche ; on leur fait subir la même opération, et on recommence ainsi jusqu'à ce que le cylindre soit rempli. Cette première partie de la confection dure, en général, une journée, au bout de laquelle on laisse le mélange reposer pendant vingt-quatre heures.

Le papier qu'on emploie est le papier de Chine, qui est fait uniquement avec les fibres jeunes du « cai-giei » (arbre à papier), et n'a rien de commun avec le « papier de Chine volant » de nos imprimeurs; il est presque spongieux, comme élastique, très résistant, transparent, et les fibres ligneuses s'aperçoivent dans son grain. Sauf une couche superficielle de gomme, il n'entre absolument rien d'autre dans sa composition, et les procédés de sa fabrication n'altèrent pour ainsi dire en rien sa nature première. La chaux agit donc sur lui comme comburant et décomposant. Aussi, après vingt-quatre heures de repos, on trouve dans le récipient la chaux et le papier formant un mélange compact, d'une apparence de guimauve fondue.

On sort le mélange et on l'étale sur un sol briqueté, sans interstice et bien horizontal, sur une petite épaisseur. On y ajoute du sable fin et du sucre, ce dernier en assez grande quantité, et à l'état sirupeux, bien entendu. On passe des rouleaux sur tout ce mélange et, lorsqu'il est bien uniforme et compact, on y jette quelques poignées de sel.

Au lieu de sable, lorsqu'il s'agit de petites quantités de mélange, on peut employer la terre pulvérisée; mais il faut alors procéder à une opération supplémentaire de battage qui dure une douzaine d'heures et remplacer le sel par de l'eau salée. On n'emploie la poussière que dans les points du territoire où il n'y a pas de sable fin.

Le sable donne du poids et le sucre de la consistance au mélange. Quant au sel, il permet, paraît-il, d'opérer sur les pièces un lissage facile, de façon à leur donner au toucher la douceur du jade; il disparaît, du reste, avec la dessiccation des matières employées.

Le pourcentage ne semble pas avoir été établi d'une

façon très formelle pour les éléments du « voimat », ou chaux sucrée (tel est le nom de la composition en question). Chacun fait son voimat comme il l'entend. Pour de petites quantités, on ne fait pas d'excavation, et la manipulation se réduit; on jette au fond de la cuve le papier, on verse de la chaux dessus et on laisse agir. Puis on pile le sel, le sucre et la poussière sur le mélange avec des pilons semblables à des hies de paveur.

Le voimat, qui, bien constitué, a la malléabilité de la glaise, ne se prête pas à la manipulation avec les doigts. L'artiste forme le morceau de voimat qu'il a devant lui avec deux lamelles flexibles ressemblant au couteau à palette du peintre, et qui portent le nom de feuilles. Il œuvre à la fois de ses deux mains, et l'ouvrage entier est fait avec la seule aide de ces deux lamelles. J'ajouterai qu'il lui est presque interdit de se tromper et qu'il doit marcher avec une vitesse extrême, car la surface du voimat, mise en contact avec l'air, se dessèche très rapidement. Lorsqu'un morceau de grande taille doit être exécuté, plusieurs ouvriers s'y mettent, ou bien l'on ne procède que partie par partie, et les jointures des parties sont faites avec un peu de chaux ou de la gomme laque.

Lorsque les contours sont donnés définitivement, l'artiste prend une sorte de truelle en bois très doux, et, en la passant, doucement d'abord, avec pression ensuite, sur toutes les portions du travail, donne aux surfaces du voimat un poli et un brillant très appréciés. L'ouvrage est ensuite abandonné à la chaleur, non d'un foyer, mais du soleil. Un soleil ardent de vingt-quatre heures produit une dessiccation complète, et le morceau est alors prêt à être mis en place; il est fixé au point qu'il doit occuper avec de la chaux.

Le voimat sec acquiert la dureté de la pierre la plus solide, avec laquelle il se confond d'aspect au bout de quinze jours. Les Indo-Chinois font ainsi, avec le voimat, la plupart des pièces de leur architecture décorative, les frontons, les chapiteaux, les cannelures, bien entendu, les statues destinées à l'ornementation directe des monuments, et jusqu'aux colonnes engagées dans les murs d'enceinte.

Au point de vue de la seule utilité, on recouvre aussi de voimat les murs faits en pierres de Bien-hoa (Daaong), pour les protéger des chocs et des intempéries, alors qu'elles n'ont pas encore acquis toute leur dureté.

Il peut paraître moins méritoire de faire des œuvres, dont le modelage plastique est le meilleur côté artistique, dans une matière malléable que dans une matière dure comme la pierre. Cependant, les artistes qui se servent du voimat ont besoin d'une rapidité d'exécution et d'un tact dans le coup d'œil qui leur permettent d'atteindre, sans retouche et du premier coup, la perfection de la forme; de plus, ils ne peuvent se servir de leurs mains et doivent employer des instruments qui semblent d'un médiocre avantage; aussi ai-je souvent entendu les tourneurs de bois durs et les travailleurs de l'ivoire, — qui sont compétents, mais désintéressés dans la question, — priser très haut les ouvriers du voimat, et estimer leurs œuvres plus que des œuvres similaires en pierre ordinaire (je ne parle, bien entendu, ni du marbre ni des pierres dures); outre les diverses qualités de l'exécution, ils reconnaissent à l'œuvre en voimat plus de vie et de légèreté. Aux yeux européens, il est difficile de distinguer les unes des autres à leur apparence extérieure, lorsqu'elles sont terminées depuis quelque temps. L'air noircit rapidement le voimat et lui donne une patine bleuâtre très avantageuse.

Les Indo-Chinois ne paraissent pas avoir aimé le bas-relief, qui est cependant la plus vivante de toutes les ornementations architecturales. On ne peut appeler sculpture, en effet, le sorte de grattage et de découpage qu'ils font subir aux murailles qu'ils enluminent. Toutes leurs peintures sont bordées de délimitations en relief. Il faut donc ranger ces délimitations parmi les peintures murales à fresque.

De même, la statuaire monumentale n'a jamais existé chez eux. Les édifices qui renferment des statues ont été très visiblement faits pour loger ces statues elles-mêmes. Nous ne trouvons jamais d'images dans les entre-colonnements, ni remplissant des vides, ni masquant des pauvretés. Il semble que la figure humaine ait toujours, aux artistes de ces pays, paru trop noble pour être traitée en accessoire; et là où elle existe, c'est en pierre statuaire, et tout est traité et combiné par rapport à elle et pour la faire valoir.

Les vieux Cambodgiens seuls n'ont pas imité la modération indo-chinoise, et quand il s'est agi d'orner leurs édifices, ils se sont plus souvenus de leur alliance avec le Sud que de leur parenté avec le Nord. La figure humaine et les animaux symboliques ont la plus grande part dans l'ornementation.

La décoration n'est plus un accessoire, elle devient le prétexte même de la construction ; et plusieurs pièces décoratives jointes forment les assises, les colonnes, les revêtements, les morceaux principaux et indispensables des édifices.

Il est certains exemples d'architecture khmer qui disparaîtraient entièrement si on en enlevait l'ornementation et la sculpture décoratives. On voit par là l'influence prépondérante de l'art hindou, ouvragé d'après le goût original du peuple qui l'adopta. Les principaux emblèmes sont naturellement bouddhiques et brahmaniques.

« Ce sont le « lingam », figuration cylindrique du mystère de Siva, soit le quadruple personnage de Brahma ; ils ont reproduit au dehors, en de gigantesques proportions, les quatre faces de la même divinité. Appliquant aux parties inférieures de leur robuste architecture les animaux les plus puissants de la création, l'aigle, le lion, l'éléphant, le serpent boa, ils ont établi au-dessus, comme couronnement de leurs édifices, ces grandes têtes du dieu de la pensée, dirigeant vers les quatre coins de l'horizon le regard de ses yeux largement ouverts... Des divinités guerrières gardent les entrées ; sur les pilastres, on sculpta les bayadères attachées au service du dieu ; sur les piliers des cloîtres, les saints en prières. Le serpent sans fin servit de rampe aux interminables balustrades, et son corps flexible se plia aisément pour encadrer les ogives des frontons... Peu à peu, tous ces symboles furent évincés par les

représentations du Bouddha... Mais tandis que les Indous, possédés de leur art bien plus qu'ils ne le possédaient, se laissaient dominer par les tyranniques préoc-
cupations d'une mythologie monstrueuse, les Khmers
n'hésitent généralement pas à supprimer les difformi-
tés ou à les dissimuler heureusement... La seule

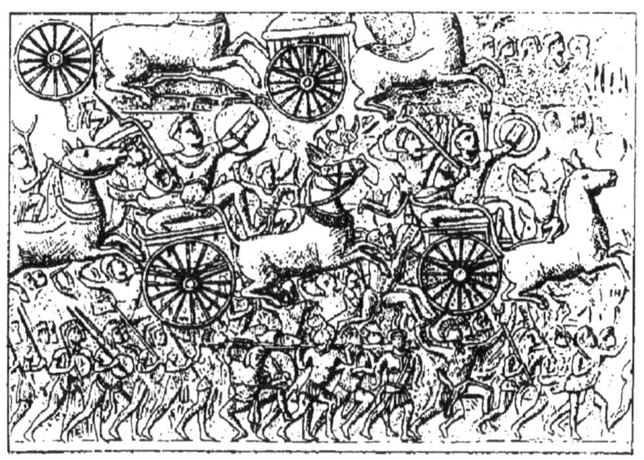

Fig. 36. — Bas-relief cambodgien. (D'après Delaporte. — Ch. Delagrave.)

difformité qu'ils semblent avoir admise est, pour
symboliser la force, la multiplicité des bras ; quant
aux têtes multiples et superposées, elles sont généralement traitées en grotesque et réservées aux divinités
inférieures... »

Telles sont, traitées par les Khmers, les ornementations empruntées à la vie animale. Ils avaient aussi
une grande variété de moulures ; elles étaient traitées « de façon à favoriser les jeux d'éclairage, à enca-

drer les ornements entre de petites lignes nettes de lumière et d'ombre formées par d'étroites surfaces inclinées.

« Parfois elles allaient se diversifiant du haut en bas de l'espace qu'elles couvraient, d'autres fois elles se divisaient en deux parties opposées et symétriques. Aux ornements en grecque, en volutes, usités dans toute l'ornementation orientale, il faut ajouter des fleurs de lotus, de myrte, de laurier, des feuilles découpées en X, des monstres formés de l'accouplement de plusieurs caractères distinctifs de quadrupèdes, d'oiseaux et de poissons, des rosaces, des colliers et des bracelets gigantesques, etc... » (L. Delaporte, *Voyage au Cambodge*, p. 334 et suivantes.)

Le bas-relief est certainement le motif d'ornementation où les Khmers se sont plu davantage et où ils ont d'ailleurs excellé. Les Indous déjà avaient affectionné particulièrement cette décoration. Dans les édifices khmers, ce ne sont pas quelques parties qui sont ainsi couvertes : ce sont les murailles entières des temples, des cloîtres, des galeries, des salles et des remparts. Des scènes entières à plusieurs centaines de personnages y sont représentées sur des panneaux gigantesques; la hauteur des figures atteint, aux étages inférieurs, la grandeur naturelle; elle la dépasse de beaucoup aux étages supérieurs. Unies bout à bout, ces formidables sculptures atteindraient, sur une élévation de plusieurs mètres, une longueur totale de plus de 10 kilomètres pour un grand temple cambodgien, et pour un des sanctuaires célèbres du pays khmer, une dimension telle qu'on qu'on ne saurait, sans être taxé d'exagération, la supposer même. C'est cette profusion de bas-reliefs qui donne à l'architecture khmer son caractère de richesse et de vie débordante et qui, sans que l'on s'en rende bien compte, étonne et charme le premier regard du spectateur. La débauche indoue semble, toutefois, s'être rangée : plus de dignité, plus de vérité dans l'exécution, plus d'étude, plus de vraisemblance dans les attitudes, dans la composition des scènes, une science du corps humain, et enfin les raccourcis traités avec un art véritable, les difficultés abordées de front avec une

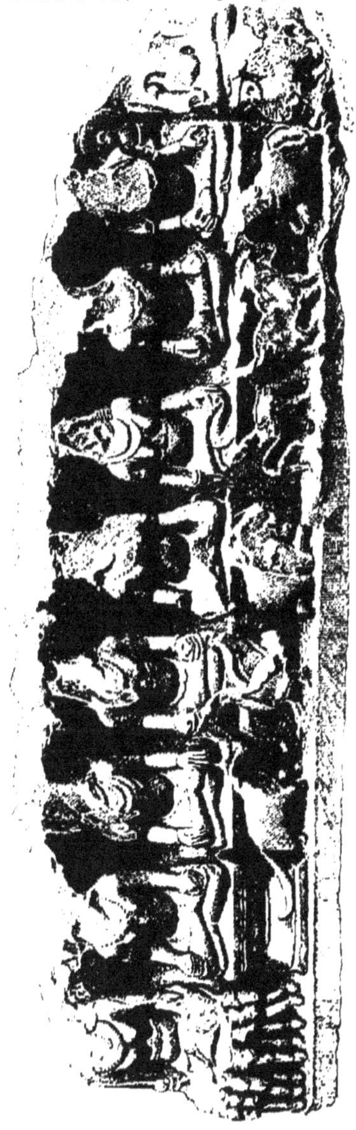

Fig. 37. — Sculptures et bas-reliefs kham.

grande hardiesse et résolues avec autant de bonheur que de sobriété élégante, tels sont les caractères distinctifs des bas-reliefs ornementaux des Khmers, caractères qu'on ne rencontre à aucun degré en aucun autre point des terres d'Asie.

« Si les personnages, dans leurs formes ou leurs attitudes, ne réalisent pas la beauté classique du type grec, dit Delaporte dans son *Voyage au Cambodge*, p. 342, en revanche, les grandes sculptures des édifices se distinguent par des qualités d'ordre supérieur. Les scènes sont toujours pleines de vie, d'imagination, de verve.

« Il y règne parfois quelque confusion, mais le talent et la vérité n'y manquent pas plus que l'observation et la malice. Des palais et des arbres, lestement enlevés, servent de fond; les oiseaux perchés sur les branchages, les poissons, les reptiles nageant au milieu des flots, les bêtes fauves en fureur, les chevaux attelés aux chars, tout accuse une minutieuse étude des détails, et les animaux fantastiques sont si bien composés qu'ils paraissent réels. Les ornements naturels des animaux, carapaces, plumes, robes, etc., ont été souvent transformés, sans perdre leur forme ni leur caractère, en fleurs, écailles, bijoux, etc...

« Les poses des personnages sont naturelles et sans nulle raideur. Elles peuvent offrir quelque chose de forcé à l'œil de l'Européen qui ne serait pas familiarisé avec la souplesse et les attitudes normales des Indo-Chinois; elles n'en reproduisent pas moins l'exacte réalité, et cela même leur donne un cachet d'originalité qui est un de leurs mérites. Quant aux personnages sculptés en haut-relief, les femmes presque nues et les danseuses, ils sont ravissants de modelé. »

Les bas-reliefs khmers ont fait l'admiration du voyageur. On a tenté de les faire connaître en France, soit en rapportant des fragments, soit par la reproduction photographique; mais tous ces procédés sont insuffisants et incomplets. On peut obtenir, — et l'explorateur Taupin l'a fait, — des copies aussi exactes que des « décalques » par un procédé assez simple.

Pour prendre tout le relief, on mouille à l'éponge la partie de la sculpture à reproduire; on applique sur le relief des feuilles de papier chinois en fibres de « cai-giei », à raison de trois feuilles de papier par centimètre de profondeur de sculpture. On frappe ensuite avec le dos d'une brosse ou avec un grand polissoir, jusqu'à ce que le papier ait bien rempli tous les interstices. On laisse ensuite sécher au soleil. L'estampage tombe de lui-même. Ce procédé est bien supérieur à celui dans lequel on se sert de carton-pâte et qui porte le nom de *lottinoplastie*. Il faut nettoyer les sculptures de toute poussière avant l'application. On peut, par ce procédé, prendre des mètres carrés d'un seul morceau, car l'estampage acquiert une très grande dureté après le séchage.

II

LA STATUAIRE

La statuaire en Indo-Chine ne remonte pas à une date bien ancienne, au moins par les vestiges qu'elle a laissés. Peut-être n'est-il pas bon de croire les livres artistiques des indigènes avec autant de respect que leurs livres philosophiques, et d'ajouter une foi entière aux prodigieuses manifestations d'art où ils prétendent que les Ancêtres ont excellé. Il conviendrait de faire un choix dans toutes ces traditions, d'autant plus que les preuves qui corroborent les dires des manuscrits ne remontent guère à plus d'un millier d'années. Il est vrai, toutefois, de reconnaître que la tradition et le vestige à la surface du sol du fait rapporté par elle concordent assez parfaitement pour qu'on ne puisse soupçonner les historiens d'erreur volontaire en ce qui concerne les monuments dont nous n'avons retrouvé aucune trace.

La statuaire n'est pas, si l'on en peut ainsi parler, un art laïque; il n'est pas entré dans l'esprit des particuliers ni des artistes de faire exécuter la physionomie humaine, ni comme décoration, ni comme souvenir. La matière première et l'expérience de l'artisan furent toujours assez rares pour ne pas vulgariser les manifestations. D'autre part, et ainsi qu'on l'a déjà fort bien expliqué, les caractères de l'écriture, qui représentent des idées et non des sons, forment aux yeux autre chose qu'une suite de lettres ou de signes, et constituent une représentation figurative idéale ; cette figuration semble rappeler, aux yeux des descendants, l'âme et même les traits de l'aïeul perdu, plus intimement et aussi exactement que le ferait un dessin ou un modelage. On s'en aperçoit bien à la coutume générale des tablettes à inscriptions qui ornent seules l'autel des Ancêtres. La satisfaction éprouvée à ce mode de représentation nuisait au développement de tout autre mode ; il fallait, pour songer à se servir de la statuaire, que l'Empereur ou qu'une partie de l'Empire songeât à honorer la mémoire d'un héros ou d'un savant. Et comme, après le mort, le Rite religieux seul décide du culte du souvenir, la statuaire devint, par là même, un art sacré, dont il ne se trouve guère d'applications en dehors des temples et des mortels que la tradition a divinisés.

C'est là ce qui explique son peu d'importance aux premiers âges. Les religions primitives étaient peu curieuses des représentations ; les premiers autels n'ont été ornés que de symboles et de figurations sigillaires et hiérogrammatiques.

Le culte de Fo, et aussi celui mis en honneur par Laotseu, mit des statues dans les temples ; et, lorsque les sectaires de Cakya (Thicka) eurent enseigné à réaliser suivant un type uniforme la représentation de la trinité céleste et des diverses incarnations, la religion populaire des Génies s'en donna à cœur-joie, et prêta aux traditions fabuleuses et aux types légendaires de la mythique les formes étranges, quoique souvent artistiques, que nous voyons aujourd'hui dans les temples de l'Indo-Chine, avec plus d'étonnement que d'admiration.

Il suffit d'ailleurs de voir quelques spécimens de la statuaire indo-chinoise pour se convaincre qu'elle n'a jamais voulu s'égarer hors de la représentation des symboles. Il n'y a, dans cet art, que des statues; il n'y pas un morceau de statuaire; il n'y a pas de groupe. Il n'y a pas de matérialisation d'une scène de la vie mythologique, moins encore de la vie humaine; il n'y a aucune tendance à l'action, pas même à la vie, et chacune des statues que j'ai vues pourrait, sans barbarisme, être placée en allégorie sur des monuments funéraires, tant calme, tant endormie est l'allure qui lui a été volontairement imposée. Nulle part un dieu ou un héros n'est pris, à un moment donné de son existence, accomplissant l'un des actes qui l'ont divinisé ou illustré; la statuaire est arrivée, pour ainsi dire, à être la représentation d'une personne, le plus impersonnellement possible, et comme la symbolisation des traits de la vertu principale qu'on nous donne à vénérer dans le héros, vénération à cause de laquelle le héros ne devient plus que le prétexte secondaire. On peut donc dire que toute la statuaire est religieuse et allégorique dans son essence, et on peut comprendre combien peu de diversité elle offre dans ses modèles, quelles qualités lui sont nécessaires, et quelles autres également lui font forcément défaut, et pour toujours.

Là, plus qu'ailleurs, se révèle le singulier sentiment de l'idéal orientalement compris. L'étude de la

nature ne peut en rien aider à la réalisation approxi-
mative de cet idéal, pas plus que la compréhension
des choses visibles ne peut
faciliter sa conception. L'artiste ne fait pas à hauteur
d'homme ni à image de
nature; il fait, sinon plus
grand, du moins autrement,
et son œuvre n'est pas
bonne si telle ou telle ressemblance idéalisée s'y révèle, mais bien si elle aide
le spectateur à saisir l'idée
générale, souvent vague,
qui animait l'artiste au moment de la composition.
La très haute moralité de
cette conception d'art,
presque métaphysique, n'é-
chappera à personne; mais
elle influe malheureusement
sur la variété et l'importance des impressions qu'on
en peut retirer.

On recherchera donc
vainement dans la statuaire
des morceaux héroïques,
des scènes guerrières et

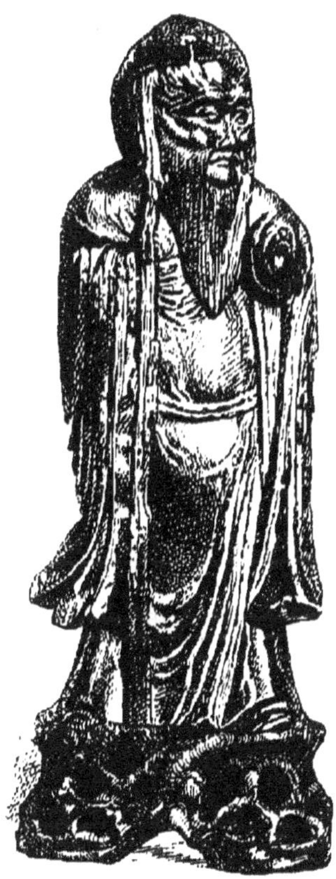

Fig. 38. — Statue taoïste.
Le dieu des pèlerins.

vivantes, et ces plastiques tourmentées et si véritablement humaines qu'elles arrachent des cris d'étonnement au contemplateur. Aucune exubérance dans l'ex-

pression, ni dans le rendu, ni dans l'assemblage; et le
groupe de Laocoon, aux yeux des sculpteurs d'Orient,
paraîtrait, plutôt qu'une œuvre d'art, un morceau à
effet comique, que nul d'entre eux ne pourrait regarder sans sourire. Ils ne cherchent la grandeur de leurs
statues que dans la grandeur même des sentiments
qu'ils tâchent de leur faire exprimer; parfois, dans
cette recherche profonde et qu'ils font avec une conscience infinie, ils arrivent presque au but désiré; et
alors, lorsque, au milieu de la tranquillité des lignes
et de la majesté de l'allure dont ils ne sauraient jamais
se défaire, s'épanouit pleinement et brillamment le
concept entrevu, alors la valeur du chef-d'œuvre est
atteinte du coup, sans apparent effort, et donne au spectateur patient une impression dont la religion va
s'augmentant au fur et à mesure de la contemplation.
Je le répète, par des procédés aussi peu matériels,
l'artiste arrive rarement à forcer la compréhension
entière du passant, et plus rarement encore à une perfection indéniable; mais, lorsqu'il y arrive, il devient,
pour ainsi dire, supérieur à tout. D'ailleurs, une grande
partie de la statuaire antique a été formée sur ces principes, et j'imagine que l'idéal des maîtres indo-chinois,
— dont je signalais l'horreur pour les mouvements, —
serait représenté à peu près par cette admirable et ini-
mitable *Victoire de Samothrace*, du Louvre, plus
vivante dans sa simple majesté et son unité d'allures
que les groupes les plus réalistes ou les figures les plus
tourmentées qu'on ait depuis lors conçus.

La tendance à reproduire uniquement des sentiments immatériels est une des raisons pour lesquelles

l'art de la statuaire en Indo-Chine n'a pas adopté les
formes hors nature et les dimensions gigantesques qui
paraissent en honneur chez les peuples primitifs,
même aux époques de leurs grandes civilisations. De
l'Égypte à l'Inde par la
Chaldée et la Grèce, il
semble que tous les ar-
tistes aient cru frapper
davantage l'imagination
et l'esprit religieux des
peuples en bâtissant des
colosses, dont la gran-
deur nuisait certaine-
ment à l'intensité d'ex-
pression. En extrême
Orient, et en extrême
Orient seul, les artisans
s'en sont tenus, à peu
près, à la valeur de la
forme humaine, idéalisée
ou divinisée, et, s'ils ont
consenti parfois à l'érection de quelques sta-

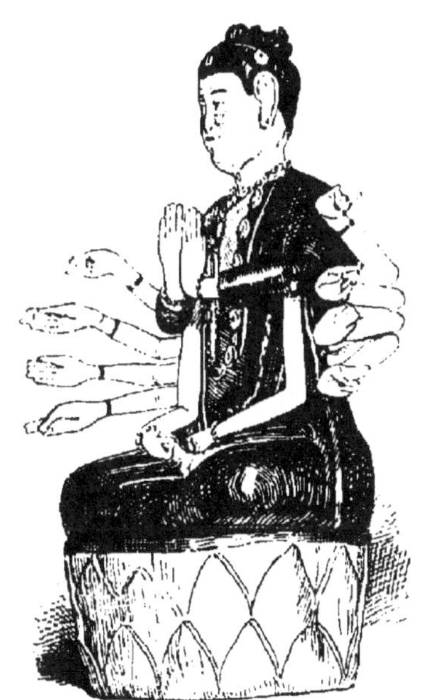

Fig. 39. — Statue bouddhique.

tues gigantesques, c'est que l'emploi ou la fonte
heureuse des matériaux en telle quantité, — ceci en
dehors de toute autre impression extérieure, — représentait pour eux la solution d'un problème et la
victoire sur une difficulté qui les intéressait. Il est
assez naturel que je me sois étendu aussi complai-
samment sur les raisons qui ont fait de la statuaire
indo-chinoise l'art tout spécial et restreint, mais origi-

nal, tel qu'il se présente à nous dans toutes les phases de son existence; car la statuaire est l'art le plus personnel d'un peuple; c'est celui où l'on arrive au plus près de son âme collective, où on la comprend le mieux, et où l'on peut saisir le plus exactement les théories esthétiques qui ont présidé à la formation de son idéal, et par suite à son genre particulier de compréhension des autres branches de l'art universel. L'artiste ne se montre jamais si bien, en tant qu'homme, que lorsqu'il reproduit, avec l'intention d'en faire une œuvre durable et admirable, les traits de l'homme qui pensa comme lui.

L'homme n'est donc pas représenté comme homme dans la vie présente, avec les traits illuminés ou défigurés par les passions, bonnes ou mauvaises, qui régissent ses actions sur cette terre, mais avec les traits reposés et heureux que les Rites lui supposent, quand il jouit de la récompense due à ses mérites. L'individu qui a agi sur cette terre n'est donc pas représenté comme être humain; ce que l'artiste représente, suivant sa foi profonde doublée de l'idéalisme particulier à sa race, c'est l'entité humaine, cette personnalité, parcelle du Grand Tout, qui est un « moi » constant et unique parmi ses transformations successives, entité dont le passage sur terre a été la seule manifestation visible à nos yeux humains, mais manifestation semblable à beaucoup d'autres, au milieu de beaucoup d'autres, et qui ne vaudrait pas, à elle seule, que l'on cherchât à perpétuer la mémoire de celui qui l'a temporairement incarnée. Ce n'est pas au moment de sa manifestation terrestre que l'artiste reproduit les traits qu'il a aimés et qu'il honore; mais c'est bien une personnalité disparue de notre monde, et toujours vivante, à ce moment précis où, terminant enfin ses pérégrinations douloureuses et multiples, elle atteint l'éternel repos qu'elle cherchait et auquel sont destinés tous les hommes.

C'est en vertu de ce principe, auquel tous les artistes ont obéi, que dans toutes leurs œuvres éclate le même sentiment de majesté, de bonheur et de tranquillité sur les physionomies, de calme et de repos dans les allures et les contenances. On sent bien que tous ces hommes et ces dieux de pierre sont parvenus, qu'ils ont fini d'agir, et que la Lumière éternelle après laquelle ils ont soupiré toute leur vie mortelle éclaire enfin, derrière leurs yeux immobiles, leur intelligence de la totalité de ses rayons. Statues bouddhiques, statues taoïstes, statues des génies, des savants, des héros et des Ancêtres, toutes participent du même procédé. Et lorsque, dans les temples célèbres, de longues rangées de statues de pierre, rehaussées de laque et d'or, s'étagent aux différents degrés des édifices, et qu'elles se diversifient seulement par la tenue des mains et des doigts ou l'adjonction de quelque symbole attributif, on ne peut se défendre d'un saisissement profond devant l'uniformité rayonnante de leur calme et de leur majesté.

Telle est, par exemple, cette statue de Phât, fortement inspirée à la fois du bouddhisme et de la religion des Génies, qui se dresse sur l'autel principal de tous les temples du Tranninh, de l'ancien Ciampa, de l'Annam montagneux et du Laos oriental, et dont

Francis Garnier rapporte avoir vu un spécimen bien remarquable parmi les ruines solitaires de Muong-Yong, à Tat-Chom. Elle peut servir de type descriptif à toutes les statues religieuses de l'Annam. Elle est assise sur un socle, le pied gauche au genou droit, la jambe droite repliée et invisible; sur des hanches larges, que surmonte d'une façon imprévue une taille ronde et élancée, s'élève le corps gracile, aristocratique et nerveux. La poitrine ambiguë disparaît sous les colliers, les festons, les ornements symboliques dorés et incrustés de pierreries; les bras, aux attaches ténues, pendent, à peine détachés, le long du corps; de larges bracelets couvrent les poignets étroits; les mains fines, aux extrémités carrées, joignent leurs doigts, ignorants désormais de toute peine et de tout travail; l'attache hautaine du cou se dégage du pur dessin des épaules et des omoplates; la

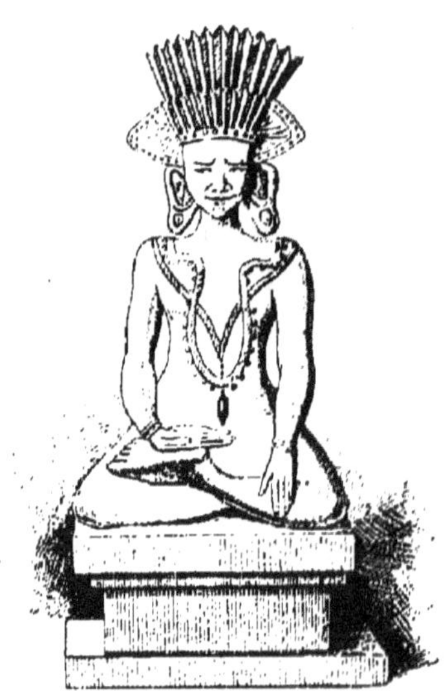

Fig. 40.

Statue de Phât, dans le Tranninh.

tête franche, au menton étroit, à l'ovale parfait et allongé des races de penseurs, va s'élargissant en un front bombé, lauré d'une couronne de rayons augmentant son ampleur et figurant, en une double tiare gemmée, les

idées totales qui s'épanouissent désormais dans la raison
divinisée des bienheureux. La bouche sourit énigma-
tique, et, sous l'arc impérial des sourcils, s'ouvre l'œil
fendu, large et profond, mais sans regard, comme si,
arrivé en son but éternel, l'être voyait toutes choses
en dedans de soi, sans avoir à s'arrêter sur aucune en
particulier. Tel est le type divin coutumier aux statues
de l'Annam, qui semble comique sous la main d'artisans inhabiles, mais qui, sous la préoccupation d'un
artiste doublé d'un savant, atteint, dans sa perfection
androgynique, la valeur à la fois d'un chef-d'œuvre et
d'un mystère.

Les statues des dieux, des incarnations divines, des
Bothât parvenues au Nibban (traduction siamoise, bir-
mane et cambodgienne du mot Nirvana : les Annamites disent Thienduong, aller sur le chemin de l'Être)
participent toutes de ce modèle; elles ne diffèrent
entre elles que par la position des mains et des doigts,
dont chaque phalange, droite ou repliée, symbolise
une idée. Parmi les dieux auxquels la tradition populaire assigne une essence moins parfaite, et, par consé-
quent, des fonctions actives corollaires de cette imperfection, beaucoup sont symbolisés par des attributs,
comme les saints de la religion romaine et de la religion grecque. Mais le port de ces insignes n'altère en
rien leur figure ni leur tenue générale.

Lorsque l'artiste doit représenter, soit les génies
familiers, soit les âmes errantes, soit les Intercesseurs,
et, en général, cette sorte d'Esprits flottants et inquiets
que la superstition populaire admet formels entre le
connu et l'inconnu, ces forces indéfinies, ces effets

imprévus, ces manifestations d'un monde intermédiaire s'incorporent en des physionomies souvent effrayantes, parfois repoussantes, de monstres mythologiques, produits d'une imagination singulière et surexcitée. A ce genre appartiennent les «dianguc» (diables des chrétiens) grimaçants, cornus, noirs ou bleus, chevauchant sur des buffles, des lions, des dragons ou des serpents chimériques, et empruntant à des poses souvent singulières une étrange apparence de vie; tels sont les Esprits des Rois et des Conseillers imparfaits, les âmes pécheresses, les gardiens des pagodes, les Seigneurs divins du feu, de l'or et des ruines, qui sont au fond des cavernes et des montagnes. Armés jusqu'aux dents des défenses les plus rébarbatives, ils roulent des yeux féroces au bord de leurs trésors, grimpés sur la plus fantastique des cavaleries. Et c'est plaisir de voir avec quelle facilité les pieux et prudents chercheurs de tout à l'heure scandalisent leur ciseau, jadis plein de raison, dans des fougues d'imagination et des variétés d'attitudes auprès desquelles Callot paraît un pâle et timide traducteur des scènes d'outre-tombe. Cet enfer de bois, de pierre et de laque, à la fois comique et effrayant, tient avec désinvolture l'entrée des pagodes. Je doute que ce soit à l'influence de l'opium, — trop vanté ou trop décrié sous ce rapport, — que les artistes indo-chinois doivent les inventions bizarres dont ils étonnent la pierre; mais il est certain qu'ils trouvent peu d'égaux dans la réalisation du monstre et de l'horrible.

Ce double caractère, pieuse tranquillité ou invraisemblable fantasmagorie, de qui tiennent toutes les statues indo-chinoises, ne nécessitait guère une étude profonde de l'anatomie; et, en effet, tandis que le Phât éclate d'une perfection de lignes seulement su-

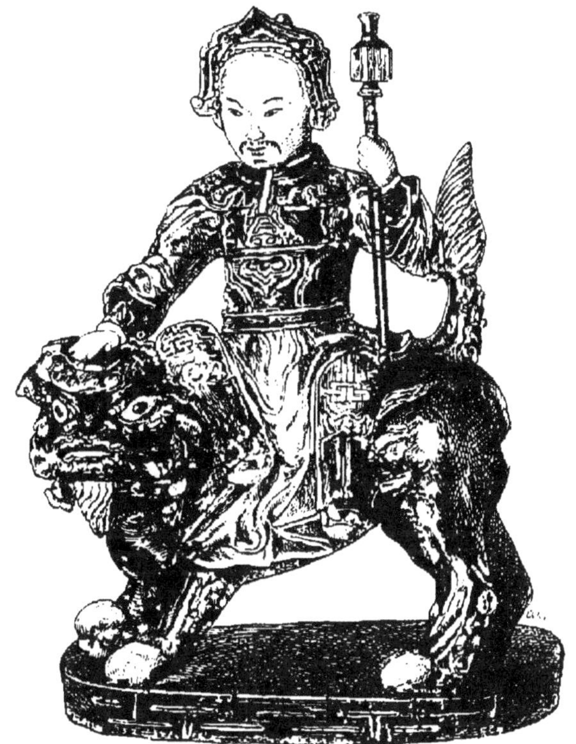

Fig. 41. — Le dieu gardien.

perficielle, il était inutile d'avoir des connaissances anatomiques pour mettre à une tête d'homme un corps de bouc, un corps de serpent à une tête de lion, ou pour attacher une auréole de douze ou parfois de seize bras au buste de la déesse Quang-Nam. L'étude interne est donc négligée chez les statuaires, qui n'auraient su où employer ce qu'elle leur eût appris.

Une singularité spéciale au nord du Tonkin est la « pyramide des Statues ». Ce n'est pas, comme on pourrait le croire, une rangée de statuettes formant un tout, comme souvent les statues vénérées dans les pèlerinages catholiques, ni même un assemblage de statues diverses : c'est bien une pyramide, dont les faces gigantesques sont ornées et couvertes de statues symboliques, concourant à la représentation d'un tout parfait métaphysique ou d'une scène de la théogonie. La plus remarquable de ces pyramides se trouvait dans le temple des Génies de Phunhi, près de Sontay. Déjà mutilée pendant les trois jours de lutte que soutint l'amiral Courbet devant cette citadelle (14-16 décembre 1883), elle servit ensuite de cible aux exercices de tir des vainqueurs, et finit par être réduite en miettes. Il en existe une réduction sans grand mérite dans le temple de Kihuc, entre Sontay et Hanoï. Voici la description, — elle mérite d'être conservée, — laissée par un de ceux qui virent encore intact cet étrange et suggestif morceau de statuaire : « La base de la pyramide occupait la moitié des parois ; le sommet se perdait sous les solives en toit ; sur chacune des faces était symbolisé, avec ses attributs et par la symbolisation de ses qualités essentielles, l'un des quatre mondes sensibles de l'univers extrême oriental. Trois cent soixante statues étaient à même sculptées dans la pierre... Sur la face nord, un enchevêtrement de blocs figurait les pics et les montagnes ; là, les quatre-vingt-dix statues cyclopéennes des Esprits de la nature abrupte gardaient les grottes, traversaient les fleuves, paissaient les troupes des éléphants et des tigres, forgeaient le fer et découvraient l'or. Dans une caverne, Nacphu, dieu des montagnes, était accroupi, genoux aux dents, et sur ses épaules équilibrant l'univers. Sur la face ouest, les flots pressés couraient les uns sur les autres en volutes bleues et simulaient l'empire changeant des mers ; là, les quatre-vingt-dix statues marines des Esprits des eaux guidaient les navires, peuplaient les abîmes, et retenaient au fond des mers les épaves enlacées dans leurs bras multiples. Dans une grotte toute pavée de nacre, Tuyphu, roi des eaux, soulevait d'un geste les tempêtes furibondes et les débordements féconds. — Sur la face sud s'étendait, en couleur verte, l'empire des bois et de la terre ; les quatre-vingt-dix statues androgynes des Esprits du sol construisaient les villes, semaient le riz ; et Gilac, dieu de la Richesse, étendu, gras et riant, dans la rizière féconde, souriait aux efforts des humbles et des croyants. — Sur la face est enfin, des nuages représentaient l'empire des airs ; les quatre-vingt-dix statues des Esprits de l'espace faisaient étinceler le soleil et rayonner les étoiles amies ; et, sur un nuage tout bleu de la profondeur de l'immensité, Tethien-Daïtanh, dieu de l'Éther, entouré de l'immaculée blancheur du vide, dressait son front superbe, nimbé d'un rayon de céleste Lumière. » (*De l'autre côté du mur*, par Mat-Gioi.)

Cette description un peu longue a du moins l'avantage de faire saisir l'esprit dans lequel les artistes mettent leurs œuvres au jour, et de montrer combien la théogonie orientale se prête à leur idéalité.

La pyramide de Phunhi dépassait, dit-on, les toits de la pagode, et chacune des statues avait de $0^m,75$ à 1 mètre de hauteur. La copie qui en subsiste à Kihuc est beaucoup moindre, tant comme importance matérielle que comme talent; les statues n'atteignent pas une hauteur de $0^m,50$.

Ce n'est que dans le bronze que les artistes indo-chinois affectionnèrent des formes gigantesques et sur-humaines; la seule statue de pierre qui fût beaucoup plus grande que la grandeur naturelle était le dieu de la pagode de Quinhlam, temple dont on voit encore les ruines dans la province de Sontay, près de Nhienly. Ce dieu, qui portait le surmon de Butmoc, et qui était considéré comme la deuxième merveille de l'Annam, — la première étant la tour Baothien, — était taillé dans un bloc de marbre que le sol environnant, lavé par les eaux, avait mis à nu. Les artistes travaillèrent ce bloc jusqu'à ce qu'il fût devenu une merveille de modelé et de proportions; une grande vénération l'entourait, des pèlerinages se faisaient en son honneur, les plus riches habits le couvraient, les plus précieuses offrandes lui étaient présentées. En décembre 1883, un détachement du génie mina le sol sous le Butmoc et le fit sauter. Il n'en reste plus aucune trace.

Les instruments de taille pour la pierre et le marbre sont, en partie, spéciaux au pays. Le marbre est d'abord débité en blocs à l'aide d'une scie à deux mains, laquelle n'est pas à proprement parler une scie, puisque c'est une lame sans dents et très fortement trempée. La monture encastre les deux extrémités et se compose uniquement d'un bois de fer tourné. L'artisan appuie des deux mains et détache les blocs par un mouvement de va-et-vient. La fente doit toujours être remplie d'eau dans laquelle du sable très fin est en suspension.

Le bloc est détaillé et dégrossi à l'aide du ciseau à une seule pointe, appelé « ducpha », sur l'extrémité carrée duquel on frappe avec un maillet en bois ; quand la statue est dégrossie, les contours arrondis se font à l'aide d'un ciseau à froid courbé, à manche de fer, appelé « chang », et sur lequel on frappe doucement avec un marteau de fer à double tête.

Il y a ensuite le ciseau ordinaire, puis un ciseau à pointe qui sert à sculpter les parties les plus fines et les caractères; puis, un poinçon-aiguiseur appelé « tiem » (aiguille), en acier à double trempe, pour les lacis en ligne droite que les sculpteurs affectionnent, pour les fonds, le sol, les habits; enfin, un polissoir de fer à tête d'acier pour arrondir les moulures, faire disparaître les angles et donner à toute la surface ce poli brillant et velouté si cher aux Orientaux, qui fait que le contact de leurs marbres travaillés se rapproche du contact doux du jade. Les trous se font à l'aide d'un vilebrequin à archet appelé « khoan ». La pointe est une tige d'acier aiguisée, soit lisse, soit striée;

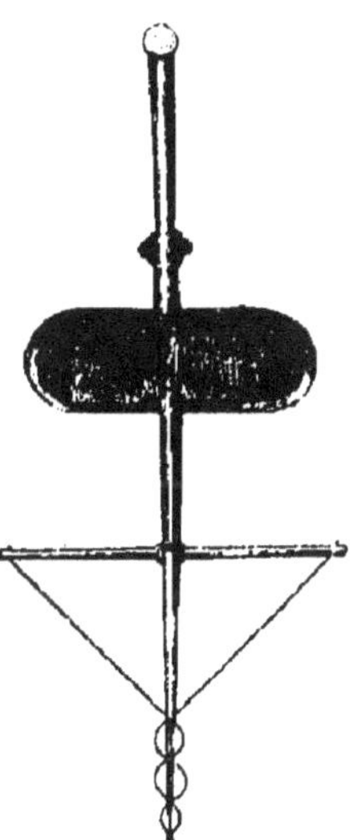

Fig. 41.
Vilebrequin à archet
des marbriers.

elle est assujettie à un manche étroit en bois de fer. Au sommet du manche, deux cordelettes solides sont attachées et maintiennent à demi-hauteur une seconde tige en bois de fer horizontale; en enroulant trois ou quatre fois la ficelle autour de la tige et en pressant ensuite vivement sur l'applique horizontale, on obtient la rotation du vilebrequin, qui se prolonge indéfiniment par un mouvement de va-et-vient à chaque pression de la main, de côté et d'autre de la position normale de l'applique et des cordelettes. Un volant en plomb, de coupe elliptique, placé au tiers inférieur de l'instrument, augmente la rapidité de la rotation. Avec cet instrument, on peut percer des trous de vrille ; on peut aussi produire de grosses excavations lorsque l'on remplace la tige d'acier par une boule d'acier, striée de dents de scie, à l'extrémité d'une forte tige de fer. Les plus gros vilebrequins à archet atteignent une hauteur totale de $1^m,30$; la boule d'acier a la grosseur d'un poing d'enfant et le poids du volant atteint jusqu'à 2 kilogrammes.

Les artisans, même dénués d'un talent d'invention quelconque, sont d'une rare habileté dans le maniement de ces quelques instruments. C'est avec un seul polissoir et un seul ciseau que j'ai vu faire des statues comme le *Dieu des pèlerins*, en marbre vert fort dur, qui est en réalité l'image d'un des disciples de Laotseu, avec son crâne chauve et démesuré, sa bouche tranquillement dédaigneuse et sa longue barbe; il porte en ses mains la pêche qui fait vivre dix mille années et le bâton blanc qui transporte par-dessus les fleuves. Le fini de l'exécution et la dureté de la matière augmentent encore l'estime qu'on a pour l'artiste et sa patience, lorsqu'on songe aux faibles moyens dont il dispose pour son travail.

Le peuple khmer n'a aussi accordé qu'à ses dieux et à ses rois le bénéfice de la statuaire. Et, tout en tenant compte de la différence des esprits des races, et surtout de l'influence indoue et brahmanique qui se

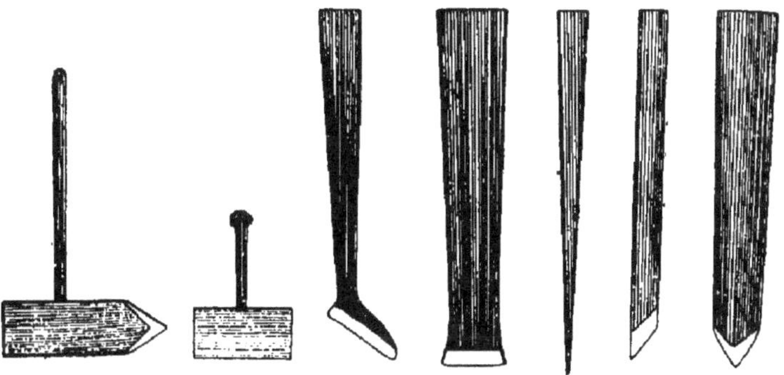

Fig. 43. — Instruments du statuaire.

faisait sentir en maîtresse dans le sud de la Péninsule, on peut constater que deux caractères distinctifs de la statuaire annamite se retrouvent dans la statuaire khmer : la recherche unique de la majesté tranquille et l'étude superficielle des formes. On remarquera aussi chez les artistes du Sud plus de fougue sentimentale et sensuelle, avec un sentiment d'idéalité beaucoup moindre et l'absence presque complète du concept abstrait, qui est *l'initium* de toute œuvre des statuaires du Nord.

Les statues des divinités, dit M. Delaporte (*Voyage*

au Cambodge, p. 345), isolées ou par groupes, — et alors par groupes de trois, — se plaçaient au fond des sanctuaires et des galeries; celles des rois sur les belvédères et dans les jardins. On ne trouverait peut-être plus au Cambodge aucune statue intacte du style brahmanique, mais les débris y abondent, assez nombreux et importants. On y observe un type de physionomie plutôt matériel, respirant plutôt la force que l'intelligence, au crâne cylindrique et peu développé; l'exécution est simple et le fini prodigieux. D'autres têtes, plus anciennes et moins achevées, se font remarquer par leur noblesse, leur forme allongée, leurs traits délicats, en même temps que par une grande finesse d'expression. Les saillies de la face s'y accusent avec leur valeur réelle et suffisent à indiquer les caractères du type et de la race. L'expression est obtenue par le jeu général de la physionomie, sans que l'artiste ait pris la peine de rendre nettement le jeu des muscles qui y concourent. Il y a là une observation, en quelque sorte à fleur de peau, sans connaissances de l'anatomie, sans étude aucune de l'écorché, mais qui ne cesse pas d'être remarquable. De cette absence du détail scientifique résulte une vérité idéale et impersonnelle, à laquelle d'ailleurs se prête la mollesse des traits, qui est la caractéristique des races indo-chinoises. La facture des corps dénote une réelle notion du jeu des muscles principaux, effacés toutefois par la peau et par les tissus qui les recouvrent; les masses musculaires sont indiquées bien à leur place, d'après l'attitude et le mouvement, mais l'indication se borne au faisceau.

Les statues cambodgiennes qui procèdent de l'es-

prit bouddhique ont été conçues un peu différemment,
d'après les règles d'une esthétique particulière et ori-

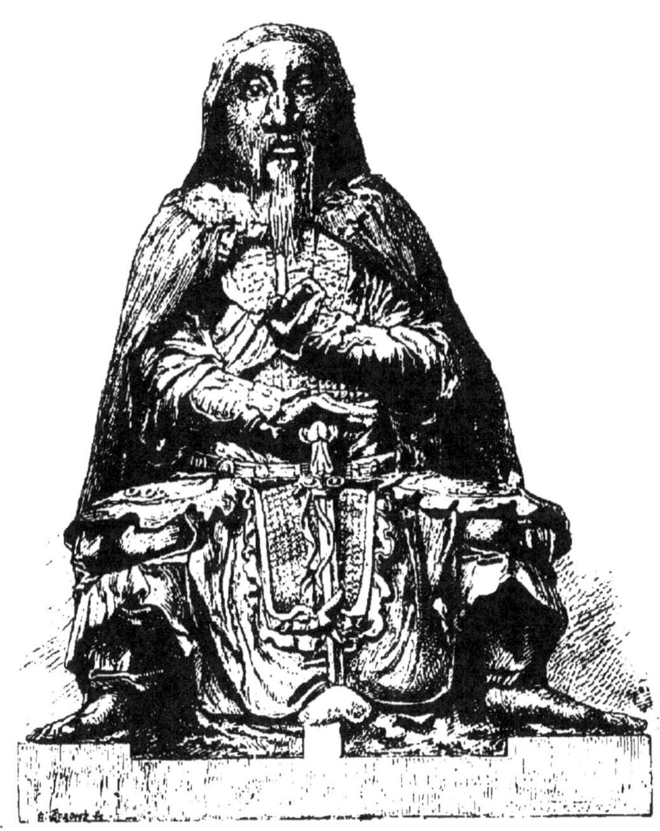

Fig. 44. — Le génie Tran-Vu.

ginale. Ce sont, — et les inscriptions murales le disent
tout au long comme les textes, — des images plus
douces et efféminées; le ciseau qui les sculpta cher-

chait à faire jaillir de la pierre une idée, sinon plus mystique, du moins plus sentimentale, sinon plus philosophique, en tout cas moins charnelle. La plupart reproduisent des types indigènes, de formes un peu grêles, le sang mêlé de sang jaune, l'œil encore fendu horizontalement. Toute la figure respire la bonté et l'extase. Un grand nombre de ces statues ont conservé des traces d'une couche de peinture ainsi que des marques de dorure. Le modèle s'y accuse à peine, ce qui n'empêche pas que la pierre vit dans toutes ses parties.

Des signes hiératiques de Cakya, les sculpteurs khmers n'ont guère conservé que la chevelure bouclée, qui est un caractère de beauté, et un léger allongement du lobe inférieur des oreilles, dû à cette coutume d'y suspendre des bijoux cylindriques de poids et de dimensions exagérés.

Pour terminer cet aperçu rapide de la statuaire indo-chinoise, il ne reste qu'un mot à dire des représentations gigantesques de la forme humaine; cet amour, cette prédilection même du démesuré se distingue et domine au fur et à mesure que l'on s'avance vers le Sud. Dans le Tonkin et dans l'Annam, les statues géantes n'étaient pas faites pour la gloire du statuaire, mais seulement pour la gloire du dieu ou du héros, et ne se distinguaient pas alors par leur beauté intrinsèque, mais par la valeur de leurs laques, comme fut la statue de Ly-ong-than, ou par la difficulté de la fonte d'une grande quantité de métal, comme est Huyen-Vu, dit le « Grand Bouddha », de Hanoï. Ces représentations ne viennent donc pas comme des statues, mais comme des morceaux curieux de laque ou de bronze, et seront étudiées sous ce point de vue. Ce n'est qu'au Cambodge et au Siam, — peut-être aussi dans l'ancien royaume Cham, aujourd'hui détruit au point qu'on ne peut rien reconstituer de son histoire artistique, — que les statues gigantesques, vraiment dignes de ce nom, apparaissent dans les temples et sur les terrasses.

La plus ancienne et la plus remarquable d'entre elles est certainement celle du « Roi Lépreux », retrouvée par le

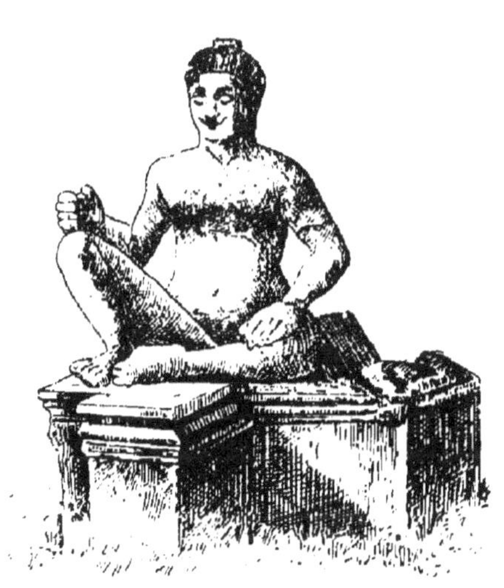

Fig. 45. — Le Roi Lépreux.

naturaliste Mouhot dans les ruines d'Angkor-Thom, « dont la tête, type admirable de mollesse et de régularité, aux traits fins, doux, au port altier, a dû être l'œuvre du plus habile des sculpteurs d'une époque qui en comportait un grand nombre, doués d'un rare talent. (Mouhot, *Voyage au Siam et au Laos*, p. 202.) Francis Garnier ne semble pas partager cet enthousiasme, ni celui de M. Delaporte, à l'endroit du Roi Lépreux; il est cependant difficile de nier l'impression produite par ce géant mélancolique et mutilé. D'autres grandes images peuplent les enceintes des deux Angkor et aussi ces provinces cambodgiennes frauduleusement enlevées par le Siam aux ancêtres du roi Norodom.

Tel est le « Bouddha de dix-huit coudées », inscrit au flanc d'une montagne entre des colonnes gigantesques et qui rappelle, plus grandement mais moins artistiquement, ce monastère des « Montagnes de Marbre », près de Tourane, dont nous avons déjà parlé. Telles sont ces figures titanesques, qui, jetées aujourd'hui à terre, émergent victorieusement des broussailles recouvrant le temple immense de Baion ; telle la quadruple divinité qui se dressait sur la tour la plus élevée d'Angkor-Wat ; telle cette « Chaussée des Géants », que M. Delaporte a restituée, sur l'aperçu de quelques ruines, et aussi ces suites d'Hercules de pierre soutenant les pyramides, les terrasses et les belvédères, où les anciens autocrates khmers promenaient leurs rêves et leur lassitude.

Mais, comme on doit s'y attendre, c'est en Siam et en Birmanie que l'on doit rencontrer les plus formidables colosses dont la hauteur croît à mesure que décroît le talent de celui qui les créa. Les uns après les autres, Beauvoir, Mouhot, Mgr Pallegoix s'extasient sur leur grandeur et leur magnificence ; mais il ne paraît pas qu'un véritable sentiment d'admiration intellectuelle se soit emparé d'eux à leur vue. Des plaques d'or, d'argent ou de bronze recouvrent le plus souvent les statues ; des couronnes d'or massif ceignent leurs fronts ; des pierres précieuses forment leurs yeux,

leurs lèvres et enrichissent leurs parures. Mais, sous
ces dehors magnifiques, il n'y a plus qu'une grossière
maçonnerie. La tranquille et béate expression de la
figure ne suffit pas pour suppléer à la vie qui n'anime
pas ces grands corps, ni à l'entente des parties, ni à
l'harmonie générale, qui fait absolument défaut. L'im-
mobilité, la grandeur et la richesse du colosse étonnent.
Il n'y a point d'âme ni d'art dans le travail de l'artiste, et l'énorme morceau ne trahit pas une pensée;
la pauvreté d'esprit la plus absolue se cache derrière la
valeur matérielle du métal employé.

A Bangkok, la pagode de Watchang renferme un
Bouddha de maçonnerie enluminée, assis sur un siège
de 15 mètres de haut, et dont le buste domine ce siège
de 12 mètres encore. Les jambes du dieu sont croisées
selon la coutume; d'énormes yeux blancs donnent à
sa figure un aspect de solennité effrayant, un peu
comique quand on s'y arrête longtemps. Deux ou trois
cents statues de moindre taille et sans aucun art lui
font, sur cinq rangs pressés, une cour assidue. Le
temple royal de Xetuphon, dans la même ville, renferme une statue plus grande encore. « Dans une immense salle entourée de colonnes de bois de teck, le
dieu est tout de son long couché; il mesure 50 mètres
de l'épaule jusqu'aux pieds. Il est couché sur le
flanc droit; sa tête, qui est à 25 mètres environ du
plancher, s'appuie sur le bras droit replié; le bras
gauche est étendu le long de la cuisse. Ses yeux sont
en argent, ses lèvres en émail. Une longue terrasse,
ornée d'or et de sculptures, lui sert de lit... Un seul
de ses ongles est plus haut que nous; comme le corps

énorme est tout entier recouvert de plaques d'or, une telle architecture ne peut être payée que par les trésors d'un Crésus. » (R. de Beauvoir.) De pareils colosses se voient encore à Pagan, en Birmanie.

Mais les ruines, qui sont nombreuses dans les anciennes capitales du royaume de Siam, indiquent que, il y a plusieurs siècles, les artisans siamois étaient véritablement des artistes et qu'ils prenaient conseil et exemple chez leurs voisins, les artistes khmers. On peut même présumer que les Khmers eux-mêmes ont œuvré en Siam, à l'époque où les souverains khmers avaient l'hégémonie sur tout le territoire de la Péninsule. Les statues d'Ajuthia sont sœurs du « Roi Lépreux » d'Angkor. L'une d'elles, découverte par Mouhot, parmi des pilastres en ruine et des voûtes effondrées, a une hauteur de 18 mètres, malgré les mutilations que le temps lui a fait subir. L'évêque Pallegoix affirme que tous les anciens édifices de Siam contiennent de semblables vestiges et seraient dignes d'un minutieux examen. Patawi et Pakpriau, monastères bouddhistes où les Laotiens et les Siamois se rendent en pèlerinage, renferment quelques-unes de ces statues colossales qui datent du xiiie siècle, le « siècle de Périclès » de la race khmer.

L'amour du gigantesque conduit vite à l'amour du surhumain et du monstre. Les anciens Khmers semblent s'être soigneusement gardés des statues tératologiques ; mais leurs successeurs modernes, et les Siamois de tout temps, n'ont pas imité leur réserve. On ne trouve que rarement des monstres au Cambodge, comme les vestiges de la statue du « Géant à neuf têtes », à Angkor. Mais on peut voir sur différents plateaux la représentation grossière du dieu à tête de cheval, qui est l'objet de la vénération actuelle des descendants dégénérés. Au Siam, ils sont plus fréquents. Le singe Hamamoun, de la religion brahmanique, en fait le plus souvent les frais. On cite aussi les gardiens d'un des temples de Bangkok, taillés dans des blocs de granit d'une élévation de 25 pieds. Ils ont le corps de l'homme, les oreilles du loup, la bouche du crocodile, et, par-dessus tout, les yeux hagards et les ornements royaux. Un bariolage de poteries colorées diversement augmente le grotesque de ces images. Il en est encore beaucoup d'autres, mais il n'y a aucun intérêt à s'y arrêter à cause du dévergondage d'imagination et de l'absence de tout art qui les caractérisent.

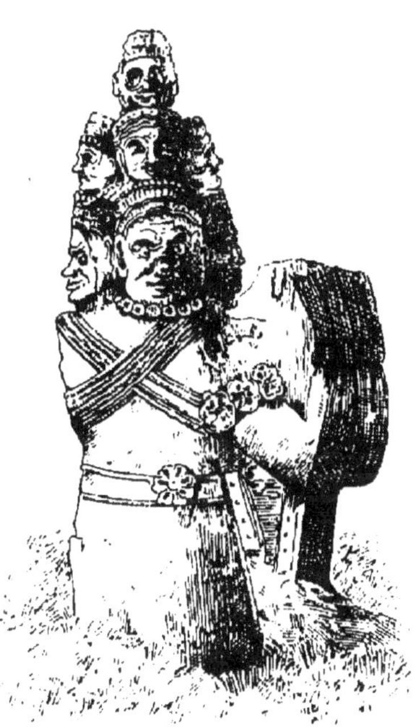

Fig. 46. — Le Géant à neuf têtes.

Il n'y a pas même dans ces monstres un enseignement, ni une allégorie, ni une tendance à l'esprit ou à la satire. Les peuples qui ont fait grand ont presque toujours ignoré la force de l'allusion comique, et l'esprit ne vient pas aux races jeunes, matérielles et barbares. Il faut, aux nations comme aux hommes, une civilisation et une sorte d'usure intellectuelle pour saisir l'art de la moquerie et le profond enseignement du sourire. Les Annamites modernes l'ont compris, et, dans leurs œuvres récentes, de courte haleine et de petite dimension, ils ont atteint le plus haut degré de l'ironie et de l'allégorie satirique. Mais les peuples du sud de l'Indo-Chine n'étaient pas assez dégrossis pour concevoir des mobiles d'art aussi affinés, et les monstres que leur caprice enfanta ne devaient qu'effrayer les foules grossières et naïves admises à leur contemplation. Que ces artistes aient autrefois atteint leur but, c'est chose possible, si les anciens Siamois étaient aussi superficiels que les modernes; mais aux yeux du critique et de l'étranger, aux yeux même de l'Annamite, raffiné aujourd'hui jusqu'à la perversion, ils ne paraissent plus qu'avoir excellé dans le grotesque et prodigué la pierre, le métal et les joyaux dans des entreprises dignes à peine de la matière.

III

LA SCULPTURE SUR BOIS

La sculpture sur bois est véritablement l'art populaire et naturel de la presqu'île indo-chinoise. La principale raison en fut que les forêts, nombreuses et peu

explorées, qui couvraient une notable partie du territoire, fournissaient en grande quantité la matière première la plus précieuse et la plus variée. Pour comble
de bonheur, les nations voisines ne possédaient pas
les mêmes essences ni du bois similaire; et c'est dans
les forêts de l'Indo-Chine que tout l'Empire du Milieu,
depuis la Corée jusqu'à Canton, venait chercher le bois
de fer dont la réputation est devenue universelle. La
propension que l'on a à faire travailler la matière première dans les pays mêmes où on la recueille fit que
la sculpture sur bois eut immédiatement une grande
vogue en Indo-Chine, y fut très rémunératrice, et
donna naissance à une école d'artistes, anonymes même
pendant leur gloire, comme le sont presque tous les
artistes d'Asie, mais dont le faire délicat et le talent
original se sont, presque sans défaillances, conservés
jusque parmi leurs descendants actuels. Nous entrons
donc ici dans l'art favori de la race, celui où elle a le
mieux manifesté son goût original, et dont les innombrables spécimens facilitent l'étude à toutes les époques.

Les provinces les plus favorisées sous le rapport
des bois propres à la sculpture sont : au Tonkin, les
régions de Lucgnan, de Dongtrieu, la vallée du Songky
et quelques districts de Songchai et de la Rivière
Claire; les vallons intérieurs du mont Bavi et la chaîne
de Hunghoa; dans les seize Chaus et le Laos, la haute
vallée de la Rivière Noire, le bassin du Nam-Ou, les
environs de Luang-Prabang et le Tranninh occidental;
en Annam, les provinces de Thanhoa et du Nghean, et
quelques arrondissements du Phuyen et de Nhatrang.

Ces forêts renferment des espèces et des genres en

quantités à peu près innombrables, mais qui ne sont pas toutes propres à la sculpture d'une façon pareille. Une certaine quantité de bois lourds ne sauraient être employés avantageusement qu'en grumes, d'autres ne pourraient être détaillés, d'autres ne supportent pas l'outil fin, d'autres enfin ne résistent ni aux intempéries, ni à la pourriture, ni aux insectes rongeurs, qui sont, dans le pays, d'une force et d'une voracité particulières. Il peut être intéressant, en dehors de toutes ces espèces, de donner la liste, assez courte d'ailleurs, de tous les bois employés usuellement dans la sculpture d'art, chacun d'eux ayant une destination pour ainsi dire traditionnelle à laquelle l'artiste ne le ravit que fort rarement.

L'ancien évêque d'Hanoï, le regretté Mgr Puginier, a fait de tous les bois d'Indo-Chine une nomenclature très détaillée, et a envoyé une collection d'échantillons à l'Exposition de 1889, où ils ont fait fort bonne figure. On pourrait se reporter à ce catalogue. Au point de vue de l'art, les seules espèces suivantes sont à estimer et servent aujourd'hui couramment aux artistes :

1° Le *trác*, bois noir, dont les fibres sont bordées d'un filet jaune rouge (ce dernier devient parfois rouge noir, et donne alors au bois le nom de « trác-tim » ou trác pourpre), le plus dur de tous les bois, un des plus lourds et, sans contredit, le plus précieux ; il a un peu l'aspect de notre palissandre, mais ses qualités le rendent bien supérieur ; il est, bien entendu, incorruptible, et ne subit aucune contraction ni au feu ni à l'eau ; aussi est-il employé dans le plus fin travail des incrustations et aux plus fines sculptures en ronde

bosse. Les hauts mandarins font exécuter en trác les
objets qui les approchent et dont ils se servent le plus
souvent : pipes à eau, boîtes à tabac et à bétel, plateaux
à thé. La cause principale de la grande vogue de ce
bois est la même qui fait rechercher le jade par les
Chinois : la douceur de sa surface, l'extrême poli de sa
coupure. « Le trác, dit un proverbe, est semblable à la
surface d'une corne de jeune bœuf. »

2° Le *gu*. Le gu est absolument semblable au trác
comme aspect extérieur, comme valeur et qualité de
durée, mais il est d'un grain un peu moins serré et
d'un contact moins agréable à la main ; les stries rouges,
noires et jaune rouge se sentent sous le doigt. C'est
en gu que se font les meubles royaux et impériaux en
Chine et en Indo-Chine. Ces meubles, dont les surfaces planes sont en marbre et les sculptures seules en
gu, sont fort estimés des Chinois. En gu se font également les chanterelles et les différentes pièces des instruments de musique.

3° Le *vang-huong*, bois d'un jaune éclatant ; c'est le
seul « bois de fer » dont la couleur soit claire ; ses
fibres sont très serrées et sa coupe très douce. C'est le
bois clair le plus rare et le plus estimé. Il sert de préférence aux sculptures religieuses et à la décoration des
maisons de plaisance. Il a un léger parfum persistant,
tenant le milieu entre le santal et la bétoine.

4° Le *thi*, bois de « l'arbre à pommes d'or », bois
blanc, dit royal, parce que c'est celui qui sert à la confection des sceaux et des cachets ; il sert aussi aux caractères d'imprimerie ; son extrême dureté empêche de
l'employer couramment. Il a les propriétés résistantes

du gaïac, mais il ne contient aucune résine. Une sorte spéciale, le « thi-hoa », présente, dans l'arrangement intérieur des fibres, un lacis qui ressemble à des fleurs en gerbe. Avec les plaques de ce thi-hoa on fait des couvercles de petites cassettes (tráp) et de véritables petits tableaux que l'on encadre avec le respect qu'on doit à « une peinture ».

5º Le *mit*, bois lourd et jaune foncé, qui rougit à l'air. C'est, par excellence, le bois de la statuaire, des rondes bosses, des hauts-reliefs. Sa coupe est égale; il est onctueux dans tous les sens; sa compacité et son homogénéité sont extrêmes. Ses fibres sont fort ténues; il ne se fendille pas et se travaille aussi aisément en longueur que par le travers. La couleur du vieux mit est des plus agréables à l'œil. Il sert aussi aux ouvrages des tourneurs (flambeaux, boules, bâtons, etc.). C'est le bois du jacquier, sorte d'arbre à pain, qui produit le fruit vulgairement connu sous le nom de « pain de singe ».

6º Le *vangtam*. C'est un bois jaune, à veine très légèrement bleutées, sec, léger, et d'un débit facile; c'est le bois de luxe moyen des petits travaux, des découpages, des sculptures appliquées. On peut faire avec ce bois des meubles moins lourds que ceux en bois de fer, d'un aspect presque aussi décoratif. Mais le vangtam résiste moins bien et s'abîme à l'user; on l'emploie de préférence pour les ornements et les objets du culte qui ne sont pas d'un usage journalier. Les cercueils se font en une sorte de vangtam appelé « gioi ».

7º Le *mun*. C'est l'ébène, et, il faut l'avouer, il n'est pas coté parmi les bois précieux par les Indo-Chinois, qui ne le trouvent pas assez lourd; aussi ne sert-il pas couramment aux sculpteurs; il sert, chez les riches, à faire les baguettes et autres ustensiles de table, et on l'emploie, dans l'industrie de la nacre, pour les incrustations de deuxième marque.

8° Le *nam*, bois très blanc et très léger, extrêmement rare; il est spongieux, élastique, et se rapproche de notre sureau. Les indigènes lui ont donné le surnom de « bois-champignon », car il a la couleur et l'aspect de la tige du champignon; il n'est guère utilisé en sculpture, et sa rareté le fait monter à un assez haut prix. On n'en fait que des objets d'étagère et des baguettes à manger.

9° Le *kimgiao*. C'est un bois blanc, léger, poreux et assez rare; on en fait uniquement des baguettes à manger. Ce bois a la propriété de bleuir immédiatement lorsqu'on le plonge dans un poison liquide, et cette propriété n'est pas à dédaigner en extrême Orient. La tradition veut que les instruments des menuisiers et des sculpteurs qui taillent le kimgiao soient en verre ou en pierre, mais jamais, sous aucun prétexte, en métal.

10° Le *sen*. C'est un bois rouge, le plus lourd et le plus solide de tous les bois de l'Indo-Chine. Aussi ne s'en sert-on que pour les poignées et les fourreaux de sabre, les manches des armes de « hast », et pour la charrue qui sert aux mandarins royaux le jour de la fête du riz. Ce bois noircit à l'air.

11° Le *kiang*. Ce bois est entièrement analogue au précédent et s'emploie de même façon, mais il présente, avec des veines striées de jaune et de rouge, un aspect d'une grande élégance; il est préféré par les raffinés.

12" Le *lât,* ou châtaignier indien, bois jaune, strié de noir, et fort lourd. C'est ce bois qu'emploie l'ordinaire industrie du meuble. Le « lât-tho » de Hué a une certaine réputation; il est jaune, strié de rouge, et se prête aux grosses sculptures et moulures; il est d'un fort joli effet et assez recherché.

13" Le *giao,* bois jaune et résistant. Sa grande élasticité et sa grande légèreté le rendent utile partout où il y a des ressorts et des taquets; c'est en giao que sont faits les arcs, les arbalètes et toutes armes de jet.

14° Le *sun.* C'est le bois du figuier de Chine; il est, à la coupe, d'un blanc grisâtre; il se prête à une foule d'usages. C'est l'essence la plus répandue des bois propres à la sculpture; le lacis de ses veines, arrondies en fleurs de nénuphar, lui donne un aspect agréable. Il sert à la fabrication des pipes, plateaux à thé, cassettes, etc.

15" Le *cho.* C'est là le célèbre bois de « teck », que l'on a tant cherché en dehors du Siam et du Laos, et qu'on a fini par trouver sur le Songchai, sur la Rivière Noire et sur le plateau de Tulong. C'est un bois lourd, dur, rouge, à fibres épaisses et d'une absolue rigidité. Il est à peu près incassable et complètement étanche, même sur une petite épaisseur. Peu apprécié des sculpteurs, c'est le bois par excellence pour la construction des navires. On l'acclimate aujourd'hui à Hanoï et à Sontay.

16° Le *tapmoc,* bois blanc, grossier, ne sert qu'aux sculptures superficielles et à bon marché. Il se brise à la chaleur, s'étire à l'humidité, et, au contraire de tous

les autres bois précédemment cités, a besoin d'une
préparation spéciale pour devenir incorruptible. Il
n'est employé que pour les sculptures d'exportation fa-
briquées en grande masse et pour l'usage des officiers
français qui tiennent à rapporter des souvenirs peu
coûteux. Mais ce genre de fabrication ne saurait tromper un instant l'œil d'un critique ou d'un habitué.

Les autres bois de fer, comme le *trai*, le *lim*, le
sao, qui partagent avec les précédents les qualités pré-

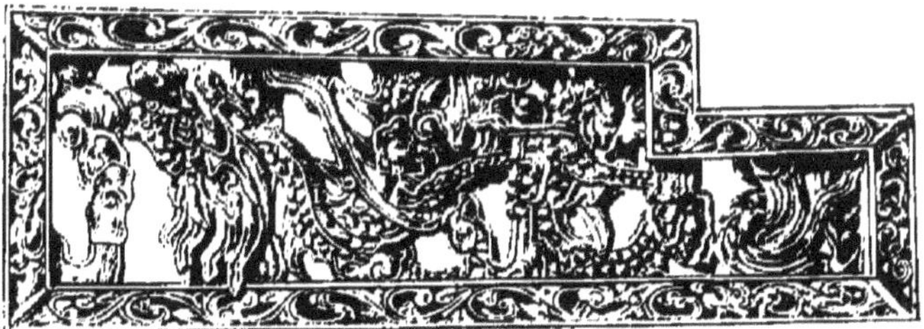

Fig. 47. — Sculpture d'applique.

cieuses de la solidité et de l'incorruptibilité, sont d'un
grain trop dur et d'une surface trop revêche pour être
employés avantageusement dans la fabrication des objets ou des meubles d'art. Ils sont réservés pour les
grandes pièces des charpentes et des constructions.

L'amour du bois sculpté et de la décoration originale que prêtent aux appartements les veines différemment coloriées et agencées des essences a porté les
Indo-Chinois à de grands morceaux de sculpture, de
la valeur parfois d'une paroi de maison, remplaçant
les portes, les plafonds et les cloisons. Leur goût natu-

rel était encore doublé par l'avantage considérable qu'offrent, dans les pays chauds, les chambres larges et les étages élevés. Ils étaient amenés, là où le souci de la solidité de l'édifice le permettait, à construire des claires-voies et des panneaux ajourés pour séparer entre eux les appartements et même les étages. Les portes ne consistaient alors qu'en encadrements mobiles également sculptés ; et c'était, en même temps qu'un avantage physique, un véritable plaisir de délicat d'avoir constamment sous les yeux ce rideau de fines sculptures tombant des plafonds, au delà desquelles s'apercevaient la vie et le mouvement voisins, et encore les autres sculptures de cloisons similaires. Au-dessus des lits de repos et des fumeries d'opium, où l'Oriental passe une partie de ses jours et de ses soirs, le même spectacle était offert à l'œil du fumeur et du rêveur, qui, au lieu d'être limité aux poutres et aux solives, toujours les mêmes, contemplait les verres de couleur du toit ou le ciel lui-même à travers la dentelle des bois multicolores. On se rend, en général, peu compte du sentiment artistique très affiné qui comprend l'art dans toutes les manifestations de la vie et, pour ainsi dire, côte à côte avec soi-même, et qui met sa jouissance dans le contact perpétuel des plus fines sculptures dans sa propre maison, ou du jade le mieux découpé dans ses objets les plus usuels et de manipulation journalière. C'est à ce sentiment qu'est due l'ornementation artistique si intime des logis ; et si chaque maison ne possède pas cette ornementation, si l'on est obligé d'aller chez les hauts fonctionnaires ou les premiers de la nation pour en voir des réalisations

complètes et parfaites, il faut attribuer cette rareté seulement aux difficultés qu'on éprouve à se procurer certains bois précieux, veinés de certaine sorte (à cause
de la piraterie qui règne encore dans le pays de forêts
et de montagnes), et à la cherté de ces grands ouvrages,
qui demandent beaucoup de temps, de patience, et qui

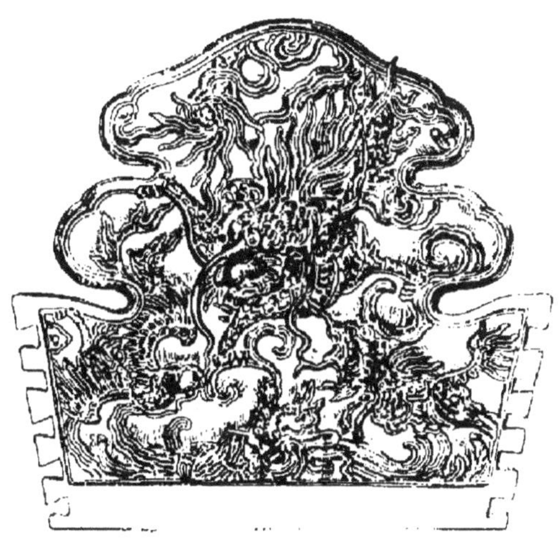

Fig. 48. — Les Tulinh, du culte des Génies.

conduisent à un total élevé une main-d'œuvre qui est
le plus habituellement au-dessous de toute prévision
et inférieure à tout salaire occidental.

La grande originalité de ces panneaux, ajourés au
point qu'ils n'interceptent aucune lumière, est d'offrir
sur toutes leurs faces les mêmes sculptures et les
mêmes couleurs de bois. Il faut donc bien se garder de
confondre ces ouvrages délicats avec de simples découpures (je dois avouer que l'oblitération du goût actuel,

grâce au nombre et à la rapidité des commandes faites par de mauvais connaisseurs, y conduit toutefois peu à peu). L'épaisseur de la paroi découpée varie de 3 à 8 centimètres, ce qui est déjà, pour cette dernière mesure, la mesure ordinaire de nos vieilles sculptures en ronde-bosse si recherchées. Les faces internes et externes sont scrupuleusement dessinées; les objets se présentent des deux côtés tels qu'ils sont dans la nature, et il ne leur manque que l'épaisseur pour que leur représentation soit normale et proportionnelle. Ce n'est donc pas un « rideau » de sculpture, mais véritablement une suite de groupes en hauteur, un gigantesque relief dont on aurait sculpté l'envers avec autant de religion que la face et dont on aurait arraché les fonds, pour lui communiquer la légèreté et la lumière.

Des dessus de portes, des encadrements énormes de broderies à deux faces, parfois même des portes entières qui se soulèvent comme des stores de véranda, participent à ce genre de sculptures, où, depuis les arabesques, les moulures et les rosaces jusqu'aux scènes de guerre et aux emblèmes symboliques, toutes les ressources de l'imagination, tous les renseignements des traditions et tous les règnes de la nature sont mis à égale contribution.

Dans les pagodes consacrées au culte (chua), la sculpture fait, avec la laque, tous les frais de la religion, du décor et du meuble. De larges bandes sculptées couvrent les entablements, les dessus et jusqu'aux pilastres; parfois les solives et les colonnes sont sculptées en plein bois. Enfin, le long des murs pendent, comme de véritables tableaux, des sujets sculptés, encadrés de moulures ne faisant qu'un avec le sujet lui-même et d'une seule essence de bois dont la couleur sort sur celle de la cloison; les fonds du tableau sont, suivant l'habitude, arrachés.

Les dragons, les chimères, les dieux assemblés, les symboles entrelacés et tous les animaux fantaisistes des légendes sont représentés dans la sculpture sacrée, qui semble être uniquement de la sculpture murale, travaillée dans le but de remplacer la peinture, art presque complètement inconnu aujourd'hui, et qui, en tout cas, ne s'exécute jamais sur des surfaces absolument planes.

C'est dans l'art du meuble que la sculpture indo-chinoise se trouve le plus à son aise. Mais, là comme ailleurs, nous trouvons cette singulière disposition d'esprit qui fait que les manifestations de cet art se rangent bien plus en classes qu'en époques. Ces classes sont déterminées par les genres d'ornement et surtout par l'utilisation future du meuble, car il y a en Indo-Chine une classe spéciale du meuble religieux, dans laquelle, non seulement les objets affectés aux cultes, mais les tables, les sièges, les consoles, les armoires, ont des formes spéciales, spirituelles pour ainsi dire, et dont l'imitation est strictement interdite dans les meubles de l'usage courant. En dehors de cela, la sculpture moderne ne se distingue guère de la sculpture ancienne et l'artiste semble être arrivé depuis longtemps, — non pas à la perfection de son art, — mais à un arrêt et à une constance fidèle dans le choix de ses modèles. Au point de vue de la forme extérieure, il n'y a donc pas d'époques ni de modes de l'art qui puisse faire assigner de date certaine à un morceau. On sculptait jadis avec autant de fini et de perfection qu'aujourd'hui ; les artistes semblaient même avoir plus de conscience, car, jusqu'au premier tiers même de ce siècle, il n'y a pas d'exemple qu'ils aient fourni des travaux imparfaits comme ceux dont l'avidité pressée et économe des acheteurs se contente aujourd'hui, ni que, pour diminuer la valeur totale, ou pour gagner davantage sur un même travail, ils se soient livrés au subterfuge du « collage » de plaques superficielles de bois riche sur des fonds de bois grossier. Ces finesses commerciales, qui déprécient un art, ne sont venues en honneur que depuis qu'on demande à un nombre égal de producteurs une quantité bien plus grande de production et de production à vil prix. Les artisans, qui jadis se considéraient comme des maîtres ouvriers responsables devant leur œuvre et irréprochables d'honnêteté, ne sont certainement pas la cause principale de cet abaissement de leur art.

L'époque où un morceau fut sculpté ne peut guère se distinguer que par la couleur du bois ; la vigueur des contours n'y peut être un élément, car, dans ces essences dites « de fer », le travail d'un ou de deux siècles de date est aussi fini et délicat que s'il sortait de l'atelier ; de plus, la totalité des bois dont on use en sculpture est incorruptible ; on ne peut donc distinguer à sa surface aucune des traces de vétusté qui sont des indications presque certaines pour les chercheurs européens. Il faut s'en tenir à la couleur du fond du bois, à celle des bords et de l'intérieur des veines ; et il faut reconnaître que les indigènes sont passés maîtres pour distinguer, aux indices les plus légers, l'époque relative de la sculpture d'une pièce ou de la fabrication d'un meuble.

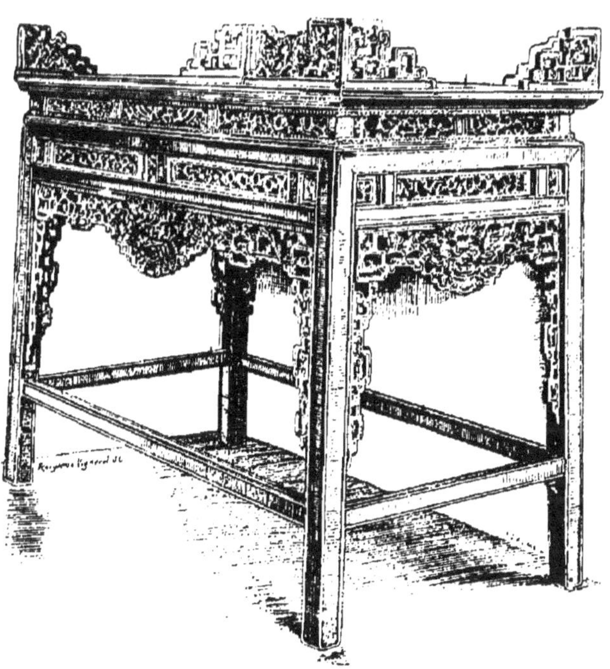

Fig. 49. — Une table d'offrandes.

La formule hiératique qui emprisonne la fabrication du meuble liturgique semble de la plus haute antiquité, et nous a été transmise, sans additions ni retranchements aucuns, parmi les temples des diverses confessions. Elle comporte en général une figure très

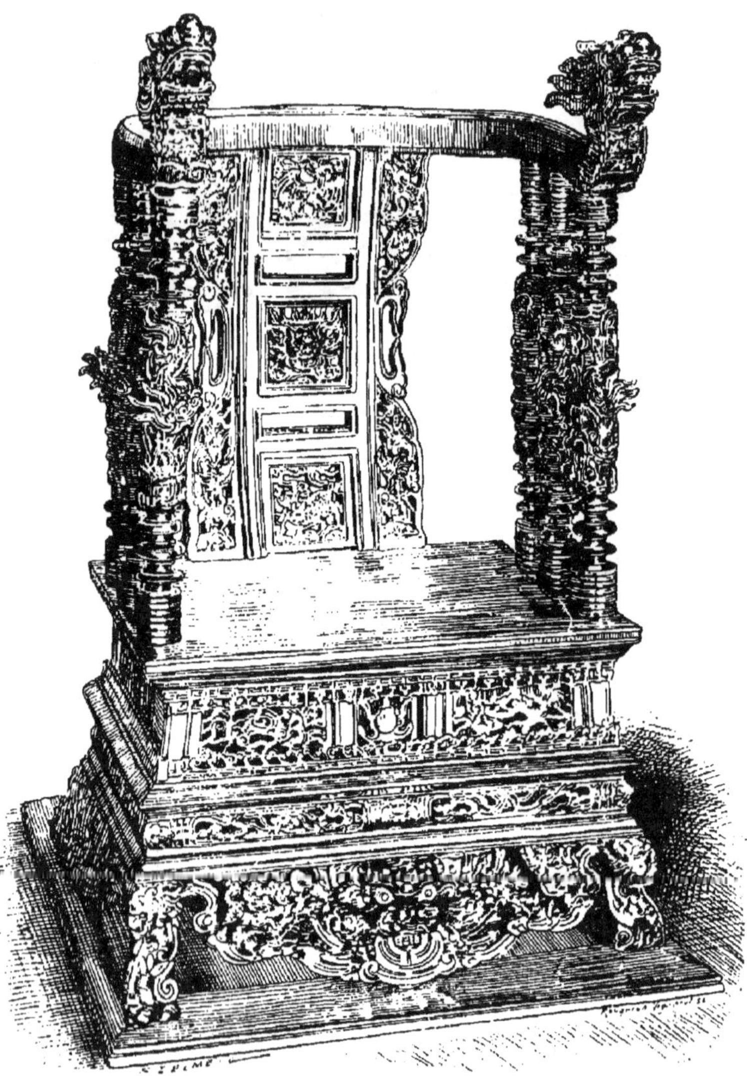

Fig. 50. — Ngaidinh, du culte des Ancêtres.

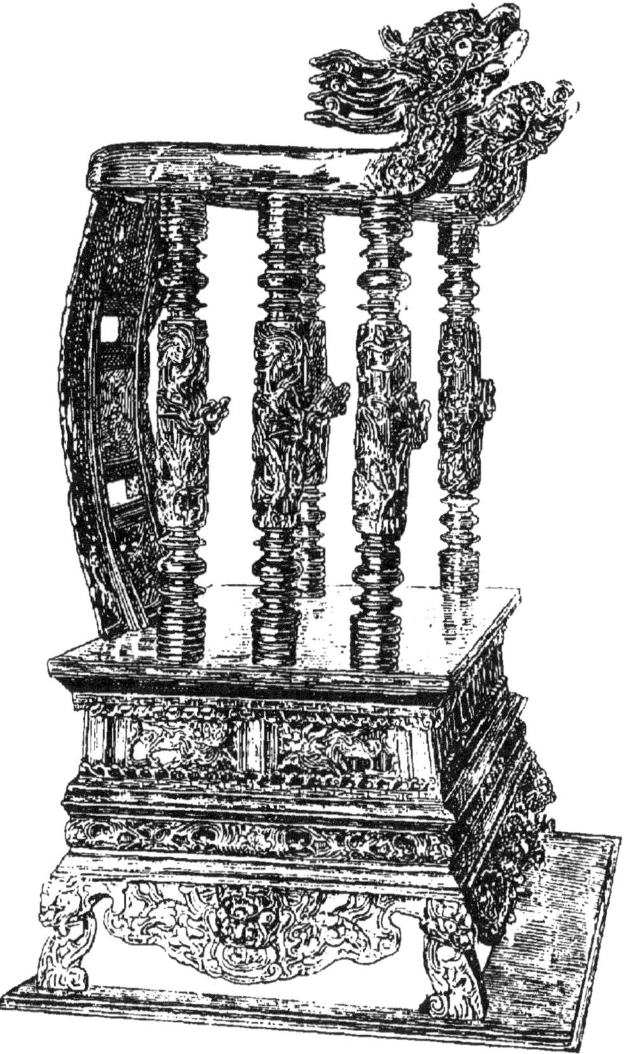

Fig. 51. — Ngaidinh, vu de côté.

élevée, supportée par des ais très nombreux (tables, chaises ou consoles), agrémentés de barres d'appui nombreuses et presque toujours parallèles. Les dimensions, d'une hauteur exagérée, doivent rappeler constamment que ces meubles ne sont qu'à l'usage des dieux. Les reposoirs multiples, qui portent le nom de « Chars de l'Esprit », sont de véritables autels mobiles qui sont portés à épaules humaines par d'ingénieux systèmes de supports en bois, qui présentent jusqu'à quarante-huit bras entrelacés issant de la masse de l'autel. Ces grandes constructions, qui ne sortent qu'aux grands jours des arcanes des temples, ne peuvent être comparées qu'aux monuments funéraires qu'on élève temporairement le jour des obsèques d'un roi. Ils affectent à leur partie inférieure la forme d'un divan ou d'un lit de repos, et à leur partie supérieure la forme d'une coupole entière, reposant sur le lit au moyen de colonnettes graciles d'un bel effet; parfois la coupole est remplacée par une sorte d'immense parasol en bois doré se recourbant sur la statue.

Les tables, consoles et chaises pour les offrandes, les tabernacles ou les tablettes présentent le même caractère d'élévation démesurée, tellement que, pour placer un objet à leur surface, il faut se servir d'un escabeau. Le modèle uniformément imposé ne comporte pas d'autres formes que la forme cubique, ou du parallélipipède, se rapprochant le plus possible du cube. Je ne connais pas d'exemple d'ais de fauteuil, de pieds de table ou de supports de console qui ne soient pas parallèles entre eux et reliés par des tenants sculptés se rencontrant sous un continuel angle droit. La majesté du Rite explique sans doute cette rigide uniformité de la composition.

La richesse de la sculpture qui entoure les ais et les supports, qui couvre d'une fine dentelle les moindres interstices et qui dépasse même les tablettes et empiète sur les surfaces des tables et des dressoirs, suffit amplement à cacher l'uniformité du dessin exigée par la règle immuable.

Bien entendu et séparément, chacune des sculptures représente un symbole sacré; c'est le dragon à cinq griffes, ou l'Amduong, ou les deux dragons qui dévorent la lune, ou le dragon qui tient le caractère phuc dans sa gueule. Souvent des caractères thibétains de la plus haute antiquité (et illisibles aujourd'hui pour tout le monde) ornent les banderoles qui flottent en tête des tableaux, ou la robe des personnages de bois. Le peuple prend ces idéogrammes incompréhensibles pour des formules magiques de la plus grande puissance, inscrites par Laotseu lui-même, ou au moins par ses premiers disciples; et les prêtres bouddhiques encouragent cette utile croyance, qui leur rapporte des avantages tout à fait terrestres. De toute la hauteur des tables (parfois 3 à 4 mètres sur presque autant d'élévation) tombent en fouillis de véritables tabliers de sculptures de ce genre, entre lesquelles les entrelacements de la croix gammée (swastika) forment d'ingénieux compartiments.

Les « ngaidinh », meubles précieux qui ont la forme de fauteuils à assises très basses et à dossiers fort relevés, et qui servent, — dans le culte des Ancêtres, — à la disposition des tablettes et des brûle-parfums, et, — dans le culte du Tao, — à remplacer le piédestal des dieux et de leurs « phuthuy » préférés, les ngaidinh sont des modèles de sculptures originalement fouillées. Le corps du Dragon en fait tous les frais. Ses membres forment les ais des bases recouvertes d'écailles; son corps en anneaux nombreux se déroule des quatre côtés, et sur le socle apparaît sa gueule ouverte, tandis que, au-dessus des sept colonnettes où s'enroulent des dragons de plus petite taille, se dresse un dossier terminé par deux têtes d'autres dragons. Du fond du dossier s'élève généralement un Amduong doré, immense et flamboyant. La ngaidinh étant le principal meuble sacré des temples, et pour ainsi dire le Tabernacle où se pose la statue ou la tablette du dieu auquel le temple est voué, est toujours le plus riche ornement de la pagode et celui sur lequel l'artiste local a déployé toutes ses ressources, — non pas d'imagination, le modèle étant presque invariable, — mais de finesse d'exécution et d'invention dans les détails.

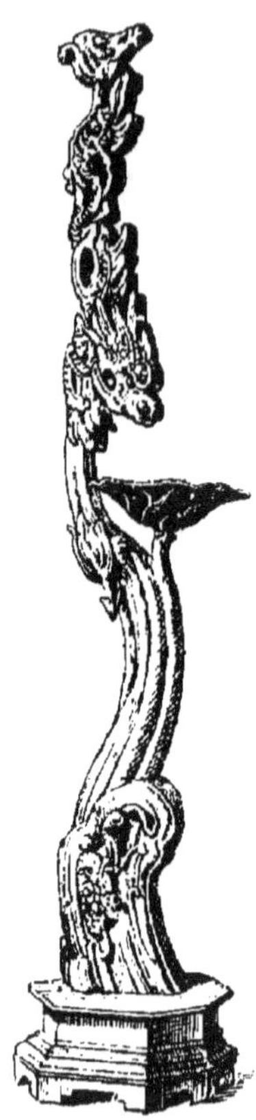

Fig. 52.
Réservoir d'eau
consacrée.

Les régions laotiennes, qui sont les plus proches des forêts de bois précieux, renferment dans leurs pagodes des travaux d'un fini tout

particulier, qu'on ne retrouve guère dans les temples
du littoral, où la vie agitée des civilisations étrangères
commence à faire perdre le goût des lentes et patientes
œuvres d'art.

Ce sont des réservoirs d'eau lustrale, des porte-
cierges, des porte-parasols, qui atteignent de grandes
dimensions et qui sont
très finement sculptés
dans toutes leurs par-
ties; les bas-côtés des
autels, les tables d'of-
frandes sont des mor-
ceaux absolument par-
faits, et qui témoignent
de l'ingéniosité et de
l'indépendance de leurs
auteurs. Ce sont de
grands navires sortant
des flots et portés sur
des têtes de dragons,
ou une suite de co-
lonnettes semblable à

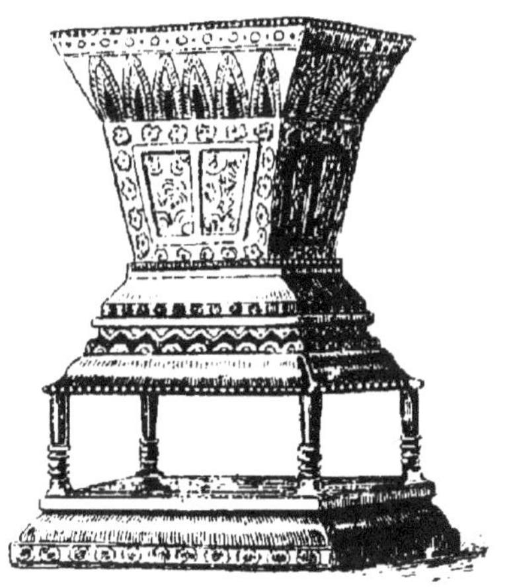

Fig. 53.

Coffret à enfermer les livres sacrés.

des buffets d'orgues. Sur toutes les parois sculptées
en plein bois ressortent, dans les poses hiératiques,
les figures des quatre animaux symboliques (dragon,
phénix, tortue, licorne).

Les coffrets à enfermer les livres sacrés atteignent les dernières limites du fini ; ils sont portés sur
de petites colonnes en grand nombre ; et on retrouve,
dans la forme du coffre, la forme des ngaidinh, du
char de l'Esprit et autres meubles rituels : celle d'une

grande pyramide tronquée, la base principale étant la base supérieure.

Le meuble profane jouit de la même faveur et acquiert la même perfection que le meuble sacré. De légères modifications ont été imposées aux anciens types, pour l'agrément des amateurs sybarites, Cantonais pour la plupart. Cette influence donne au meuble une physionomie mêlée telle, qu'on peut dire que son élégance vient de l'Indo-Chine et sa commodité de la Chine. Sa forme générale est toujours très simple, et ses lignes sont d'une sobriété qui produit le plus grand effet. Tables, chaises, fauteuils, tout est rectangulaire, avec assises horizontales, dossiers et pieds perpendiculaires de la plus grande simplicité; les angles seuls sont arrondis. Le siège est toujours large, et la table, fort haute, indique que la station « assis devant une table » est une formule honorifique peu usuelle; en effet, le peuple est le plus souvent accroupi, les riches sont le plus souvent à demi ou complètement étendus sur les vastes lits de repos, bien nattés, où ils causent, mangent, fument, écrivent et dorment, sans avoir à changer de place.

Les dossiers et les devants des fauteuils, chaises et divans sont toujours sculptés à jour, et aussi bien sur l'avant que sur le revers. Les sujets des sculptures intérieures ne diffèrent pas sensiblement de ceux des objets sacrés; cependant les objets liturgiques voient leur représentation remplacée par celle des objets traditionnels ou mythologiques. Une grande quantité des assises sont découpées et remplacées par une plaque de marbre, ce qu'explique la constante chaleur du pays.

Par un sentiment d'allégorie, ce sont les attributs des écrivains qui forment le fond des sculptures ornant les tables et les fauteuils ; on y voit aussi les animaux porteurs de livres (licorne et tortue), les attributs taoïstes de la longé-vité, les inscriptions qui rappellent les premières phrases du Yiking et du Tao. La gravure ci-contre représente une sculpture favorite des hautes classes anna-mites. Le motif court sous la tablette des tables ou les assises des sièges et se recourbe le long des montants, à la façon des draperies rele-vées par les em-

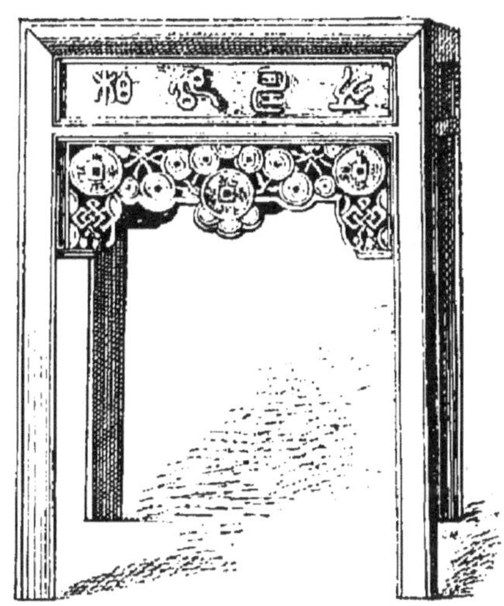

Fig. 54. — Tabouret sculpté.

brasses. La sculpture est formée tout entière par la reproduction des « sapèques », ou monnaies rondes, percées en leur milieu d'un trou carré et portant les sigillogrammes des différents souverains d'Annam qui ont frappé monnaie.

Le meuble de luxe affecte la forme d'un parallé-lipipède posé sur sa petite base ; ce parallélipipède est cloisonné, coupé et parti de façon à être divisé en neuf compartiments (trois en hauteur sur trois en largeur) égaux. On retrouve là, avec l'amour de la symétrie, une allusion aux correspondances des deux chiffres

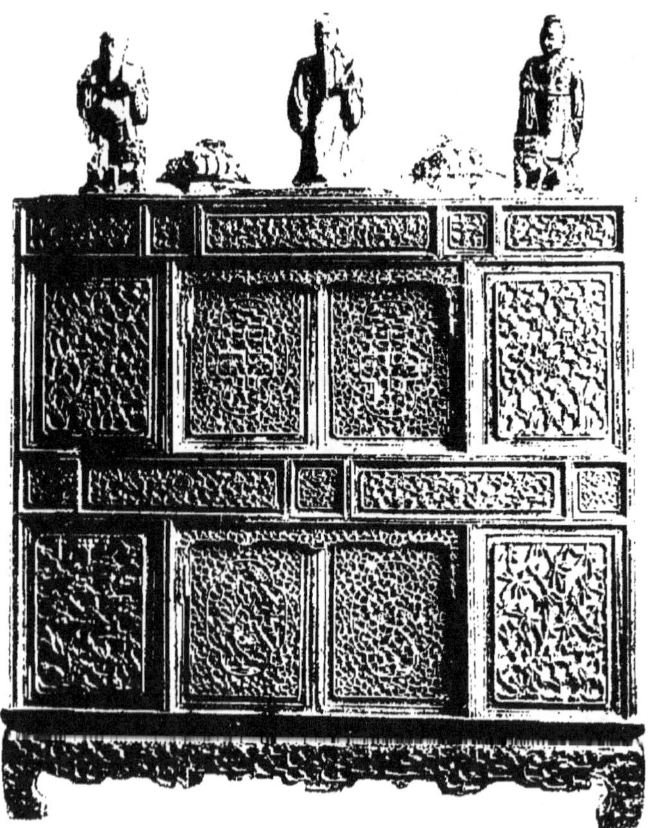

Fig. 55. — Meuble en trac, de Namdinh.

sacrés trois et neuf que nous avons déjà signalés dans la détermination des entre-colonnements des façades.

(*Architecture civile*, page 77.) Le devant entier du meuble est sculpté à jour de neuf sujets, qui peuvent être différents, mais qui peuvent aussi se reproduire de trois en trois. Les sculptures sont toujours fines et serrées, entremêlées de lianes, de branches ou de bandelettes, de façon à servir de grilles et à laisser toujours visibles l'intérieur du meuble. Les faces sculptées des compartiments du milieu glissent sur rainures derrière les compartiments des extrémités, de manière à laisser à volonté le meuble ouvert. Dans les meubles à douze compartiments, ce sont les quatre compartiments médians qui sont mobiles.

Les meubles qui servent aux fumeries d'opium ont la forme spé-

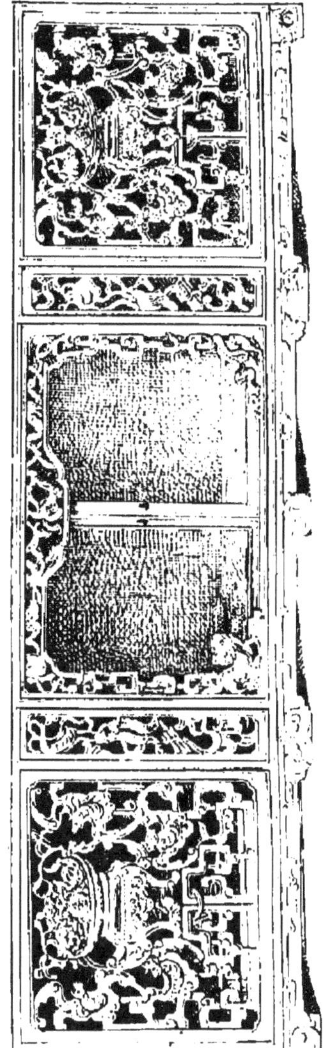

Fig. 56. — Meuble de fumerie (bois sculpté).

ciale que nécessite leur usage; ils bordent le divan entre le mur et la tête du fumeur couché; ils ont toute la longueur du lit et une hauteur et une profondeur égales entre elles, qui ne dépassent jamais 40 centimètres. Il y en a de beaucoup plus bas. Ces meubles sont sculptés sur trois de leurs faces, et les compartiments mobiles sont remplacés par des glaces sur châssis. Dans l'intérieur du meuble sont toujours, sous l'œil du fumeur, les bibelots rares qu'il affectionne ou qui sont nécessaires à la satisfaction de sa passion. Sur le dessus des meubles de fumerie se placent les cinq objets usuels, ou les dieux tutélaires et les baguettes

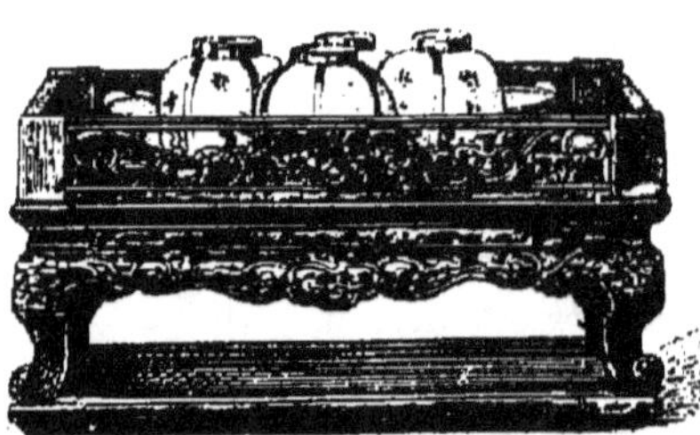

Fig. 57. — Un porte-thé, en vanghuong.

parfumées dans des cornets choisis. C'est là le coin le plus intime et personnel de la maison asiatique. Avec des variantes de détail, tout le meuble participe à ce type modèle.

Les objets sculptés qui ne servent pas à l'ameublement ni à l'usage journalier sont nombreux et fort réputés. L'industrie a pris, sous ce rapport, une si considérable extension, qu'il n'est pas une maison, fût-ce celle du plus pauvre, qui ne renferme quelques objets découpés ou tournés dont le propriétaire ne se montre jalousement fier. Les plus répandus de ces objets sont : le « khaitré », plateau à mettre les petites tasses à thé, avec quatre pieds et une petite galerie sculptée, comme

l'indique la figure ci-contre; et les « trap », cassettes
où le riche met les mille petits bibelots qu'entraîne
l'usage du tabac, de l'opium et du bétel, et qu'un « boy »
particulier transporte toujours derrière
lui et à portée de sa main; c'est dans
la fabrication de l'ornementation de
ces deux objets, — qui font partie
intégrante de la vie journalière de
l'Indo-Chinois, — que les essences les
plus rares et les plus difficiles à travailler sont employées concurrem-
ment. Les pipes à opium, les gardes
et les fourreaux de sabre servent souvent aussi à des décorations ingénieuses. Les statuettes en bois sculpté
et les objets purement d'agrément ne
sont pas rares; mais il faut en voir
beaucoup avant d'en découvrir un
qui ait une véritable valeur; car, en
d'aussi petits travaux, il ne suffit pas
de l'ingéniosité, il faut un talent
original pour sortir de l'ordinaire;
et, sous ce rapport, les très nombreuses statuettes des dieux et des
objets symboliques manquent d'ori-

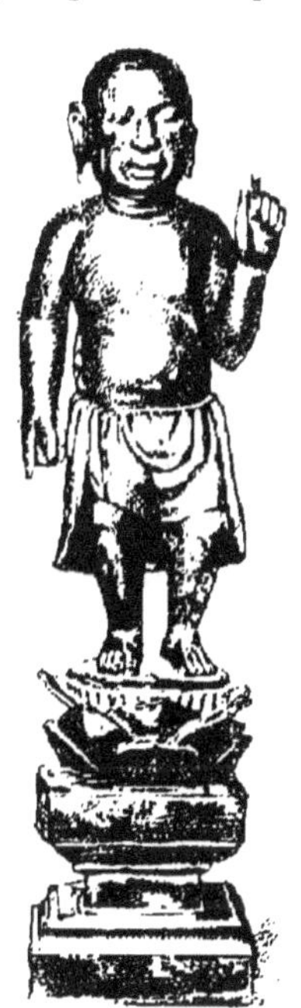

Fig. 58.
Thapkiep, dieu
enfant.

ginalité et de mouvement. Toutefois, en remontant en
deçà du xviiie siècle, un chercheur consciencieux peut
être récompensé de sa constance. C'est ainsi qu'une certaine figurine, d'une extrême rareté, représentant Laotseu
sur son buffle en d'infinitésimales proportions, tournant la tête d'un air de dédain vers le monde exté-

rieur qu'il laisse en arrière; c'est ainsi que le groupe ci-après de deux acteurs ou danseurs, rudement travaillés dans le gû, le plus intraitable de tous les bois, sont d'une intensité de vie peu commune et présentent

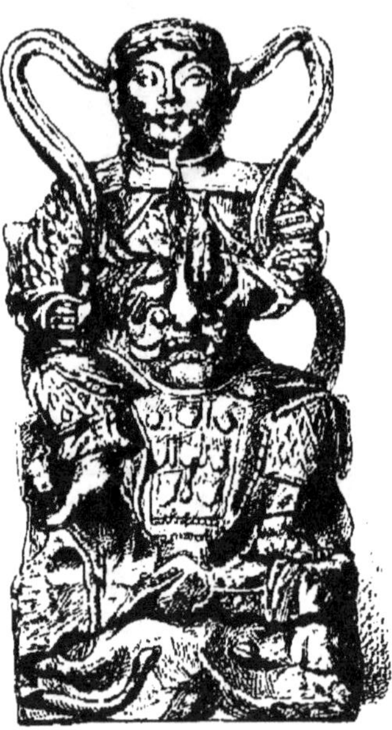

Fig. 59.
Un dieu bouddhique.

tous les caractères de la sculpture la plus personnelle et la plus parfaite. (M. Paléologue avait déjà fait la même constatation. Voir *l'Art chinois*; Quantin, 1887, p. 147.)

A signaler encore la façon très curieuse dont sont employées et sculptées les tiges les plus grosses du bambou por et des bambous royaux pour en faire des cornets; et les sculptures symboliques à double face d'une extraordinaire épaisseur, enrichies d'or et de pierres, où excellent les artistes du Tranninh et du Laos.

Il n'est pas indifférent, à propos de la sculpture, de dire quelques mots des instruments de musique, pour lesquels on emploie, dans leurs différentes parties, des bois si variés qu'ils deviennent de véritables morceaux de marqueterie. L'originalité de leur forme et de leurs sons serait, à elle seule, une excuse suffisante.

Les instruments qui forment le fond de l'orchestre

annamite sont : le « dich », petite flûte à cinq trous, avec
un pavillon de cuivre, généralement tourné dans un
bois de trac d'une grande finesse et d'une grande compacité, assez difficiles à rencontrer ensemble ; le « nhi »,
violon à deux cordes, dont l'archet est enchevêtré de
façon à obtenir le son dessous et dessus, sculpté dans
une branche de trac qu'il faut prendre absolument

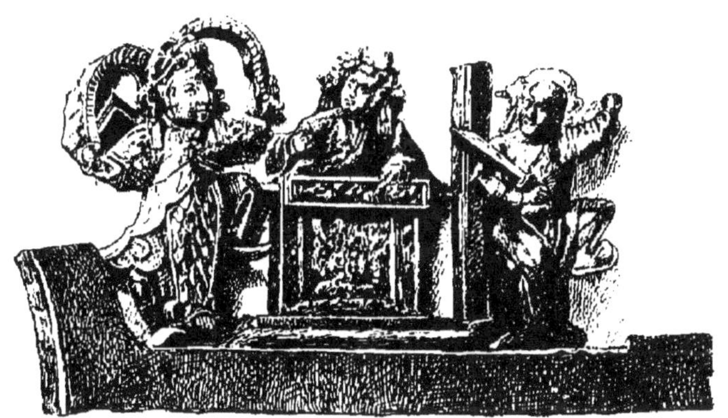

Fig. 60. — Danseurs sculptés (bois de fer).

rigide et dont la résonance est due à la tension d'une
peau de pangolin ; le « tám », guitare à trois cordes, en
« su », bois extrêmement lourd et dont la caisse est
recouverte d'une peau de serpent (les chanterelles du
« tám » sont en ivoire) : le « dannguyet », guitare
discoïde en trac, avec un manche fort court en « vong »,
des arrêts et des chanterelles en gu ; et le « danthap
luc », psaltérion oblong à treize cordes doubles de
cuivre, en vong, avec vingt-six chanterelles en gu, et
des caisses séparées en peau de crocodile ou de caï-

man. Toutes les pièces, caisses, arrêts, manches, chanterelles, sont ouvragées et finement sculptées, suivant
le bois qui les compose et autant
que le permet la sonorité de l'instrument auquel elles concourent.

Les instruments des sculpteurs
sur bois sont très nombreux, très
fins, et beaucoup d'entre eux se rapprochent des instru-
ments du statuaire.
M. G. Dumoutier, dans
ses *Monographies des
pays de Protectorat,* a
fait de l'industrie du
luthier une description
exacte et ingénieuse.
La plupart de ces in-
struments sont en acier
et d'une très grande
finesse; les ciseaux af-
fectent les formes cour-
bes les plus diverses
pour les fouilles en
plein bois. Une quan-
tité de petites lames
et de petites aiguilles
très résistantes, tantôt
en trident, tantôt en
fer de lance, tantôt

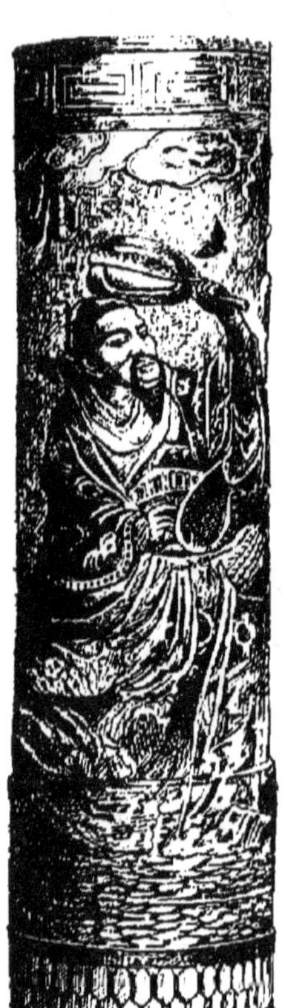

Fig. 61.
Cornet de bambou
sculpté.

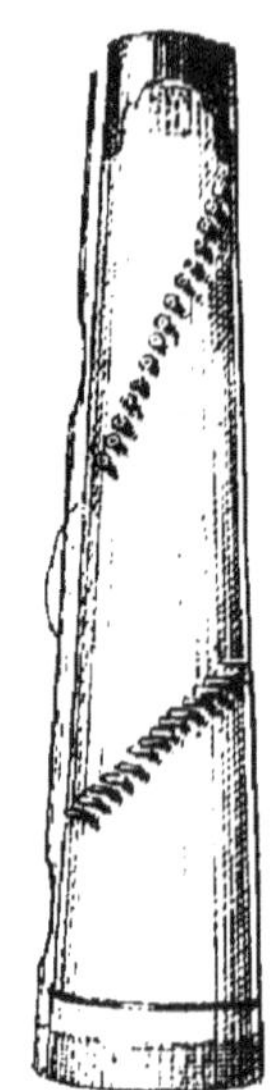

Fig. 62.
Danthap luc,
instrument
de musique.

cou—bées deux fois à angle droit, permettent de donner les contours les plus délicats et de faire les qua-

drillés et les pointillés dans le fond des coupes les plus étroites. Les rabots sont doubles, de façon à ce que le travail s'opère pendant l'allée et la venue de l'instrument, et la face du rabot opposée à la taille présente,

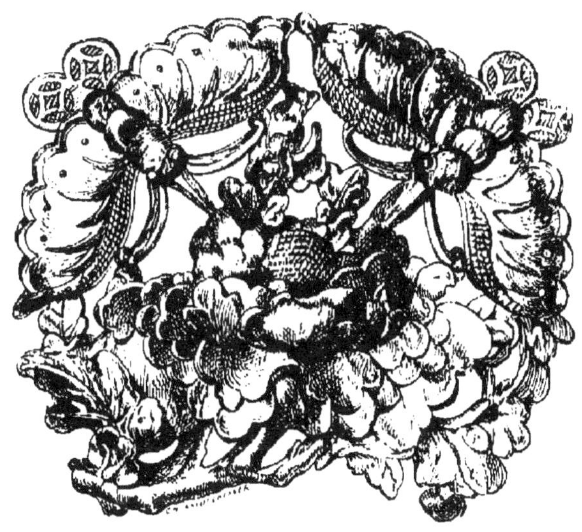

Fig. 63. — Une rose double.
(Sculpture laotienne.)

sur la surface du bois travaillé, une sorte de polissoir qui finit immédiatement le travail et donne à l'instrument une complexité à peu près parfaite.

Le vilebrequin à archet présente cette particularité d'être actionné autour de son axe immobile par un véritable arc de tireur, dont le bois est courbé au feu et dont la corde s'enroule deux fois autour de la partie mobile du vilebrequin concentrique à l'axe. Et le scul-

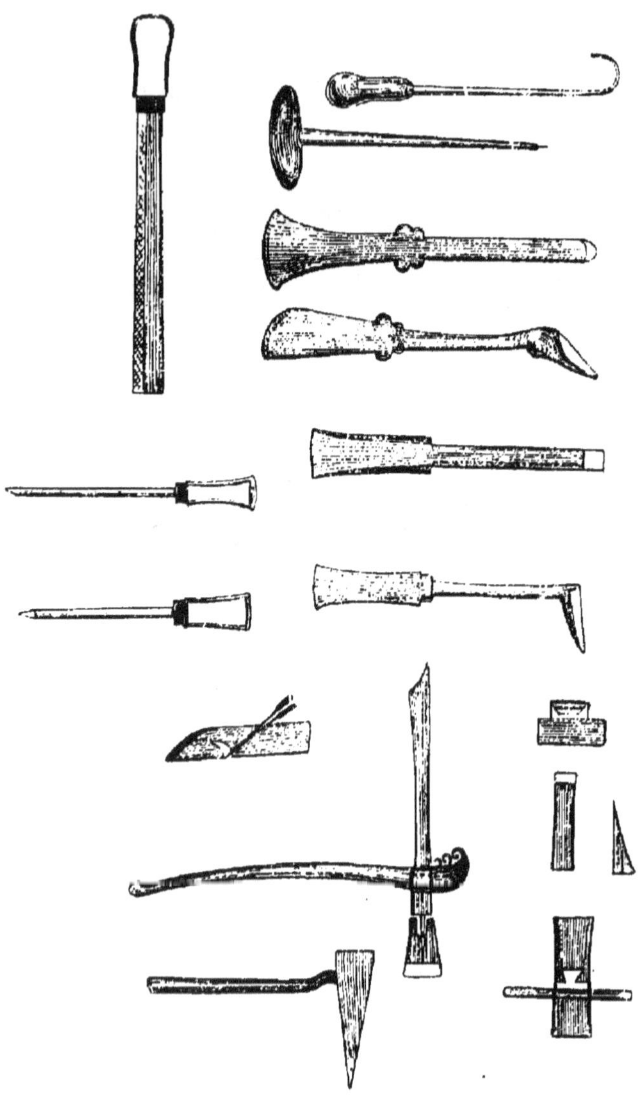

Fig. 64. — Instruments du sculpteur sur bois.

pteur fait manœuvrer son instrument du même mouvement qu'un violoniste joue de son violon.

Le bois tourné n'existe pour ainsi dire pas en Indo-
Chine; on ne l'emploie
que pour les bois les plus
grossiers. Les sculpteurs
déclarent que le tournage
abîme l'extérieur des veines du bois et confond
leurs couleurs; et si les
ouvriers emploient cette
méthode pour les bois
d'utilité qu'on leur commande, du moins les artistes considèrent ce moyen
comme un subterfuge

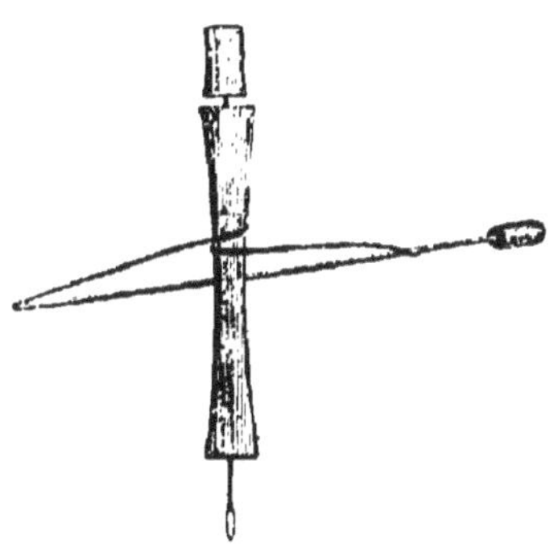

Fig. 65.

Vilebrequin du sculpteur sur bois.

bon à dégrader leur talent et point du tout conforme à leur genre d'art.

IV

LA SCULPTURE DE L'IVOIRE

Peu à peu repoussées par les civilisations et les
émigrations, les troupes des éléphants sauvages qui
fournissaient l'ivoire à l'Indo-Chine ont complètement abandonné les parties praticables du territoire,

et se sont réfugiées dans les forêts vierges et de l'autre côté de montagnes peu accessibles ; il est très rare d'en rencontrer à présent dans la Birmanie et le Siam maritime, plus rare encore dans la presqu'île soumise à notre domination. Ce n'est qu'à de longs intervalles que l'on voit passer des bandes de ces animaux dans la région de Nuibach-Ha (province de Tuyen-Quang), que leur présence avait fait jadis abandonner par les habitants ; et une paire de défenses brutes, d'une taille ordinaire (o^m,8o) vaut jusqu'à 150 dollars au marché de Sambor (douane nord du Cambodge). C'est au Laos, dans le Siam nord, dans les États Shans et sur le haut Mékong qu'on peut seulement encore se livrer à des chasses fructueuses.

De plus, l'avidité des Anglais et des Australiens pour l'ivoire, l'exportation toute récente qui s'en fait depuis l'établissement des compagnies de navigation sur les côtes de l'Indo-Chine, tend à rendre cette matière de plus en plus rare (elle est exportée le plus souvent brute) ; et cela suffit à expliquer combien peu, parmi les nombreux travaux sur ivoire qui nous sont encore présentés, il se trouve d'ivoire véritable.

L'ivoire véritable, prisé tel par les Chinois et revêtu de caractères toujours distinctifs, ne peut être tiré que de la partie centrale des défenses de l'éléphant vivant. Et il peut être intéressant de donner la manière de reconnaître, au premier examen superficiel, d'où provient l'ivoire qui constitue maintes pièces, et dont nous voyons en Europe de si nombreuses exportations.

L'ivoire doit toujours être absolument brillant, ou,

s'il est opaque par suite du non-usage, recouvrer son
éclat entier au premier frottement à une étoffe douce.
Au toucher, le véritable ivoire acquiert un poli et une
beauté spéciales; plus on fait usage d'un objet d'ivoire,
et plus sa patine devient remarquable. Un proverbe
annamite dit à ce sujet : « L'ivoire est un ami qui aime
à sentir le contact de l'homme. » Pris au milieu des
défenses, l'ivoire présente, sur la section perpendicu-
laire, un quadrillage profond, mais insensible au
doigt, d'une finesse
extrême et de lignes
fort rapprochées. Des
circonférences concen-
triques indiquent l'âge
de l'animal; sur la cou-
pure longitudinale, il
présente, à l'œil seule-

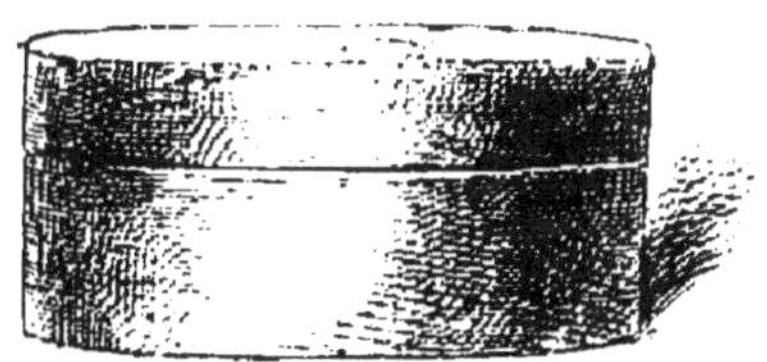

Fig. 66. — Boîte ronde à tabac.

ment, un tissu de fibres parallèles très délicates, aussi
serrées que la fibre du bois le plus compact. Lorsque
l'éléphant a atteint l'âge où l'ivoire est le plus recherché, le centre exact de la défense est percé d'un
imperceptible trou, aux bords noircis, qui va s'augmentant aux environs de la bouche.

La présence de ce « fil central », comme disent
les indigènes, augmente de beaucoup la valeur d'une
pièce.

L'ivoire pris sur le bord des défenses ne présente
qu'un quadrillage de plus en plus espacé à mesure
qu'on se rapproche de la surface extérieure; les fibres
longitudinales s'éloignent les unes des autres et perdent un peu de leur rigidité. Les défenses prises aux

environs des mâchoires, les mâchoires elles-mêmes, ne présentent plus que très rarement le quadrillage, et les fibres longitudinales offrent l'image de raies uniformément tremblotantes, comme la surface d'une eau frissonnant au vent, ou comme les schémas des petits courants électriques.

L'ivoire pris dans les côtes ou dans les os du pied présente des ellipses concentriques et de mêmes foyers, de couleurs diverses et de bords tantôt nettement accusés, tantôt ondulés, comme les rides d'une eau qui se referme sur un objet qu'on y a jeté. Enfin, les os des jambes et de tout le reste du squelette de l'animal ne présente aucune configuration sur leur surface ni dans leur coupe.

L'ivoire mort (ivoire pris sur un animal mort depuis quelque temps de mort naturelle) est toujours mat, et, à l'usage, se couvre de taches brunes, bien délimitées, irrégulières et très opaques.

Enfin, pour satisfaire aux demandes d'une fabrication toujours grandissante, les objets « en ivoire d'exportation », que l'on voit communément aux vitrines de nos grands magasins ou de nos dépôts, et dont on admire la finesse de modelé, sont faits avec les dorsales des baleines, des crocodiles et autres gros poissons des mers de Chine et d'Indo-Chine. On peut reconnaître ce genre de fabrication, d'abord à l'absence de toutes fibres et de tout dessin dans la matière même, au brillant inconsistant de la surface, à son éclat différent suivant les places, à l'impression onctueuse et grasse, pour ainsi dire, qu'elle laisse à la main, et, enfin, à la couleur uniformément jaune terreuse qui recouvre tous les produits, sans distinction de la coupure première ou de la sculpture.

Ces grands os de poisson sont beaucoup plus faciles à travailler et moins durs ; leurs surfaces s'arrondissent et se polissent plus aisément ; mais les pièces qu'on en tire n'ont aucune énergie de modelé. D'ailleurs, la couleur ivoirine qui leur est particulière n'est pas due au temps, mais à des préparations spéciales. Une fois travaillé, l'objet en os est suspendu au-dessus de la fumée d'un feu de bois, puis frotté doucement au soleil, enfin enroulé pendant vingt-quatre heures dans des feuilles fraîches de tabac de montagne. Un frottement énergique, après ces trois traitements, lui donne une éburnation et une patine jaune qui n'est pas désagréable, mais par laquelle un œil exercé ne se laissera jamais tromper. L'ivoire est à la fois plus vivant, plus chaud et moins uniforme.

La couleur si dorée de l'ivoire s'obtient au seul usage ; le contact de la main accélère la coloration, ainsi que l'exposition au soleil. La tradition dit que le contact de la sueur d'une femme malade marque l'ivoire de taches mates et brunes. Pour rendre à l'ivoire sa blancheur primitive, on le frotte avec un linge mouillé de vinaigre.

La dent d'éléphant mesure couramment, sans compter les racines, $0^m,15$ de haut sur $0^m,20$ à $0^m,25$ de long et $0^m,07$ d'épaisseur. Elle se distingue essentiellement de l'ivoire ; elle se compose de plaques superposées comme des strates géologiques régulières ; à chacune de ces strates correspondent, dans le sens de la hauteur, des stries parallèles mates, et, dans le sens de l'épaisseur, une rangée de petites scies brillantes et pointues. Le tissu de la dent est très serré et très lourd; mais entre chaque strate dentaire une solution de continuité se sent au toucher. Lorsqu'on ouvrage la dent, ces solutions se trouvent dans l'intérieur, où elles sont remplies d'une matière un peu rugueuse et colorée.

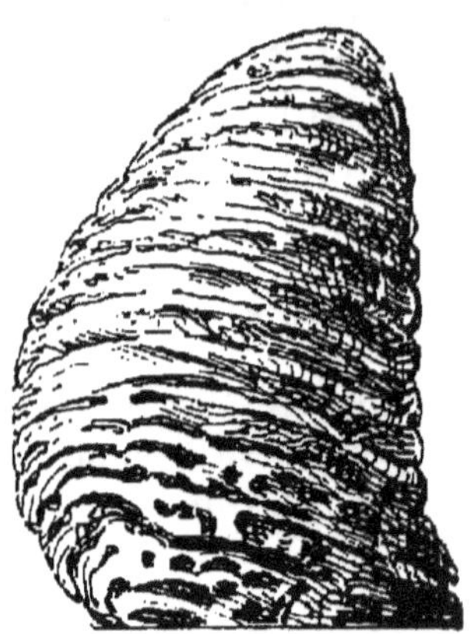

Fig. 67. — Dent d'éléphant.
(Réduite au tiers.)

Chaque strate, blanche et éclatante en son milieu, tend au jaune pâle à ses extrémités, et se trouve séparée de la strate voisine par une ligne bleuâtre ou rougeâtre. Ces dessins, qui se reproduisent uniformément, donnent aux dents convenablement ouvragées et taillées un aspect original; mais tout en étant moins recherché que l'ivoire de la défense, celui de la dent se prête moins à la sculpture et a des tendances à se fendre dans le sens des strates, même longtemps après la taille. Aussi fait-on avec la dent, plutôt que des ouvrages délicats, des gardes de sabres et des instruments de fumerie.

L'industrie de l'ivoire était jadis à Namdinh et à Hué; aujourd'hui, la concurrence de « l'ivoire en os de poisson » a tué le travail. Les ouvriers ne trouvent pas à vendre leurs produits sur place assez cher pour gagner leur existence; les derniers représentants de la corporation végètent péniblement à Hanoï, en tournant quelques boîtes et quelques cadres de miroir, ou en appointant quelques grandes épingles de chignons.

Il reste en Indo-Chine à peine quelques artistes, qui, n'ayant nul besoin de travailler pour vivre, ont conservé les traditions anciennes et peuvent, sans souci de l'avenir ou d'un gain improbable, donner tous leurs

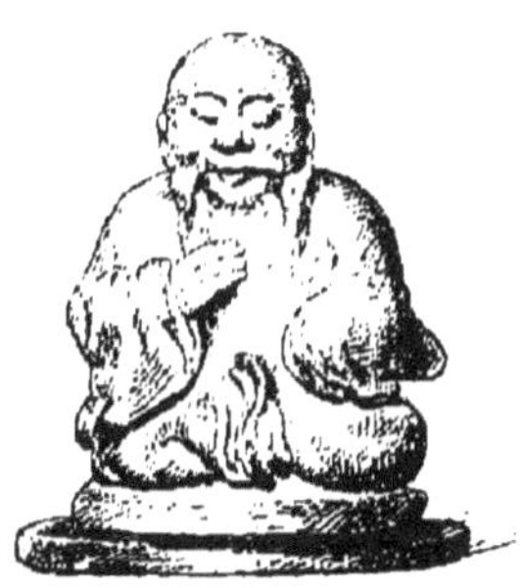

Fig. 68.
Le dieu des fumeurs d'opium.

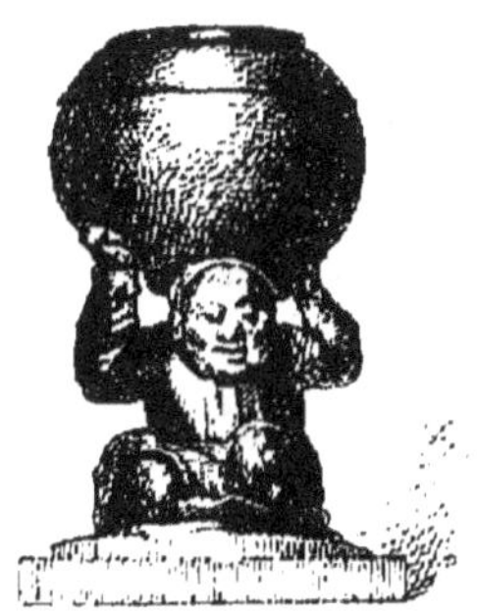

Fig. 69.
Le porteur d'opium.

soins à des œuvres très châtiées, où le temps n'est pas un facteur de fabrication. La production en est diminuée d'autant, mais la valeur des rares pièces achevées qui sortent de leurs mains s'en trouve bien augmentée. Malgré leur fâcheuse habitude de tremper l'ivoire brut dans une préparation acidulée pour en diminuer la dureté, l'art, le tact et la patience de ces artisans volontaires sont tout à fait remarquables. C'est d'ateliers de ce genre que sont sorties les figurines dont nous donnons ici la reproduction. Le dieu Gilac, qui se frotte l'abdomen d'un air parfaitement satisfait, le coolie harassé qui, en cariatide, porte une capsule en forme de tonneau, et le soldat décidé qui tient l'aiguille à opium comme on croise une lance, ont été faits en 1882, dans la province de Myduc, pour la fumerie et sur l'ordre de Luuvinhphuoc, général des Pavillons-Noirs, ce chef redouté qui défendit Sontay contre les troupes de l'amiral Courbet. Tous les travaux similaires ont l'allure vivante, décidée et la touche hardie qu'on peut remarquer dans ces spécimens. Toute mièvrerie en est exclue. Trois lignes suffisent pour indiquer le mouvement du porteur d'aiguille, et le vent qui secoue ses habits et sa légère ceinture ; et, pour que la grâce du génie natif ne perde pas ses droits, la figure ironique habituelle du *boy* surmonte ce corps au dessin hardi, et les mains prennent spirituellement l'aiguille du bout des doigts très déliés. L'effet est obtenu sans la moindre recherche et sans la moindre peine apparente ; la matière n'a pas été contournée ni tordue, et semble être née tout exprès pour la forme que nous lui voyons.

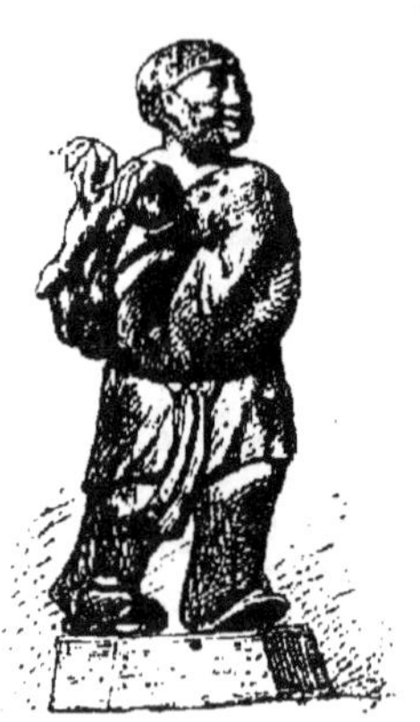

Fig. 75.

Le porteur d'aiguille.

Très rares deviennent ces objets d'un véritable talent ; on ne peut guère les trouver qu'à l'aide de patientes recherches, ni en faire exécuter de semblables qu'à titre amical par ces ouvriers que leur ouvrage passionne, mais ne rémunère pas. Et nous ne pouvons pas trop mettre en garde les acheteurs contre ces grosses pièces de prétendu ivoire qui encombrent les villes maritimes et les caravansérails d'échanges, et qui empruntent leur matière première à la dorsale des grands cétacés et leur valeur douteuse à la seule patience des prisonniers d'État.

LES ARTS DES MÉTAUX

Nous comprenons, sous cette formule générale, tant les œuvres qu'accomplirent les artistes en seul métal, comme tous objets provenant des fontes et des forges, que les applications des métaux précieux aux objets d'art ou aux objets usuels de bois ou de métal vulgaire que les Birmans et les Laotiens pratiquaient dans l'étirage de l'argent et de l'or, et les pays plus civilisés par l'orfèvrerie et la ciselure.

I

CUIVRES ET BRONZES

L'art du cuivre et des alliages du cuivre est, en Indo-Chine, de la plus haute antiquité. Aux premières époques de l'histoire, la cloche de Vatlai et la marmite de Quidiem étaient déjà célèbres; et si l'on ne connaissait pas encore bien tous les alliages, du moins tous les cuivres naturels étaient mis à contribution, et les artistes ne craignaient pas les ouvrages les plus compliqués et les plus considérables.

Les lois minières n'existaient pour ainsi dire pas (*Tcheouly*, livre XVI, § 33), et se trouvaient remplacées par une coutume orale; mais il est hors de doute que le livre-catalogue des termes métalliques du royaume d'Annam remonte à la plus haute antiquité, et que les mines qu'il cite sont abandonnées depuis fort longtemps et n'étaient exploitées qu'à une époque antérieure à l'histoire officielle des deux dernières dynasties.

Le sous-sol de la presqu'île indo-chinoise est d'une grande richesse métallique, et il est certain que l'abandon des vieux centres miniers est dû un peu à leur appauvrissement, mais surtout au manque de sécurité du pays et à la façon rudimentaire dont le métal était extrait du minerai. Le minerai, grossièrement pulvérisé, est mélangé avec du charbon de terre et ensuite chauffé; comme il ne se produit pas de fusion, la masse est martelée et réduite en loupe; on emploie un simple courant d'air pour augmenter la chaleur. C'est, comme on voit, la méthode corse, ou catalane, qui abandonne dans le minerai une notable quantité de métal.

Cette imperfection primitive détruisait tout espoir d'un gain sérieux. Après la pacification totale, l'exploitation française, avec les moyens perfectionnés dont elle dispose, tirera de toutes ces richesses ignorées ou oubliées un excellent parti. Déjà sur les bords de la mer, où les exploitations houillères sont en plein rapport, on a retrouvé quelques filons métallifères; mais, tant par les récits des anciens habitants des montagnes que par l'analyse des eaux fluviales qui nous en arrivent, nous savons que les terrains les plus riches en cuivre sont dans les régions élevées, dont les fièvres et la piraterie nous écartent encore.

Les régions exploitées étaient spécialement celles de Myduc, de Thanhoadao, de Tulong (haute Rivière claire) et de Baolac.

Les cuivres naturels et les alliages qui en représentaient la couleur, quand les productions de la mine faisaient défaut, étaient les suivants :

Le cuivre simple, « dong », jaune pâle, se ternissant à l'air, qui est le métal absolument pur, servant aux meilleurs ouvriers ; — le « thao », cuivre jaune d'or, sans reflet, peu estimé ; — le « dongtu », cuivre rouge, spécial aux mines de la Rivière claire, d'un très bel aspect chaud ; — le « dongdiu », cuivre rougeâtre, un peu semblable au dongtu et du même prix ; — le « dongden », cuivre noir naturel, plus foncé que le bronze, fort recherché comme curiosité et pour les objets du culte, venant des régions voisines des lacs Babé ; — le « dongbach », cuivre blanc, extrêmement rare et coûtant fort cher, seulement sur les frontières du Quansi ; — le « dongthua », cuivre naturel rouge clair, à reflets de soleil couchant ; — le « kimban », cuivre jaune oxydé à reflets verts, fort recherché pour les petites statuettes d'art ; — le « dongmatcua », cuivre naturel orangé, couleur « face de crabe », rouge à la sortie de la mine, et prenant à l'usage la teinte orangée qui en fait la variété la plus recherchée de toute l'Indo-Chine.

En mélangeant au « dongtu » une certaine quantité d'or en fusion, on obtient un « dongden » (cuivre noir) à reflets sombres très étranges. En fondant trois fois le « thao », on lui donne un peu l'aspect du « dongthua ». En mélangeant en rapports différents le thao et le « kem » (zinc), on obtient le « dongxanh », cuivre à reflets vert clair (couleur de feuilles au printemps), à qui la difficile préparation et l'effet singulier ont fait une grande réputation ; il est impossible de faire de grosses pièces avec ce mélange très instable. La réunion, sans proportions, de toute sorte de cuivre, donne le « donggia », clair, dur, résonnant. Enfin, on fait aujourd'hui des alliages de cuivre naturel (dong), avec le « kem » (zinc), le « thiec » (étain), le « thi » (plomb) et le « thiecngau » (nickel). Ces différents alliages, qui permettent une plus grande consommation et une fonte plus facile, ne sont, ni les uns ni

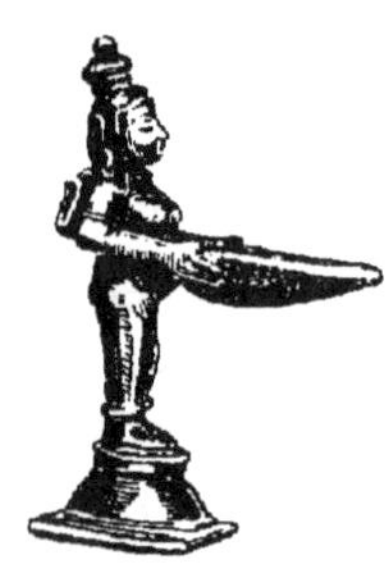

Fig. 71.

Brûle-parfums Inotien.

les autres, guère estimés des indigènes amateurs. A part une ou deux exceptions, c'est le sort réservé d'ailleurs à tous les alliages.

Tous les anciens objets de cuivre sont faits avec du cuivre pur naturel, de différentes couleurs, jaune, jaune foncé, rouge, noir, blanc, orangé ou vert. C'est un des *criterium* où l'on peut reconnaître les nombreuses falsifications d'objets anciens, que présentent effrontément les trafiquants d'Annam, mis au courant rapidement de notre amour des choses anciennes et du peu de science que nous avons pour les déterminer.

Les alliages étaient régis jadis par des lois très strictes et détaillées, qui déterminaient la composition de l'alliage à employer suivant les différentes pièces à fabriquer. Les alliages étaient dits supérieurs ou inférieurs, suivant la quantité d'étain qui y entrait, et des corporations différentes d'artisans étaient préposées à leur emploi.

Il y a, dit le plus ancien livre rituel de la Chine, six proportions pour l'emploi du métal, et les trois métaux précieux sont l'or, l'argent et le cuivre (ce dernier employé pour les instruments de musique). Quand on divise le métal en six parts et que l'étain remplace une de ces parts, on a la proportion des cloches et des marmites; quand on divise le métal en cinq parts et que l'étain remplace une de ces parts, on a la proportion des haches; quand on divise le métal en quatre parts et que l'étain remplace une de ces parts, on a la proportion des armes; quand on divise le métal en trois parts et que l'étain remplace une part, on a la proportion des épées; quand on divise le métal en cinq parts et que l'étain remplace deux parts, on a la proportion des instruments d'écriture et des pointes de flèches; quand on divise le métal et l'étain par moitié, on a la proportion des miroirs métalliques. (*Tcheouly*, livre XLI, § 2, 3.)

La fabrication des alliages parait procéder de méthodes aussi primitives que l'extraction du métal de sa gangue ou de son minerai. Le cuivre et l'étain, disent les chauffeurs, ont besoin de trois chauffes pour se séparer du sédiment étranger. A chaque chauffe, la substance et la couleur changent; c'est pourquoi on soumet le métal des cloches et des marmites à une double fusion. Le cuivre et l'étain étant chauffés séparément, on les réunit pour les fondre ; si on les chauffait ensemble ils se réduiraient inégalement et on ne pourrait les partager suivant les proportions requises. Pour les peser, on mesure la quantité d'alliage nécessaire à l'objet que l'on veut fondre, puis on coule l'alliage bouillant dans le moule.

Cette rudimentaire opération de la fonte s'opère aujourd'hui encore sans plus de cérémonie. Quant aux lois du *Tcheouly* sur les alliages, lois qui avaient autrefois autant d'inspecteurs des ouvriers qu'il y avait d'alliages employés, elles ne sont plus du tout observées, et ce n'est pas à elles qu'il faut faire remonter la cause de la sonorité extraordinaire que l'on admire dans les gongs, les cloches et les bronzes d'appel de l'extrême Orient. Aujourd'hui, on prend beaucoup moins encore de précautions, et la façon dont on se procure le métal de fonte empêche absolument d'avoir même la moindre idée de la valeur de l'alliage qui compose l'objet une fois fondu.

En effet, lorsqu'une famille ou un village veut fondre un objet du culte, ou une cloche, ou un gong, on fait appel à la générosité de tous les membres de la souche ou de tous les inscrits de la commune. Au jour fixé pour l'opération, il a été construit un énorme récipient de terre réfractaire, de la forme d'un immense obus ; on le remplit aux deux tiers de bois résineux, de charbon et des meilleurs combustibles ; puis chacun vient, en procession, jeter dans le récipient, pêle-mêle avec le charbon, tous les objets de cuivre, en bon état ou cassés, purs ou d'alliage, vieux ou neufs, dont les propriétaires ont résolu de se débarrasser. Les brûle-

parfums détériorés, les statuettes brisées, les casseroles
trouées, tout ce qu'on a pu trouver de morceaux et de
débris informes du métal y passe. On recommande
seulement de n'apporter ni fer, ni étain, ni plomb, ni
zinc; j'ai cependant vu figurer dans la masse des
offrandes des marmites émaillées de provenance française. Les charbons surnagent au-dessus du métal en
fusion, et le feu alors s'alimente sans cesse au-dessous
du récipient. Quand la quantité de métal est à peu
près obtenue, on éloigne les offrandes, — qui ne
cessent pas d'ailleurs d'arriver pendant la fonte, provenant des villages les plus éloignés, — et les principaux du canton viennent jeter des barres d'or ou des
bijoux de métal, ou même de l'argent monnayé, dans
la chaudière. C'est ainsi que l'on arrive au moment du
coulage. Il est certain qu'une telle manière de faire ne
donne pas d'alliage bien défini. Or toutes les grosses
pièces de métal se fondent aujourd'hui de cette sorte,
et j'ai personnellement assisté à la fonte de la grande
cloche d'une des pagodes de Camthinh, dans le Delta
tonkinois, cloche qui est aussi sonore que si elle avait
été faite suivant les anciennes prescriptions des Rites.

Les anciens bronzes et cuivres sont en Indo-Chine
d'une extrême rareté. Cela tient aux longues révolutions par lesquelles le pays vient de passer depuis un
siècle et demi. Au moment où les villages se dépeu-
plaient, soit devant les pirates, soit devant les ven-
geances aveugles des nouvelles dynasties, les plus
remarquables pièces étaient enfouies dans les champs
par leurs propriétaires, qui se confiaient à leur mémoire seule pour les retrouver un jour. Or la généra-

tion qui abandonne ses foyers n'y revient pas toujours, et les fils ne surent où retrouver les dépôts confiés au sol par leurs pères. De grandes richesses artistiques demeurèrent ainsi inconnues. Plus tard, aux époques d'extrême pauvreté, celles qu'on retrouva furent fondues en monnaies; aujourd'hui, le hasard seul guide les recherches des amateurs ou des avides. Comme d'ailleurs on ne cesse de réclamer pour l'exportation des cuivres et bronzes anciens, l'ingéniosité du mercantilisme a contrefait la patine de l'antique, et la recherche des vieux chefs-d'œuvre est abandonnée d'autant; ceux qui restent encore appartiennent au culte ou à des membres des plus hautes familles, qui n'ont aucune envie de s'en défaire. Le cuivre ou l'alliage neuf, enfoui dans une terre humide pendant plusieurs mois ou pendant moins de temps, dans une terre grasse que l'on arrose d'acides, prend une couleur noire qui peut tromper sur l'antiquité de la pièce. Mais, outre la valeur intrinsèque du métal, on peut guider son appréciation sur différentes circonstances. Le bronze enfoui dans la terre acide a des contours pour ainsi dire ébréchés; on sent sur le métal une influence destructive extérieure; les extrémités des ciselures ne cassent plus, mais s'effritent au choc. Les pièces de métal anciennes sont beaucoup plus solides et épaisses que les modernes, où la matière première est économisée le plus possible; enfin, le grain général de la surface des pièces anciennes est rugueux et présente une suite d'imperceptibles pores, inverses et similaires de la terre qui a servi de moule. Les artisans modernes, sous couleur de perfectionnement, passent au polissoir

les surfaces de leurs produits et obtiennent une onc-
tuosité superficielle qui trahit l'époque de la fabrication,
sans cependant, à l'avis des connaisseurs, augmenter la
valeur artistique de l'objet. Enfin, il est impossible à

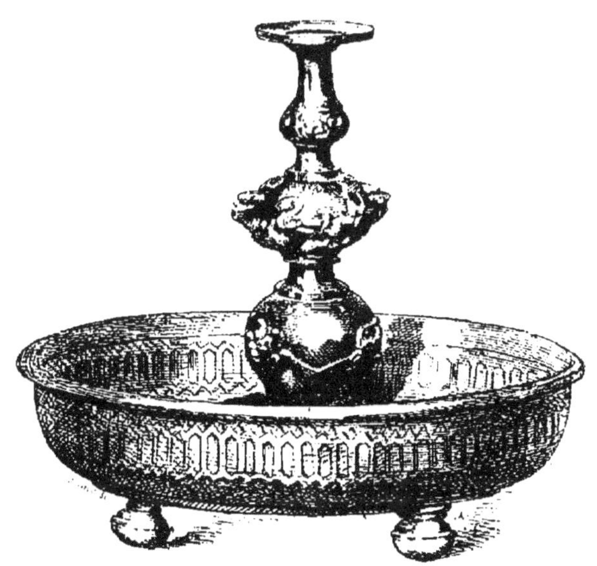

Fig. 72. — Plateau laotien (cuivre martelé).

l'œil exercé de se tromper beaucoup en considérant le
dessin moderne qui, si parfaitement imité qu'il soit, ne
peut être pris pour l'ancien, et possède un fini témoignant d'un art moins naïf et moins énergique.

Cette considération amène naturellement à dire un
mot du moulage des pièces, de la terre qui sert aux
moules, du coulage de l'alliage et des dessins ciselés

ou martelés, surajoutés, après la fonte, au dessin du modèle original.

Nous verrons que le martelage du cuivre et de ses alliages est fort rare, et que la fonte est le mode usuel d'emploi. La plupart des objets sont donc, du moins en leurs parties fortes, des moulages.

Les deux parties, intérieure et extérieure, du moule sont en terre d'une spéciale combinaison. On prend, par parties égales, la terre argileuse, dite de *Batang*, qui sert à la fabrication des poteries communes, et la cendre fine de la paille du riz gluant, « gaonep », préalablement tamisée. Par un battage régulier de plusieurs jours, avec le moins d'eau possible, on fait un mélange homogène d'une couleur presque noire. On en fabrique alors le moule intérieur de la pièce, d'une part, le moule extérieur, d'autre part. Toutes les parties qui ne doivent pas toucher le cuivre sont, un jour après, recouvertes d'une mince couche de même terre, où l'on a mélangé une grande quantité de balles de riz ordinaire battu. Cette superposition a pour but de rendre les moules solides et imperméables. Cela fait, on coupe en deux, par le milieu, le moule extérieur, de manière que toutes les parties que doit toucher le cuivre soient visibles ; on laisse sécher complètement. Après dessiccation absolue, on recouvre d'une couche de noir de fumée toutes les parties de la terre qui doivent toucher le cuivre et on referme le moule extérieur sur le moule intérieur. Enfin, on pratique le trou de coulée qui doit se trouver sur un des côtés les moins apparents de l'objet; si l'objet est considérable, on pratique deux

trous sur les surfaces supérieures du moule extérieur,
le second trou servant à l'échappement de l'air enfermé
entre les deux moules. Tout est alors prêt pour le coulage.

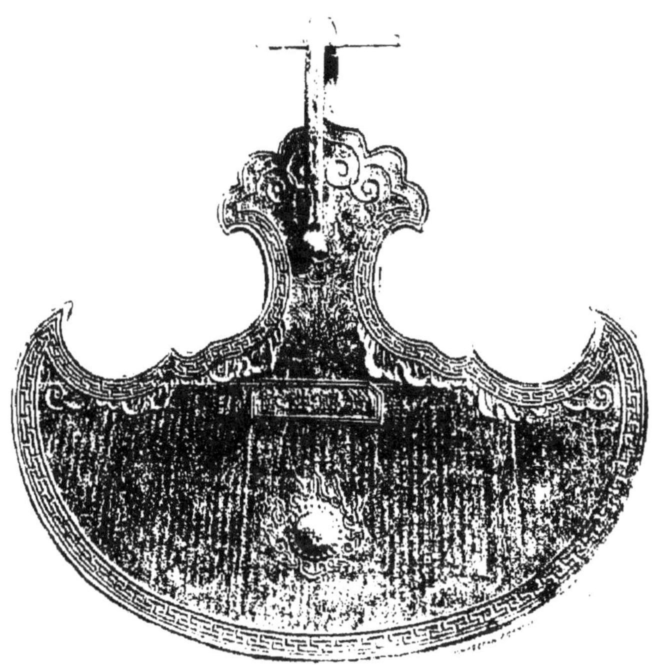

Fig. 73. — Khanh-gong pour cérémonies.
(Musée Guimet.)

On procède à la fonte du métal ou de l'alliage ainsi
qu'il a été dit plus haut; lorsque tout le métal en fusion
est tombé du premier récipient (où il se trouvait avec
les combustibles) dans le récipient inférieur, on le
recouvre de fine poussière de « gaonep » pour le con-

server en fusion ; et, par les moyens les plus faciles, suivant la quantité du métal fondu, on verse dans le trou de coulée du moule. Au bout d'une heure, le métal, pour les pièces ordinaires, a acquis assez de consistance pour que l'on puisse ouvrir le moule supérieur et juger du succès de l'opération.

Tel est le mode de coulage pour les grands objets à surface plane ou pour les œuvres de moindre valeur. Quand on veut produire un objet d'art véritable, on emploie le procédé de la cire perdue, qui est trop connu pour qu'on en fasse ici la description ; on remarquera seulement que la cire, qu'on expulse toujours par un chauffage spécial, couvre les parois des moules suffisamment pour remplacer, même avec avantage, le noir de fumée. La plus grande partie des pièces modernes de quelque valeur participent des deux modes de coulage ; tandis que les ventres des brûle-parfums, les marlis des coupes, les fonds des vases, sont coulés dans les moules en terre, les couvercles qui les ferment, tous les ornements qui les couvrent, et spécialement toutes les parties qui s'éloignent très sensiblement du centre de la pièce, sont coulés à cire perdue. Les petites statuettes, les objets à décors très fins et tous ceux dont la forme ne permettrait pas au moule extérieur de s'ouvrir pour découvrir la fonte sont entièrement coulés par cette seconde méthode, qui demande plus de travail, mais donne des objets beaucoup plus parfaits, dont, aux yeux des amateurs, l'immense mérite est de ne fournir qu'un seul spécimen de chaque pièce. Il suffit de parcourir un instant les ouvrages spéciaux pour voir quel prix fabuleux ont atteint les grands bronzes entièrement à cire perdue. Ce procédé suppose, chez le peuple qui l'emploie, une patience à toute épreuve et une confiance dans la continuité de son génie, puisque aucun modèle ne reste des chefs-d'œuvre conçus que les chefs-d'œuvre eux-mêmes.

Enfin, lorsque les pièces refroidies sont sorties des moules, — qu'on ne peut généralement pas conserver entièrement intacts, — les ornements superficiels, vagues, nuages, quadrillages, ombres, sont faits au burin.

Le martelage n'est employé que pour les pièces dont le peu d'épaisseur ne permet pas l'emploi du moulage. Ainsi sont les gongs et les cornes d'appel, qui sont toujours en cuivre ou en alliage de cuivre et d'étain. Les gongs sont martelés entièrement ; le pavillon des cornes d'appel est seul martelé ; le corps est formé de lames de métal enroulées au feu et réunies sur elles-mêmes par elles-mêmes. Les « khanh », ou gongs plats, dont le musée Guimet possède un si magnifique exemplaire, sont fondus au moulage ; les nombreuses inscriptions qui les couvrent (on y compte parfois des milliers de caractères) sont faites au burin ; seuls, les caractères de grande dimension sont coulés à la cire perdue.

En dehors des armes de luxe et des instruments sonores, les Indo-Chinois ont employé le cuivre et ses alliages aux divers objets des différents cultes et aussi aux objets de luxe de l'intérieur des maisons. La nomenclature des attributs divers et des formes spéciales que revêtent les objets consacrés, suivant qu'ils doivent servir aux cérémonies de Fô, aux temples des lettres confucéens, aux rites de Laotseu (ou aux récents adeptes du mahométisme, inconnu en Indo - Chine encore, sauf à Saïgon et au nord du Siam, où des Malais l'ont importé), paraît ne rien laisser à désirer dans l'ouvrage de M. Paléologue, *l'Art chinois* (Bibliothèque officielle des Beaux-Arts). Comme les détails de ces différents cultes sont identiques au sud et au nord de l'Asie, ce serait une superfétation de les répéter, et nous n'avons qu'à y renvoyer le lecteur curieux des emblèmes particuliers à chacun de ces cultes; nous devrons ajouter toutefois que, en Indo-Chine, les emblèmes du culte taoïste sont plus nombreux que les autres, et que, parfois même, les attributs des différents cultes sont réunis sur la même pièce quand l'artiste a jugé que son aspect y devait gagner. En dehors des objets rituels, il n'y a plus de règle fixe, et les animaux de la terre, de l'air et de l'onde sont mis à contribution pour décorer les pièces que commandaient les caprices luxueux des grands.

Mais il faut insister sur les procédés du dessin qui, — dans l'art du cuivre seul, — ont changé suivant les époques; et, en ce qui concerne spécialement les brûle-parfums, les théières, les vases à fleurs, les cornets et tous les récipients, jusqu'aux aiguières, il convient de faire ressortir l'extrême simplicité et la pureté des lignes qui distinguent entre tous l'art antique du cuivre. La parfaite sobriété des formes y est toujours observée, et l'harmonie des dimensions, scrupuleusement gardée, distingue les œuvres anciennes des hâtives productions d'aujourd'hui. Le récipient du brûle-parfums était fait

de parois rectilignes ou d'un seul ovale ; les anses
étaient faites d'une seule volute ; les couvercles, en
forme de tiare antique, n'admettaient qu'une ciselure
au sommet. Quant aux images reproduites sur les

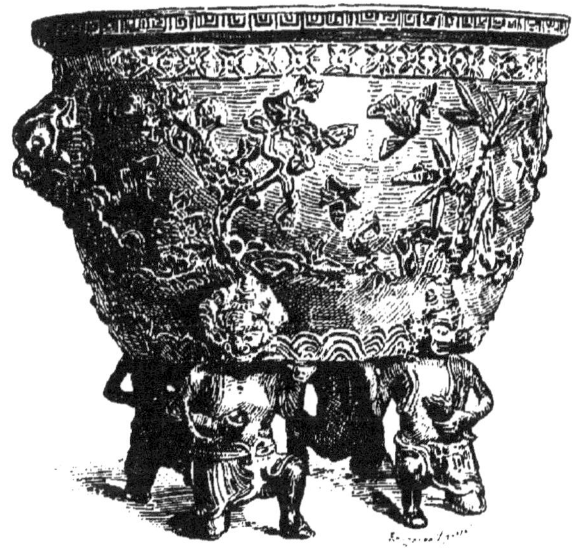

Fig. 74. — Vase à cariatides.

surfaces métalliques, la rigidité sévère de leurs lignes
et leurs sujets établissent leur antiquité d'une indis-
cutable façon.

Voici, par exemple, un vase hexagonal qui remonte
aux premières époques de l'Empire, et tout entier coulé
en double moulage. Quatre de ses faces sont occupées
par des bambous ou des feuillages où nichent des
oiseaux et des palmipèdes. Les anses, sommairement

représentées par deux têtes de dragon tenant dans leur gueule le caractère phuc, indiquent la pure provenance indo-chinoise de l'objet. Un « swastika » court le long des marlis. Mais aucun attribut bouddhique ni taoïste ne vient interrompre cet ordre sévère, et l'artiste n'a pas, comme ses modernes successeurs, *enguirlandé* son œuvre d'ornements étrangers, qui n'eussent pu que charmer la fantaisie de l'œil. Mais les quatre pieds du vase, — partie sacrifiée et parfois supprimée aujourd'hui, — sont remplacés par quatre petites cariatides d'origine thibétaine ; ce ne sont pas les génies familiers de l'Annam actuel, puisque leurs mains et leurs pieds sont humains. Le serpent qu'ils soutiennent pourrait les faire prendre pour les acolytes des dieux monstrueux de l'Indoustan ; mais leur habillement à la coupe chinoise, et la triple tiare à sept étages, ainsi que les oreilles de loup qui donnent une singulière expression à la figure humaine, révèlent parfaitement leur origine indo-chinoise à l'époque où les hiérarchies hiératiques de « l'Orient chinois » (Thibet) imprimaient encore leur autorité jusque sur les arts de la Péninsule. C'est bien là un morceau de l'ancien art national.

Nous en dirons autant de la grande théière à suspension qui est aussi représentée ici, et dont le bec et l'anse sont formés par la queue et la tête du dragon dont le corps traverse le récipient. Le morceau a été coulé entièrement par moulage ; mais le couvercle, qui représente un lion de Fô dans la posture que lui prêtent les Chinois et les Siamois, a été tout entier coulé en cire perdue ; et ce procédé, qui indique plus de fini dans les détails, n'influe en rien sur la tenue

générale de la pièce, qui conserve toute son homogénéité, bien qu'étant d'une époque relativement plus
récente.

C'est à cette deuxième époque de l'art du cuivre que
se rattache l'expansion, — qui fut si puissante, — des
arts khams. Royaume aboli, race étouffée, ses chefs-

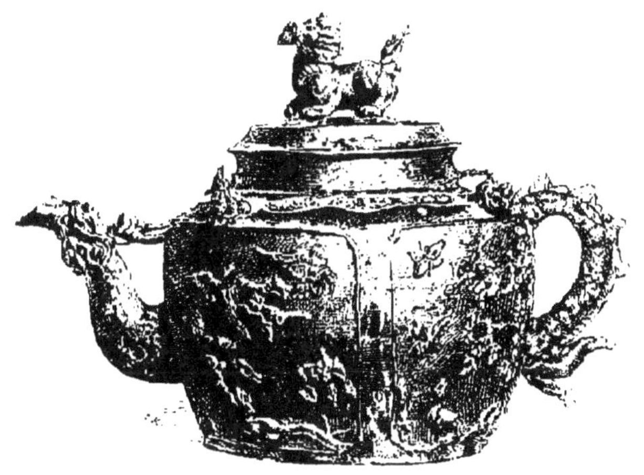

Fig. 75. — Théière bronze, à cire perdue.

d'œuvre ont disparu avec elle, à l'époque, lointaine
déjà, où la race giaochi l'écrasa entre son invasion
politique et les montagnes, alors inhospitalières, de
l'intérieur. M. Charles Lemire, résident de France en
Indo-Chine, qui a passé de longues années dans les
pays de Quinhon et de Quangnam, berceau de ce
peuple mort, prépare une étude complète et documentée de l'histoire et du génie artistique de ces tribus. Il
ne m'appartient pas de déflorer les renseignements iné-

dits et consciencieux dont il donnera un si complet tableau, mais les aperçus rapides qu'il a bien voulu nous en donner indiquent deux caractères spéciaux aux arts des métaux chez les anciens Khams : d'abord une

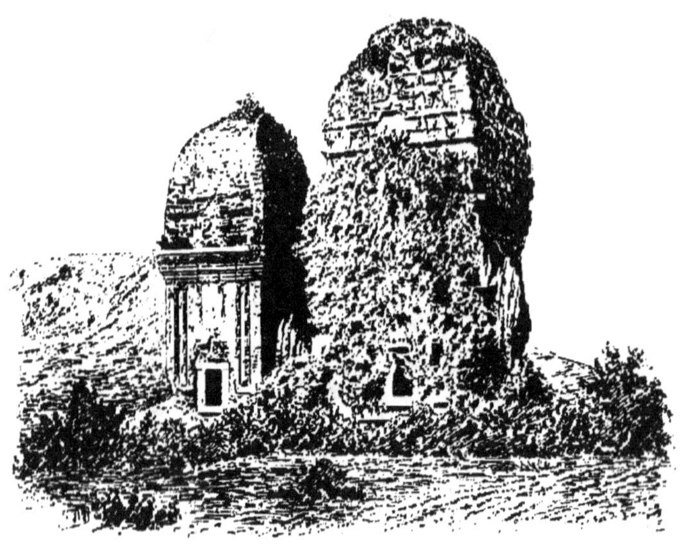

Fig. 76. — Les deux tours de Quinhon.

imitation, — assez personnelle d'ailleurs, — des modèles, des principes et des traditions des artistes khmers ; ensuite un souci d'art, dans le rendu et dans la reproduction, poussé jusqu'à ses extrêmes limites. Dans la statuette de la déesse Parvati et la reproduction du lion de Fô, il serait difficile de trouver une ligne ou une attitude qui n'appartienne pas en propre aux Khmers ou aux Indiens ; cependant il serait impos-

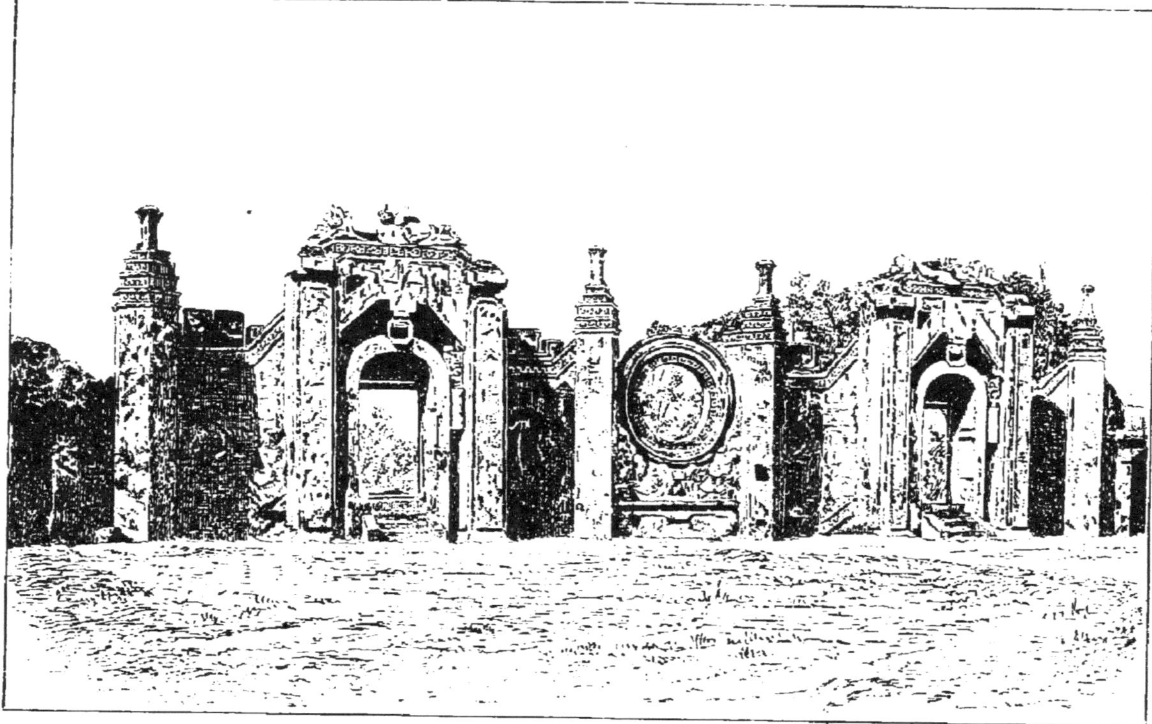

Fig. 77. — Portique des Femmes enceintes, chez les Khams.

sible de les confondre une minute avec les productions indiennes ou avec les rares bronzes que l'on retrouve, mutilés et demi-détruits, dans les immenses cités ruinées du Cambodge. Les proportions de la beauté humaine sont respectées; le fuselé des membres, le soin avec lequel sont exprimées les articulations, la mièvrerie des attitudes, et, par-dessus tout, le dessin idéalisé de la poitrine et des hanches, forcent à conclure à un sentiment d'art personnel et à une époque d'art bien déterminée. Elle s'étend du v⁰ au xii⁰ siècle de l'ère chrétienne. Le procédé était la fonte à cire perdue, puis le martelage. M. Lemire affirme reconnaître dans certaines productions le procédé cher aux plus grands artistes de l'antiquité grecque, en ce qui concerne la reproduction des êtres vivants. La figure était cou-

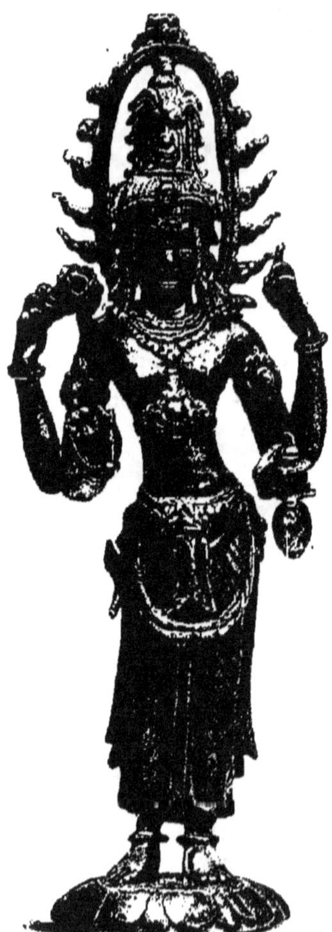

Fig. 78. — La déesse Parvati, bronze kham.

lée nue, dans la pose voulue par l'artiste; ensuite

seulement on martelait ou on ciselait les vêtements ou les ornements du sujet. M. Lemire déclare reconnaitre ce procédé à la transparence des articulations à travers les robes et les étoffes, lesquelles laissent apercevoir, sur le martelage ultérieur, jusqu'aux rides et aux moindres détails des chairs. Une élégance et une vivacité toutes particulières ressortent dans les moulages ainsi perfectionnés après coup; tout en reconnaissant la possibilité de cette recherche, nous laissons à l'historien enthousiaste des Khams la responsabilité de son affirmation.

La troisième période de l'art du cuivre, abandonnant, pour la fantaisie décorative, la rigidité qui nous plaît dans les premières, date de l'installation de la deuxième dynastie Lê (1450). Les cires per

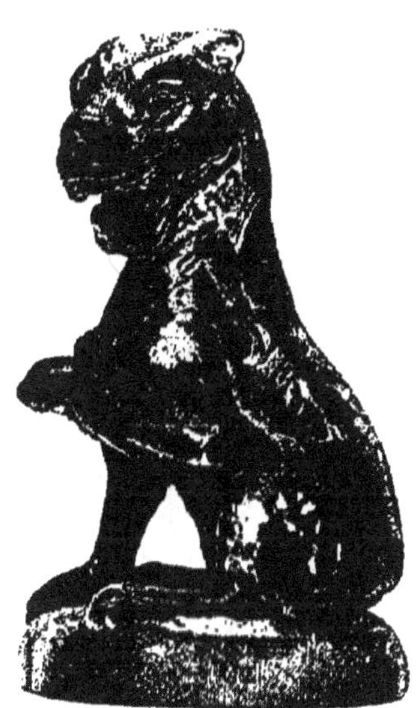

Fig. 79. — Le lion de Fô, bronze kham.

dues, qu'on ajoute aux moulages primitifs pour les embellir, se multiplient : les animaux, mythiques et autres, se plient en cariatides, se volutent en anses, se dressent en boutons et en becs, s'étalent en couvercles; les formes générales perdent peu à peu leur allure primitive; elles deviennent plus originales, moins hiératiques et classiques; c'est néanmoins une belle époque

de fantaisie, tenue encore dans les limites de la raison,
où le caprice n'est pas seul maître, et qui possède à

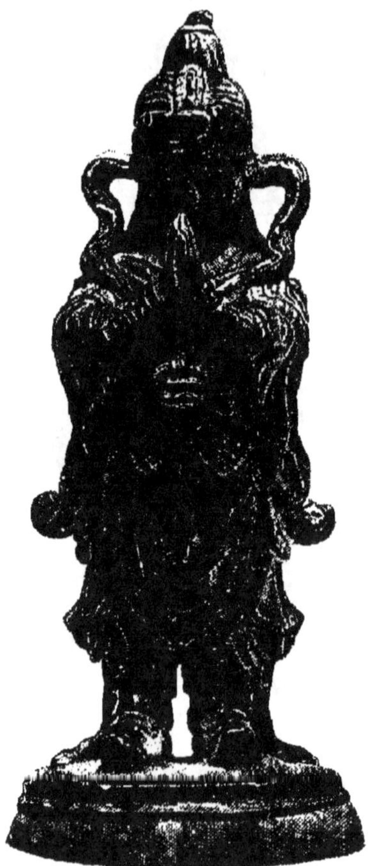

Fig. 85. — Bronze annamite.

son actif les plus riches
modèles de l'extrême
Orient. Le brûle-par-
fums de cuivre dong,
représenté ici, offre un
exemple de cette har-
diesse et de cette ri-
chesse de composition
et de ces formes qui,
sans perdre le goût ni
la mesure, offrent de
remarquables dissem-
blances avec la simple
sincérité d'autrefois. Je
ne puis admettre que le
bouddhisme, — et l'a-
mour de la représenta-
tion des formes de la
nature qui l'accompa-
gne partout, — ait été
la cause déterminante
de ce mouvement, car
on trouve le boud-
dhisme florissant en
Indo-Chine dès le xe siè-
cle, et ses influences en
art n'auraient pas at-
tendu cinq cents ans pour se faire jour; d'ailleurs, les
arts des métaux sont, — à l'inverse de l'art architectu-

ral, — des arts laïques, et les courants religieux n'avaient pas sur eux l'influence que nous avons signalée pour

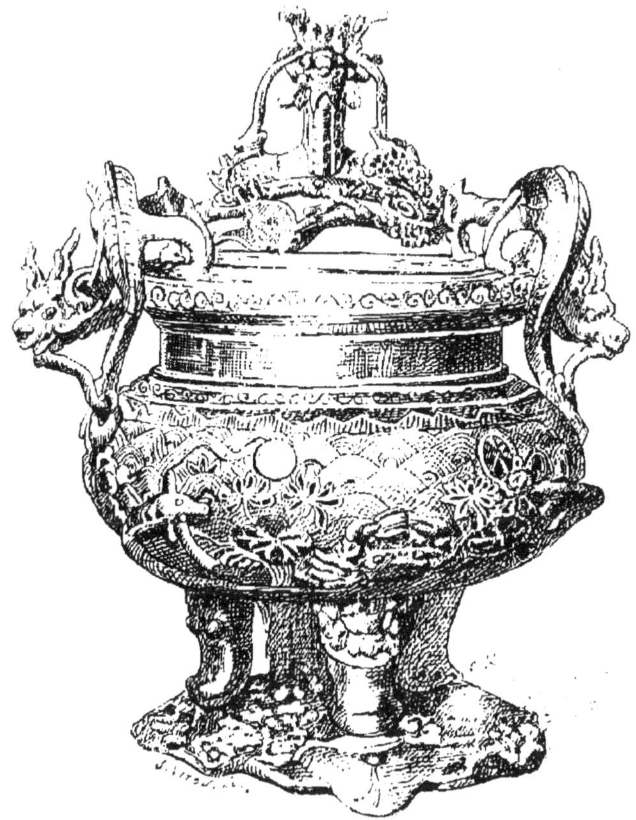

Fig. 81. — Brûle-parfums, cuivre ciselé et martelé.

les autres branches. Aujourd'hui, les défauts, dont cette troisième manière laissait apercevoir les principes, sont en pleine vigueur et ont complètement débordé. La production moderne ne songe plus qu'à l'étrangeté des formes et à l'excentricité des ornements; le désir de faire nouveau a remplacé l'ancienne ardeur à faire bien, et les pièces qui paraissent le plus remarquables sont celles à la fois dont le volume est considérable et l'équilibre singulier, et dont la tenue générale étonne l'œil. Les pièces se guindent sur des piédestaux massifs, où l'on sent l'effort de faire grand, effort qui ne parvient qu'à faire gros. Sur ces piédestaux chevauchent des barrières qui font ressembler les soubassements à des retranchements. L'objet principal, dont les dimensions n'ont guère augmenté, paraît assez mesquin; et, pour augmenter cette impression, il est surmonté de couvercles, d'ornements ou d'accessoires aussi grands que lui. On croirait voir ces bronzes japonais qui, assez délicats de détail, ne sont guère recommandables par le bon goût de l'ensemble. Toutes ces pièces sont faites au moulage; on ne fait plus de cire perdue; on perfectionne au ciseau ou au burin les surfaces des accessoires une fois coulés.

L'*originalité*, que les Occidentaux veulent trouver dans toutes les productions orientales, se trouve satisfaite par cette mode nouvelle; les artistes véritables regrettent que, pour cette originalité d'emprunt, toute superficielle, on ait abandonné les anciens modes, moins tapageurs, mais si personnels à la race. Ces restrictions faites, on ne peut nier l'effet avantageux produit sur la masse du public par les œuvres actuelles des tourneurs, fondeurs, marteleurs et découpeurs.

Certaines pièces, qui appartiennent par leur rôle à la hiérarchie sacrée et gouvernementale, ne sont pas soumises à la fluctuation des modes. Et comme plusieurs ont pensé voir, dans les règles établies pour la fonte des gongs et des cloches, une des raisons de leur

sonorité extraordinaire, nous reproduisons ici quelques-uns de ces principes toujours strictement observés à travers les siècles. Les fabricants de cloches peuvent leur donner une ouverture circulaire, ou leur faire des cornes : les cloches comprennent l'expansion, le tambour, la sonnerie, la danse ; au-dessus se trouvent la protubérance et la suspension ; les serpents qui l'entourent s'appellent le renforcement ; sur la surface

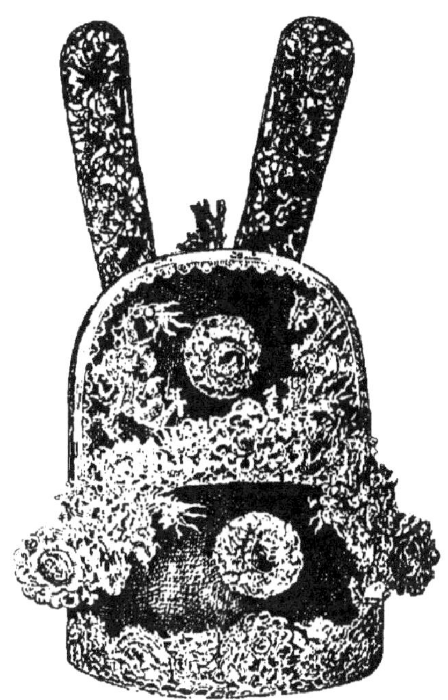

Fig. 82.

Bonnet de lettré (de cérémonie).

de la cloche, il y a des ceintures et des boutons de métal. Pour les mesures de dimensions, on sépare en dix parties la distance entre les cornes. Huit de ces parts forment le diamètre de la sonnerie. Cette même mesure est prise pour l'expansion ; on en retranche encore deux pour faire l'intérieur du tambour, et, avec cette mesure, on fait la longueur de la danse ; on en retranche deux parts pour faire sa largeur. Avec la longueur de la partie droite, on fait la longueur de la protubérance ; avec cette dernière, on fait son contenu ; le tiers du contenu fait celui du bras de suspension ; la position de l'anneau de suspension est au tiers de la hauteur de la protubérance. Le mouvement de la cloche doit être plus ou moins rapide suivant l'épaisseur ; il faut régler, ce qui fait que le son est plus ou moins pur, suivant que la cloche est large ou étroite. Si la cloche est trop épaisse, elle résonne comme une pierre ; si elle est trop mince, elle dissipe le son ; si elle est large, elle a un son éclatant ; si elle est étroite, elle est sourde. Quand l'épaisseur et l'amplitude sont proportionnelles, alors la pureté et l'impureté du son se répartissent entre elles. Il faut pour cela des explications verbales. Une part de l'intérieur du tambour forme l'épaisseur. Si une grande cloche est courte, le son est vif et sans durée ; si une petite cloche est longue, le son est lent et trop prolongé. Quand on fond la cloche, on fait en creux la place du battant pour correspondre à sa forme, — cela s'appelle le miroir ; — le sixième de la profondeur de la cloche fait la profondeur circulaire de ce miroir. (*Tcheouly*, liv. XII, § 16 à 24.)

Avec des cloches coulées suivant ces préceptes, on obtient les six tons mâles et les six tons femelles. Le son du haut est clair ; celui de la partie droite est lent ; celui du bas est étendu : le son résultant d'une forme inclinée est éparpillé ; résultant d'une forme resserrée, il est concentré ; d'une forme trop grande, il est surabondant; d'une forme trop petite, il est étouffé; d'une forme non circulaire, il est vague; d'une forme large, il

est précipité; d'une forme étranglée, il est vicié ; d'une forme trop mince, il est saccadé. Les trois premiers sons sont les seuls modes réguliers ; les autres représentent tous des exagérations ou des défauts de sonorité. Le poids de la cloche est réglé par les limites des sons corrects. (*Tcheouly*, liv. XXIII, § 31 à 347.) C'est sur ce modèle et d'après ces rites infrangibles qu'ont été coulées les cloches dont on voit au musée Guimet de remarquables spécimens.

Nous ajouterons — très rapidement — que les plus gros

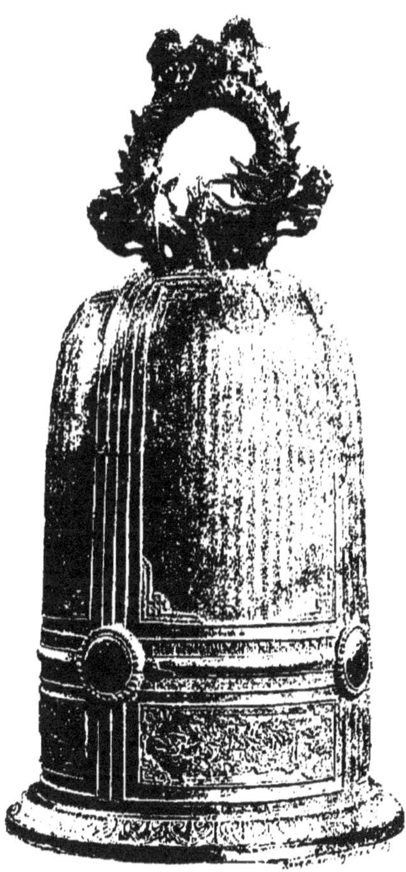

Fig. 83. — Cloche de bronze.

modèles et les plus considérables coulages n'étaient pas redoutés des ouvriers, même il y a plusieurs

siècles. Telle est cette immense statue du Génie
« Tranvu », connue sous le nom vulgaire de Grand
« Bouddha », dans la pagode du Grand Lac, aux portes
de Hanoï. On peut voir, dans un opuscule de M. Dumoutier [1], la valeur et l'époque de cette œuvre singulière et à bon droit remarquable ; nous n'ajouterons
rien aux conclusions de M. Dumoutier, si ce n'est
que, dans ces grandes fontes, le moule intérieur subsiste, et que le moule extérieur, qui est recouvert d'un
revêtement de briques, est brisé.

L'usage commun du fer et de l'acier est relativement récent en Indo-Chine, et ces métaux ne s'emploient absolument que pour les armes et les lances
acérées ou tranchantes ; l'époque est historique où les
lances, les haches et les épées étaient en cuivre. La
forge du fer, le trempage de l'acier sont toujours
demeurés des opérations rudimentaires et de résultat
imparfait. Les lames et les piques sont généralement
fondues d'un alliage contenant trois parties de cuivre
et une partie d'étain ; c'est de cet alliage que sont composées les armes de « hast » qui servaient jadis aux
révoltés du royaume aussi bien qu'aux gardes d'honneur du roi, qui ne servent plus aujourd'hui qu'à la
décoration des pagodes et dont M. Dumoutier a fait
une description suffisante [2]. On faisait aussi des
glaives dont les proportions sont indiquées tout au

---

1. *Étude historique et épigraphique de la pagode de Tranvu*,
avec textes chinois, par G. Dumoutier. (Leroux éditeur.)

2. Dumoutier, *les Symboles, emblèmes et accessoires du
culte chez les Annamites.* (Leroux, 1891.)

long dans les livres rituels. (*Tcheouly*, livre XLI,
§ 10 à 15.) Il est inutile de rapporter ces prescriptions,
tombées aujourd'hui en désuétude, et qui concernent
surtout les glaives à deux tranchants. Les sabres dits
d'exécution ont une hauteur de 0^m,80 et sont taillés
en cimeterre ; ils portent au dos une série de petits
trous où l'on suspend des balles de plomb annelées ;
la force de projection de l'arme est ainsi considérable-
ment augmentée par le poids de son extrémité. Les
manches de ces armes sont fort grands et ont des
poignées spéciales, suivant qu'elles doivent être
maniées à une seule ou à deux mains. La trempe de
ces armes n'atteint jamais une grande valeur, soit à
cause de la mauvaise qualité de l'eau ou de la trop
grande pureté du fer, qui est employé à l'état natif et ne
contient pas de carbone. Les lames sont toujours maintenues très effilées ; elles ne sont ni élastiques ni cas-
santes, mais souples à tel point qu'elles se courbent
parfois sur les épines dorsales, et que l'exécuteur les
redresse entre deux pierres d'un seul coup de talon.
Tout cela n'a rien de commun avec cet art de la
trempe que le Chinois et surtout le Japonais ont porté
si loin.

On forge aussi des armes de jet, arbalètes et pointes
de flèches ; mais plus souvent on emploie encore le
cuivre. La force de pénétration de ces armes n'est pas
considérable, et elles ne sont dangereuses que grâce
aux poisons violents dont leurs pointes sont toujours
recouvertes. Il y a plusieurs sortes de flèches : les
flèches à lien ou serpentantes, qui lancent du feu ; les
flèches dites d'attente sont des lances volantes ; leur

arrière est plus léger que l'avant, pour accélérer leur course ; les flèches meurtrières, fort lourdes, pénètrent profondément ; les flèches taillantes, dont la pointe est en biseau, et les flèches de repos, qui sont d'un poids égal à l'avant et à l'arrière et servent aux exercices.

II

ORS, ARGENTS, ÉMAUX

L'orfèvrerie générale, non plus que la bijouterie, la joaillerie, ni même l'émaillerie, — malgré l'apparence paradoxale de cette affirmation, — ne sont des arts nationaux en Orient. On peut s'en convaincre en parcourant les passages des *Ssechou* (livres classiques) et des *Tcheouly,* qui mentionnent les différentes branches de l'art, tant au point de vue des procédés de fabrication qu'au point de vue surtout des rites dont l'observance les régit. Le seul monument historique qui nous soit parvenu de ces manifestations, le *Kintschesuo,* ou *Chaîne des métaux et des pierres,* est, en même temps qu'un recueil d'inscriptions, une nomenclature des matières premières et des modes d'utilisation de ces matières. Là se trouve, enchâssée dans de nombreux détails et des descriptions multiples, la seule technique qui ait subsisté de l'art de l'orfèvre oriental ; on y trouve, minutieusement exposés, la fonte, le moulage, le travail au repoussé, la ciselure, la gravure, la niellure, la coloration des ors, la dorure, le polissage des pièces et leur décoration. Nous renvoyons à ce livre [1], pour convaincre le lecteur que presque toute l'orfèvrerie extrême orientale est purement chinoise, et nous faisons appel au livre, maintes fois cité, de M. Paléologue, pour avoir la preuve morale que l'orfèvrerie chinoise, et même l'émaillerie, est d'importation occidentale ou persane.

Dans ces conditions, l'orfèvrerie en Indo-Chine ne paraît être qu'une suite d'imitations plus ou moins heureuses d'inspirations étrangères, et, par suite, il n'est pas possible de lui faire grande place dans l'histoire des arts spéciaux où la race a imprimé son caractère. D'ailleurs, et même après avoir reconnu cet art comme de deuxième main, il faut avouer que le goût ne s'en est jamais répandu, et que ce qui nous en reste est assez rare, quoique fini de cette façon mièvre que les artistes et artisans de

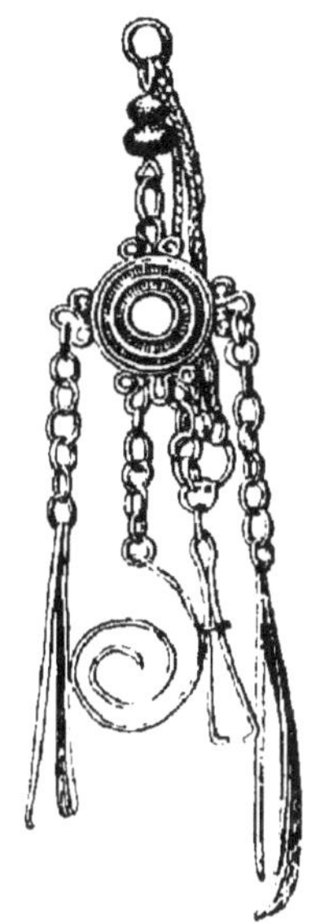

Fig. 84. — Cure-pipe et cure-oreille en argent, du Laos.

l'Indo-Chine appliquaient toujours à ce qui ne sortait pas directement de leur esprit. A quoi attribuer le peu de développement de l'orfèvrerie, qui est cependant l'art le plus propre à charmer l'orgueil d'une cour d'au-

1. *Kintchesuo.* — In-4°, 1822, par les frères Yenhai et Tsihuyen. — Consulter aussi les ouvrages de M. Edouard Chavannes. (Leroux.)

tocrate? Ce n'est pas à la rareté des métaux précieux, qui se présentent encore aujourd'hui sur le sol dans une valeur relative supérieure à la valeur de la production moyenne; c'est, croyons-nous, d'abord à l'instabilité des choses et à l'insécurité des hommes, qui, au jour des exils ou des guerres, préféraient l'or et l'argent monnayé; c'est ensuite à la facilité avec laquelle, dès la plus haute antiquité, les peuples de l'extrême Orient obtinrent les porcelaines les plus riches et les plus variées. Les grandes pièces qu'ils fabriquaient, sous les formes et les épaisseurs les plus diverses, charmaient assez leurs yeux pour que le besoin du luxe de l'orfèvrerie ne se fît pas sentir, et l'on remarque chez eux le dédain de la valeur première de la matière que l'on peut constater en Occident (où cependant l'orfèvrerie fut poussée à sa perfection), lorsque les porcelaines de Sèvres et de Saxe firent leur apparition et se substituèrent, dans l'admiration des amateurs et du public, aux œuvres pourtant si remarquables des ciseleurs et des émailleurs des périodes italienne et française.

Nous nous bornerons donc à donner quelques détails sur la matière que fournit le sol de l'Indo-Chine et sur les procédés coutumiers de la fabrication; la représentation de quelques ciselures aura, à elle seule, plus d'intérêt que la discussion d'un art à la fois embryonnaire et imitatif, laquelle n'apporterait rien à la connaissance de la personnalité artistique indochinoise.

Les principales mines exploitées en Indo-Chine au temps de l'indépendance étaient dans les provinces de

Thainguyen, de Myduc et dans les seize chaûs ; on en tirait trois principales qualités d'or, savoir :

1" Le « vangmuoi », le plus malléable et le plus doux de tous les ors ; il est très jaune, sans addition d'aucune coloration ; il se raie à l'ongle. Il est donc

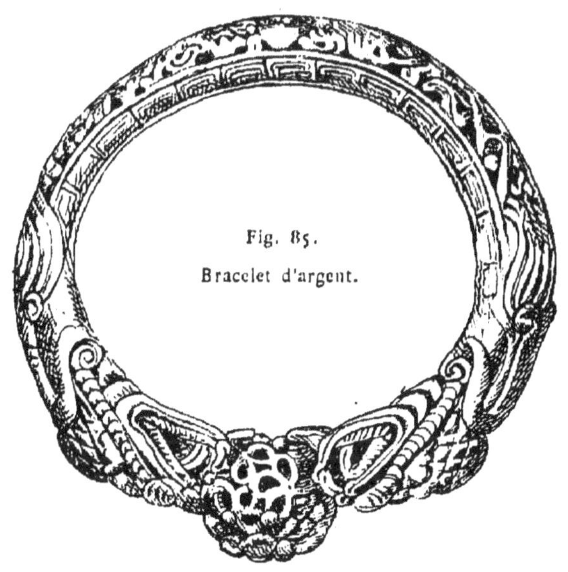

Fig. 85.

Bracelet d'argent.

volontiers employé à l'étirage ; il sert aux bijoutiers, à la joaillerie fine, bagues, boucles d'oreilles, caractères massifs, et aussi à la fabrication de la laque d'or et des feuilles d'or.

2° Le « vangtuoi », or jaune à reflets blancs, n'est pas non plus très dur, et sert parfois à l'étirage ; on en fait de plus grosses pièces, comme des bracelets, des barres d'offrande, etc. Il est moins cher que le vangmuoi.

3" Le « vangcom », or jaune à reflets verts ; il est assez rare et fort recherché des curieux et des amateurs. On en fait des chaînes de cou, des torsades et la grosse orfèvrerie ; dans ce dernier cas, il n'est pas assez dur pour être employé seul.

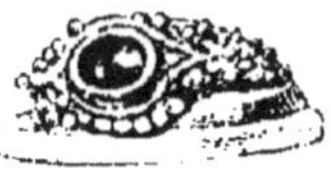

Fig. 86.
Bague or et grenat.

On trouve aussi l'or en paillettes dans certaines rivières des régions montagneuses, entre le Tonkin et l'Annam. On le retire de l'eau par le procédé connu des orpailleurs.

Les gisements de l'argent sont, dans le Thainguyen et la haute Rivière Noire, voisins des gisements de l'or ; il s'en trouve aussi quelquefois dans le Thanhoadao.

L'argent est toujours employé pur par les ciseleurs de l'Annam, et conserve une patine d'un blanc mat sur les surfaces et d'un blanc gris sur les fonds, qui est des plus avantageuses à la ciselure. Un seul alliage a été tenté en orfèvrerie avec l'argent, dans le seul but de rendre la pièce moins malléable ; c'est le « baccuit », alliage d'argent et d'or, qui est parfaitement blanc.

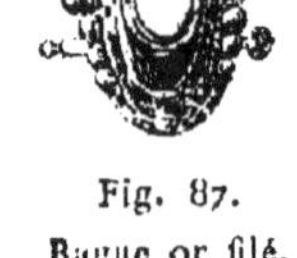

Fig. 87.
Bague or filé, corindon et opales.

La provenance de l'argent s'indique en Indo-Chine par le nom des monnaies courantes du pays ou de la dynastie gouvernant le pays d'où vient l'argent ; ainsi le « baclang » est l'argent extrait d'Indo-Chine même, celui dont les rois Lê ont fait le « nen », barre d'argent monétaire ; le « hoavien » et le « balao » sont des argents chinois ; le « hoasue » est l'argent mexicain. Ce n'est que depuis l'arrivée des

Français en extrême Orient que l'on connait les alliages de nos monnaies d'argent, et jamais cet alliage n'est usité dans aucun travail de bijouterie ou de joaillerie.

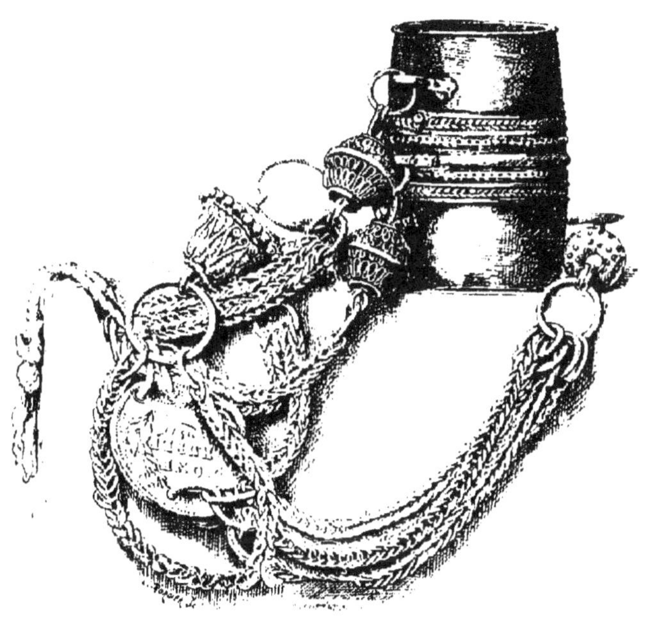

Fig. 88. — Tabatière en argent martelé.

Nos monnaies sont au préalable fondues et l'argent est débarrassé de toutes matières étrangères.

La grande malléabilité des deux métaux employés purs permet d'utiliser, pour les deux, les mêmes modes de fabrication et les mêmes procédés d'œuvre. Les deux plus généralement employés sont l'étirage et le martelage avec ciselure consécutive superficielle.

Dans le procédé de l'étirage, on commence par chauffer l'or jusqu'à demi-consistance, et on le laisse refroidir très lentement, en le roulant peu à peu en saucisson. Ces saucissons sont mis dans des moules de fer en forme de troncs de cône, percés à leur petite extrémité. Avec des pinces de métal, on force l'or à prendre des diamètres de plus en plus petits et à sortir de l'ouverture sous la forme d'un saucisson bien plus allongé. On remet le saucisson ainsi obtenu dans un moule de section plus petite, et on procède à une opération identique; on chauffe de temps à autre le métal pour faciliter la sortie hors du moule. La ductilité du métal est telle que par l'étirage, — ou par un laminage similaire, — on obtient des fils ou des surfaces d'un diamètre et d'une épaisseur indéfiniment petits. Les fils d'or ou d'argent ainsi obtenus servent à la décoration de pièces plus considérables, ou à la monture de petites pierres, ou encore à la confection complète de quelques bijoux; une simple pression de pinces les contourne dans le mouvement désiré. Ce genre d'ornement ne présente pas toujours la résistance désirable.

Dans le procédé du martelage, on emploie, toujours à cause de la malléabilité considérable du métal pur, des plaques d'or ou d'argent de 0ᵐ,002 à 0ᵐ,003 d'épaisseur. La plaque est tournée et appliquée la face contre une surface de cire vierge, l'envers étant à l'air. Cette surface de cire est rendue assez dure par le mélange de sèves caoutchoutées. L'orfèvre martèle alors le sujet à l'envers avec un petit « khoan » et avec un marteau léger à tête ronde. Les gros reliefs et les centres des reliefs moyens sont ainsi obtenus par ce martelage.

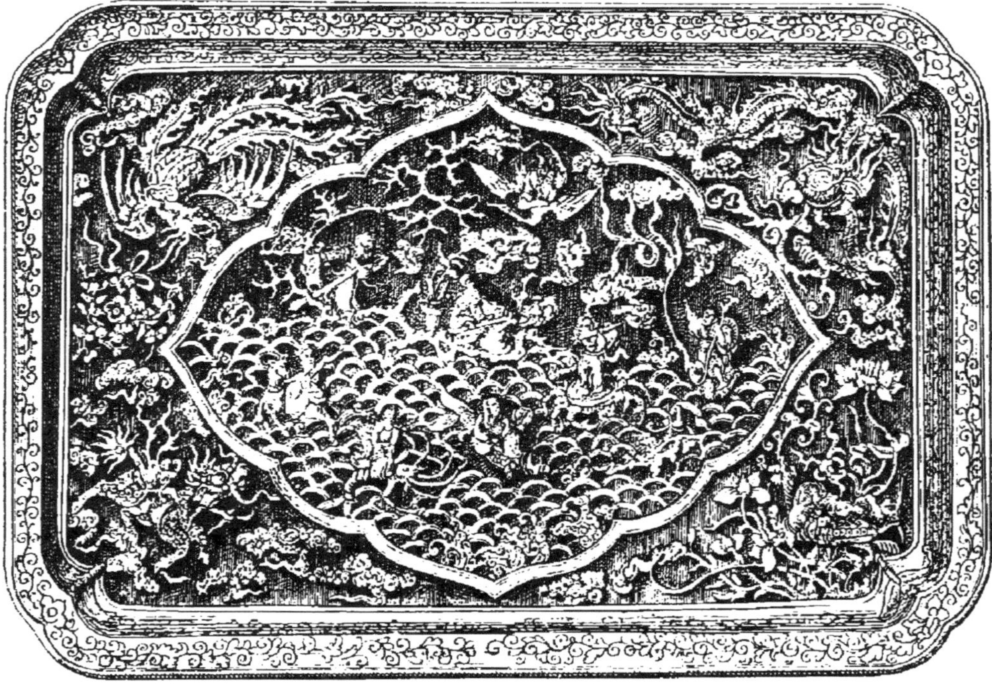

Fig. 89. — Plat d'argent martelé et ciselé.

Ceci fait, on retourne la plaque ouvragée, et on la place sur une nouvelle surface de cire vierge et de caoutchouc, mais cette fois la face en l'air; on cisèle alors sur les bosses du martelage avec un burin, et on fait rentrer avec un marteau à tête aiguisée les parties trop saillantes. Enfin, on fait au ciseau les parties rentrantes du dessin, les ornements des marlis, etc. Le tout fini, on coule, à l'envers de la plaque, un alliage d'or et d'argent pour faire disparaître les traces du martelage et de la ciselure, et pour rendre aussi la pièce plus résistante.

Les artistes indo-chinois, dont l'esprit, l'œil et la main sont pleins de tact et de finesse, obtiennent ainsi des pièces du dessin le plus compliqué, le plus ténu et le plus parfait. C'est à ce procédé qu'est dû, par exemple, le plateau d'argent martelé et buriné dont l'image est ci-contre.

En dehors de la pure orfèvrerie, la joaillerie s'adresse surtout aux armes et aux objets de fumerie; c'est dans la décoration des épées pacifiques et des pipes d'opium, — plus souvent employées que les épées, — qu'éclatent le luxe et la recherche des délicats de l'extrême Orient. Le pur travail de joaillerie se fait aussi couramment au Thibet, au Japon et en Chine que dans les Indes chinoises et le Siam. C'est pourquoi nous n'en pourrions parler aussi longuement que d'un art exclusivement national. L'argent et les différentes colorations de l'or sont artistement mélangés sur les pièces pour obtenir des effets gracieux; en certains cas, et même en d'assez gros morceaux, l'ivoire entre dans la composition, et la sculpture tient assez de place au

milieu de la ciselure pour éveiller l'idée de l'art chrysé-
léphantin, que les Indo-Chinois n'ont pratiqué toute-

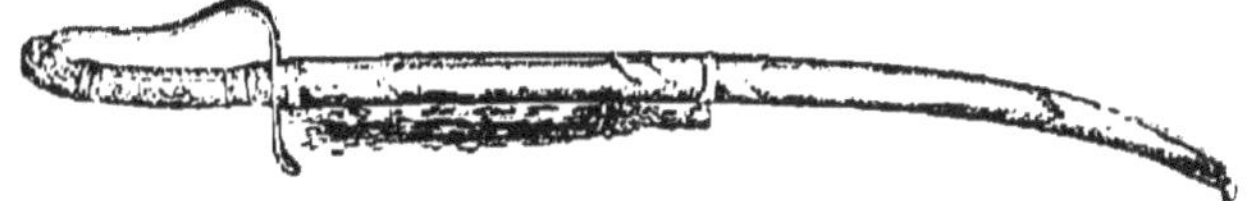

Fig. 90. — Sabre de cérémonie annamite.

fois que rarement, sans principes et sans méthodes.
Mais une matière précieuse dont ils font volontiers

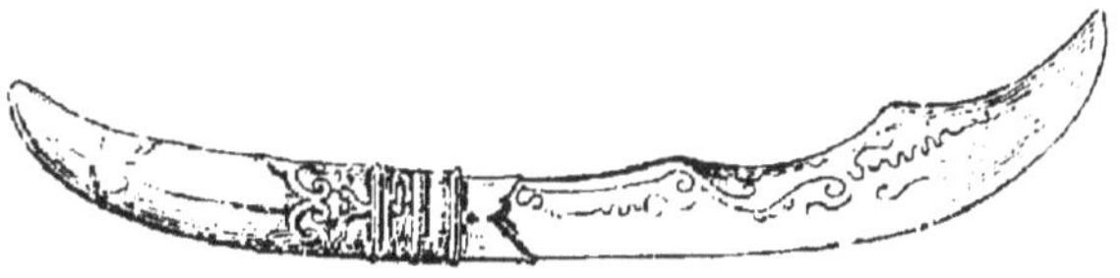

Fig. 91. — Poignard annamite, lame gravée.

emploi est l'écaille de toutes nuances. Et le chatoiement
de la matière, ses taches, ses tigrures, son poli et son

Fig. 92. — Sabre laotien.

brillant rehaussent admirablement les objets précieux
dont elle enchâsse les bijoux et les pierres.

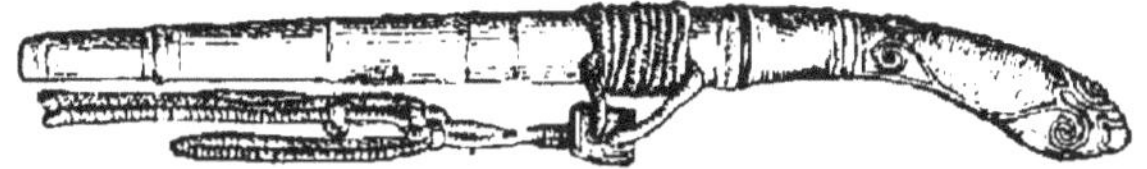

Fig. 93. — Poignard laotien, fourreau et poignée en argent.

L'écaille appelée « doimoi » est l'écaille d'une tortue de mer du genre caret, qui n'a ni queue ni mandi-

bules pointues, contrairement aux tortues communes (rua) des mers de Chine. Le dos de la tortue est d'une seule écaille, sans solution de continuité, mais présentant des fibres semblables à celles des feuilles, dont une longitudinale et trois transversales. Il y a diverses colorations d'écaille, depuis le noir presque absolu, veiné de rouge, jusqu'au jaune clair, tigré de taches rousses, qu'on appelle l'écaille blonde ; c'est cette dernière qui est la plus recherchée.

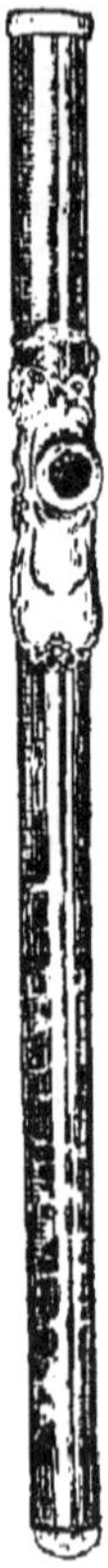

L'écaille orientale ne se liquéfie pas, sous peine de perdre son brillant et sa diaphanéité. On la chauffe par le procédé des bains-marie, car elle ne doit toucher ni l'eau ni le feu. Le bain-marie lui donne la consistance de la gutta-percha froide ; dans cet état, on peut s'en servir, la plier aux poignées et aux fourreaux des sabres, l'enrouler autour du corps des pipes à opium. En chauffant un peu plus fort la suture, celle-ci disparaît, et on obtient des surfaces d'écaille sans aucune solution de continuité. Cette matière, qui donne une remarquable richesse d'aspect aux pièces qu'elle revêt, est assez rare et fort recherchée, surtout dans sa variété blonde et parfaitement pure.

Dans l'ornementation par l'orfèvrerie entrent aussi certaines pierres précieuses ou non, que leur rareté fait estimer des Indo-Chinois. L'usage du jade a été trop étudié en Chine pour qu'il en soit fait ici plus qu'une rapide mention. Les différentes sortes

Fig. 94. — Pipe à opium, écaille blonde, ivoire et or.

de marbre coloré servent parfois aux plus gros chatons ;
même nous avons vu, enchâssées dans des bijoux, des
écailles de pangolin, sorte de caïman de rivière, auquel
on attache une vertu bénéfique pour les enfants et jusqu'au cristallin des yeux de grands
poissons de mer. Parmi les roches dont les
fragments plus ou moins polis servent à la
décoration des pièces d'orfèvrerie, nous cite-
rons la serpentine micacée, l'euphotide
quartzeuse, certains aluminates de silice, la
cassitérite, le « packfung » ou nickel (c'est en
Chine que le nickel fut d'abord connu avant
d'être répandu en Europe), le cinabre (très
volumineux et très rouge), le jaspe, l'amphi-
bole calcaire, le zircon jaune, la célèbre pagodite, substance grasse au toucher, dont les
exportateurs fabriquent leurs bibelots (la
pagodite est un silicate d'aluminium double).

Parmi les pierres d'un prix élevé qui sont
enchâssées dans les pièces de bijouterie destinées à l'ornement des femmes et aussi des
hommes, nous retiendrons : le corindon
jaune, la topaze dite orientale, l'émeraude et
la spinelle, qui se recueillent en Birmanie ;
le cymophane et la chrysolithe, et tous les
genres de silices, la calcédoine, la sardoine,
l'onyx, l'agate, l'opale et la cornaline, dont
les gisements, issus du Thibet, traversent le Laos, le
Siam et les Straits Settlements de la presqu'île de Krah,
pour reparaître à Singapore et dans les Indes hollan-
daises ; la turquoise, l'escarboucle, l'hyacinthe et le

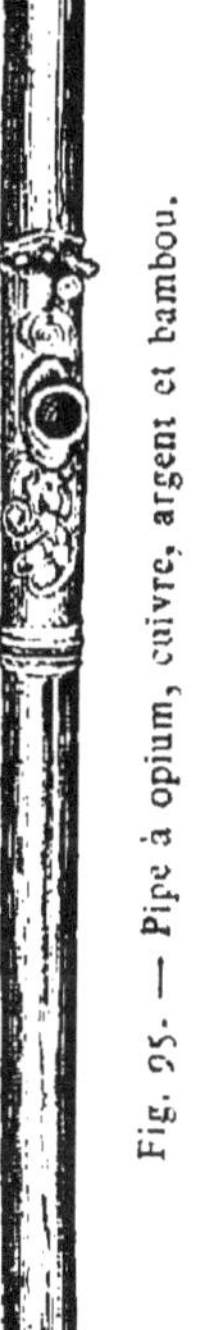

Fig. 25. — Pipe à opium, cuivre, argent et bambou.

lapis-lazuli, qui, à l'inverse, n'afflueront en Indo-Chine que du côté des plateaux de Tulong, au nord, et remontent dans les vice-royautés de Quangsi et de Ssetchuen ; enfin le diamant blanc, appelé « ngoc », qui est des plus réputés, et une sorte de bézoard, qui est la pierre divinatoire et magique de l'Indo-Chine, qu'on est censé trouver dans le bec ou dans l'estomac de certains oiseaux ou reptiles, et dont une variété spéciale, le « ngoctran de giep », donne l'invulnérabilité.

Toutes ces pierres sont serties à refus dans le métal, mais jamais pincées ; on ignore la monture dite à griffes, ou « en brillant ».

Au Laos et en Chine, les métaux précieux se rencontrent assez fréquemment. Les bijoux laotiens sont presque tous en argent et fort lourds ; les bagues sont épaisses et en or. La bijouterie est, pour le Laotien, qui n'est généralement pas très riche, un moyen de porter commodément sa fortune avec lui.

Au Siam, pour la décoration des pagodes et des palais royaux, on emploie à profusion les métaux précieux et les pierres rares. Il faut lire là-dessus les descriptions enthousiastes, et sans doute véritables, de Mouhot, de Beauvoir, et, plus récemment, du missionnaire Chevillard et de Paul Bonnetain. Le palais royal de Bangkok renferme une statue d'or massif de quatre pieds de haut. Le Bouddha de Xetuphon, qui est long de 50 mètres, est recouvert de plaques d'or ; la pagode de Borovanivet est entièrement plaquée d'or ; le monastère de Prabat a des planchers en argent.

Tout cela est évidemment fort riche et très chatoyant; il est permis de douter que ce soit également artistique. D'ailleurs, le soleil et l'éloignement donnent peut-être à toutes ces splendeurs un peu brutales une valeur qu'elles n'ont pas en réalité. Je n'en veux pour preuve que cette statue de Bouddha. qui, au dire des visiteurs, valait un million et était faite d'une seule émeraude... et qui est en marbre.

L'émaillage en Indo-Chine n'est qu'une copie de l'émaillage chinois; il est un peu moins ancien que lui. Il est néanmoins certain que le talc et le stéachiste servirent d'excipient aux émailleurs avant que le métal (cuivre, argent ou or) fût exclusivement employé à cet usage. La seule originalité, — si encore c'en est une, — des émaux de l'extrême Orient était que la quantité d'oxyde d'étain qui opacisait la matière vitrifiable de l'émail était variable. L'émail était parfois translucide entre les petites cloisons métalliques, et brillait d'un éclat extraordinaire. Le procédé dit « cloisonné » est le plus employé; néanmoins, on trouve quelques émaux à taille d'épargne et certaines pièces à émaux mixtes. Quant à la niellure, on en faisait assez fréquemment usage; l'émail était fixé à l'argent guilloché par un mélange de plomb et de borax. En ce qui concerne les procédés de fabrication, les dessins usités, la tenue des pièces, ils se rapportent à tout ce qui a été dit maintes fois des émaux champlevés et cloisonnés de la Chine et du Japon.

LA CÉRAMIQUE

Toutes les branches de l'art céramique, connues en Chine dès la plus haute antiquité, ont été importées et scrupuleusement imitées en Indo-Chine. Nous nous en tiendrons donc à quelques indications de détail, et renvoyons pour la technique générale de cette partie de l'art à *la Porcelaine* de M. Deck, et surtout au *Kintetchintaolu*, ou histoire des porcelaines du district de Kinte [1].

Suivant les époques, les Indo-Chinois ont successivement employé l'argile, la marne, la craie, le kaolin. L'argile figuline sert encore aujourd'hui à leurs poteries. Certaines fabriques ont employé l'argile plastique lavée et le silex broyé fin, et l'argile dégraissée par du ciment de grès (grès cérame). Mais le procédé de fabrication par le kaolin et le petuntze a toujours dominé (feldspath, craie et gypse). La pâte première, après de longs pétrissages, est conservée humide dans des fosses recouvertes pendant fort longtemps, parfois pendant cinquante, soixante ans, et davantage. C'est à cette coutume que les extrêmes Orientaux rapportent les résultats avantageux qu'ils retirent de la manipulation de la

---

1. *La Porcelaine*, par Deck, dans la Bibliothèque officielle des Beaux-Arts. — *Le Kintetchintaolu* (1815), par Tchingkwei, traduction de Saint-Julien.

matière première. Ils employaient comme fabrication, surtout autrefois, le moulage; ils emploient aujourd'hui indifféremment le moulage, le tournage et le coulage, et spécialement cette dernière méthode, pour l'adjonction au corps des pièces des becs, des anses, des ornements fragiles, ou des parties dont l'intérieur doit demeurer creux.

A l'époque du « tseki, » ou porcelaine de Kinte, qui est l'époque mythologique de la céramique, nous ne savons rien de précis sur la fabrication indo-chinoise; il est bien probable que ce qui en existait devait avoir été directement importé de Chine par les nombreux conquérants et conducteurs d'invasions qu'elle envoyait alors dans la presqu'île. La première époque de l'art céramique indo-chinoise est du xiiie siècle environ, et nous le trouvons en pleine prospérité au moment même où l'art chinois, se dégageant des formules primitives, inaugure, par la période Siouante, la renaissance de la dynastie ming (1426).

A cette époque, le nord de l'Annam, et, dans le Tonkin, l'ouest du Delta du Fleuve Rouge, renfermaient des fabriques en pleine expansion, et dont quelques produits, remarquables par la finesse de la matière et du travail de coloration, sont parvenus jusqu'à nous, grâce aux précautions infinies de leurs possesseurs et malgré les vicissitudes de l'histoire. La longue période pacifique qui a suivi la glorieuse installation de la dynastie nationale des Lê a favorisé singulièrement cette expansion. Les deux principaux centres de fabrication étaient, l'un sur la frontière entre Annam et Tonkin, l'autre sur le Songchai, au nord du Delta du Fleuve Rouge, dans la « Province des trois citadelles ».

Les procédés n'étaient pas tout à fait pareils. Les artisans du Song-chai employaient une sorte de grès cérame assez fin, qui gardait une teinte gris bleuté même sous la couverte, et dont les tons chauds se prêtaient bien à l'ornementation. Les pièces qui en sortaient étaient

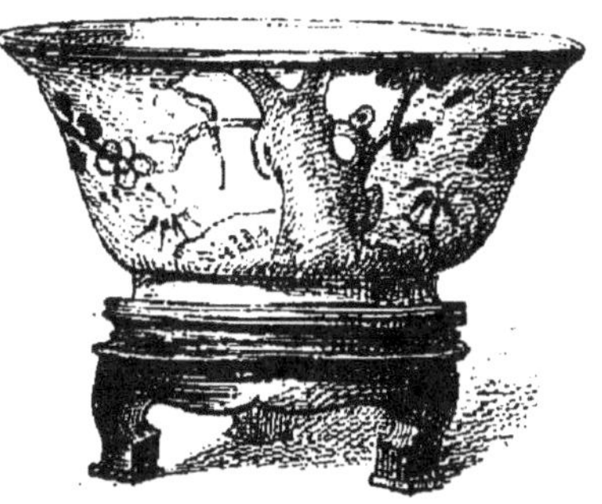

Fig. 96. — Tasse des anciennes fabriques du Song-chaï.

parmi les plus fines, d'une dimension généralement restreinte et d'une admirable coloration. Il en reste d'assez rares exemplaires, qui sont d'une très grande pureté, et qui atteignent presque la perfection dans la sobriété des détails et de l'ensemble. En Annam, dans les fabriques de Vanninh et de Hauninh, on se servait du « thobach »,

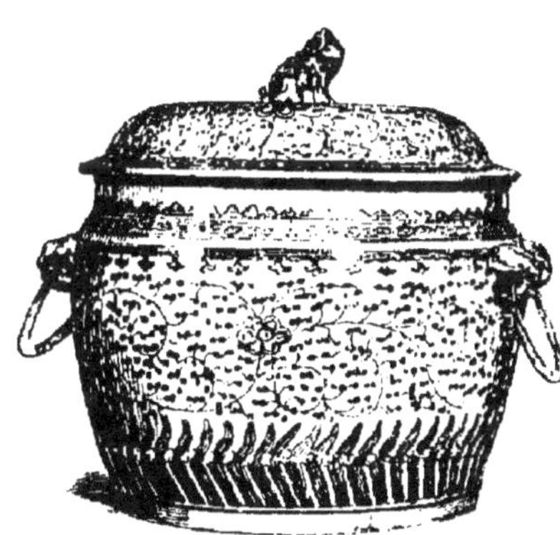

Fig. 97. — Tre, pour le riz sacré (Annam).

argile plastique d'une éclatante blancheur, que des bateaux côtiers apportaient en grande quantité du pays de Krah (Siam). La façon donnait une porcelaine épaisse, rugueuse au toucher, et dont le plus d'épaisseur faisait le plus grand prix. Le voisinage des grandes familles et de la cour royale donna à ces fabriques une vogue extraordinaire, et les commandes qu'elles exécutèrent pour les temples remplirent à un moment tous les édifices sacrés de l'empire; on y fabriquait aisément les pièces du plus grand modèle. Après la première cuisson, on superposait une couche de pâte; on

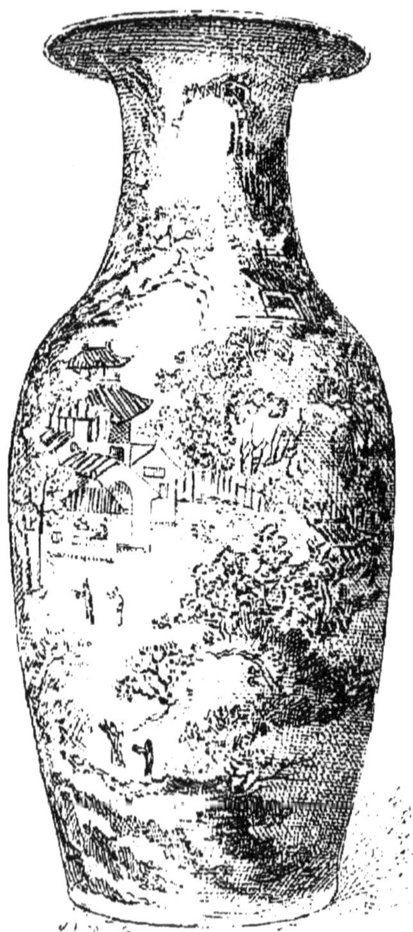

Fig. 98. — Docbinh, grand vase propitiatoire.

cuisait à nouveau et ainsi de suite; la dernière cuisson

était double, et on continuait de gainer de cuivre les bords de ces porcelaines d'une singulière lourdeur. C'est de ces fabriques que sont sortis les vases de consécration du riz, ainsi que les grands brûle-parfums qui subsistèrent des siècles et que la conquête française détruisit pour la plupart.

La couleur qui était mise sur la pâte portait le nom de « thanh-daï » et provenait de Chine, où elle était composée de matières presque toujours végétales. Comme l'indique

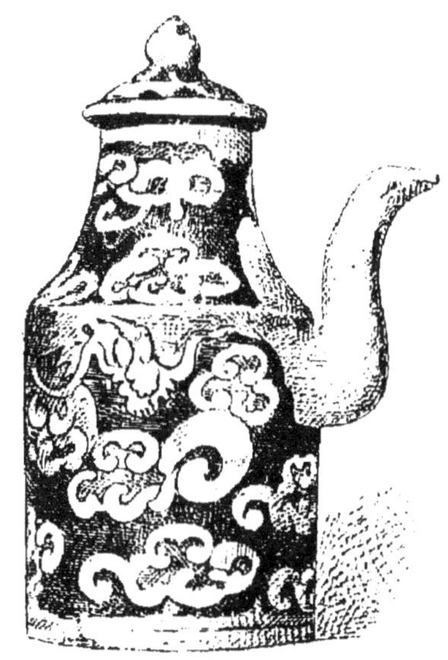

Fig. 99. — Théière moderne.

son nom (bleu parfait), c'était une couleur bleue unique qui décorait toute la céramique indo-chinoise. En dehors des grès émaillés, fort rares et toujours faits par des ouvriers étrangers, l'Indo-Chine n'a jamais orné ses céramiques que de couleur bleu foncé ou de laque d'or. Ce bleu, très prononcé, donne un aspect d'ensemble fort riche et faisait

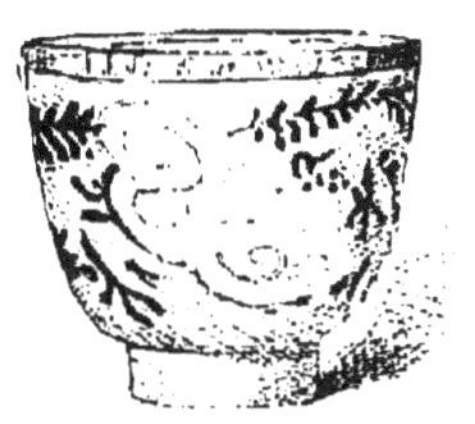

Fig. 100.
Petite tasse à eau-de-vie
(terre de Bachang).

plus d'effet encore sur les porcelaines du Songchai que

sur celles d'Annam. — L'émail, qui a été et est le même pour toutes les fabriques et à toutes les époques, est le « trang-mèn » (ferment de couverture), espèce de silicate qui se trouve communément dans tout le Tonkin.

A la deuxième époque, les fabriques du Songchai ont disparu depuis quelque temps déjà sous les luttes intestines de la fin des rois Lê et sous les incursions des peuplades montagnardes. Les centres de Hauninh sont en pleine décadence; l'anarchie, que favorisent les Français à la fin du xviii° siècle, n'est pas pour leur rendre de l'éclat. Une fois affermi sur son trône, le roi Gialong fonde des poteries dans le Phuyen et encourage les fabriques de Vanninh. Celles-ci se mettent à produire des porcelaines extrêmement fines et légères qui cherchent évidemment, sans y arriver, à se rapprocher des meilleures porcelaines chinoises. Les dessinateurs et les coloristes, dans le même

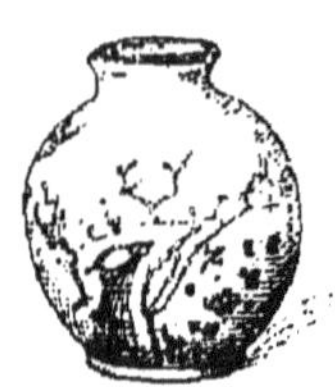

Fig. 101. — Fourneau de pipe (terre de Haïduong).

besoin d'imitation, perdent de leur originalité; et le procédé de couleur unique, toujours en faveur, les tient en infériorité flagrante devant la polychromie des artistes du Nord.

Enfin, la période moderne succède à cette période mal définie; elle est caractérisée par l'abandon complet des anciens procédés et par la ruine définitive des

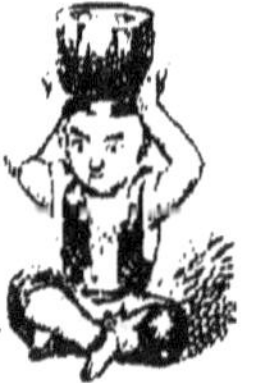

Fig. 102. Terre cuite laquée tonkinoise.

fabriques de Vanninh. La production actuelle est

installée à Bachang, dans le Baysay et dans l'ouest
de la région de Haiduong (Delta tonkinois). On n'emploie plus du tout le « thobach », que son
transport des environs de Malacca rendait coûteux ; on le remplace par le
« hoangthô », que l'on trouve répandu
sur tout le sol tonkinois, mais qui n'a
pas la même finesse de pâte et dont la
couleur jaunâtre prononcée transperce
désagréablement à travers l'émail. Aussi,
pour les objets soignés, les recouvre-t-on
d'une double et même d'une triple couche

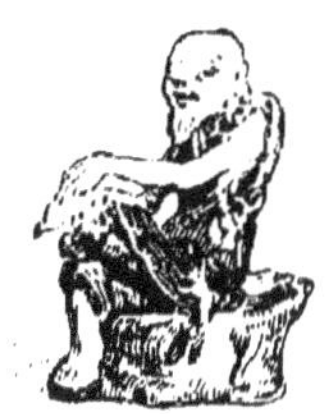

Fig. 103.
Petite terre cuite
de Moncay.

de « trang-mèn ». Toute la porcelaine actuelle est faite
au tour.

La forme des objets de porcelaine subit les mêmes
changements que ceux que nous avons signalés pour
les objets de métal. Les fabriques de Vanninh et de
Hauninh ont donné des pièces d'une pureté et d'une

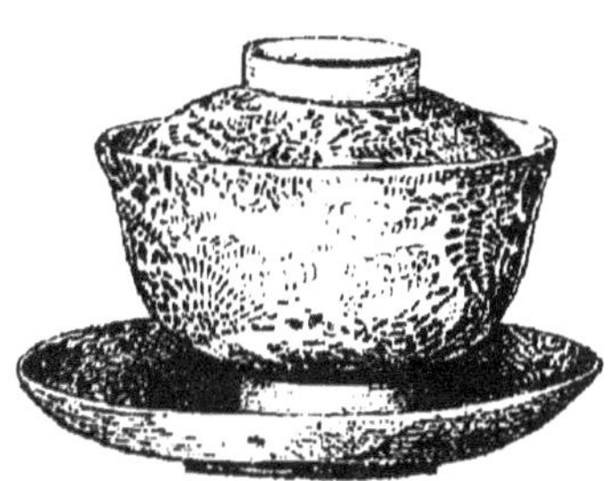

Fig. 104. — Tasse couverte à dessin
(terre de Bachang).

sobriété de lignes remar-
quables ; les fabriques du
Songchai ont des pro-
duits d'une grâce et d'une
harmonie parfaites, et
c'est chez elles surtout
qu'on doit chercher l'ex-
pansion, un peu fémi-
nine, du génie spécial à
l'esthétique tonkinoise.
Les formes du temps de
Gialong se ressentent de l'influence chinoise ; elles
s'étiolent dans la recherche d'une originalité d'emprunt ;

les formes actuelles, tout en sacrifiant davantage à l'utilité pratique, semblent retrouver, — ou au moins rechercher, — un peu de la grâce d'autrefois. Témoin cette buire à long col, qui est un modèle purement indo-chinois, et que l'on rencontre aujourd'hui couramment parmi les objets usuels des maisons ordinaires.

Les marques des différentes porcelaines pourraient aider un chercheur curieux à rétablir l'histoire oubliée de la céramique indo-chinoise. Il s'en faut que toutes les pièces soient marquées, et, malheureusement, les plus anciennes ne le sont pas. Comme, aux yeux de l'Indo-Chinois, la marque est un peu un signe de propriété, les pièces commandées par les rois pour eux-mêmes ou pour d'autres ne sont jamais marquées. Ne le sont pas non plus les pièces d'un caractère usuel et vulgaire. Les caractères « phuc » et « thô » marquent beaucoup de pièces de toute provenance que leur auteur voulait recommander à l'attention ; toutefois, tandis que le caractère phuc est du domaine public, le thô (perfection) s'applique plus volontiers sur les produits de Vanninh. Les produits actuels de Bachang portent le caractère « ngoc ».

En dehors de ces signes généraux, on peut remarquer que plusieurs pièces sont signées, et qu'ainsi l'art de la céramique est le seul art indo-chinois qui ne soit pas demeuré impersonnel. Ainsi, les fabriques du Songchai avaient pour marque significative le digramme « neutré » (cette année), et l'artiste ajoutait son nom à ce digramme ; c'est ainsi que nous savons que Tuyen-Duc fut un des principaux artistes attachés à cette fabrique, et qu'il fit même une école qui porta son nom, car la plupart des pièces qui subsistent de cette époque portent l'exergue de Tuyen-Duc et n'ont pas, manifestement, été faites aux mêmes époques. Les pièces uniques portent le digramme « tao-che », et l'artiste les signe également; c'est ainsi que nous avons conservé le nom d'un artiste, Nhen-Ky, qui semble, d'après les productions restantes, avoir eu un grand souci de la forme. On trouve également des inscriptions dans ce genre : « Le thong tang a commencé. » Ces inscriptions s'appliquent au premier modèle d'une pièce répétée souvent par la suite. Enfin, des apophtegmes servent quelquefois de marques : quand l'artiste était

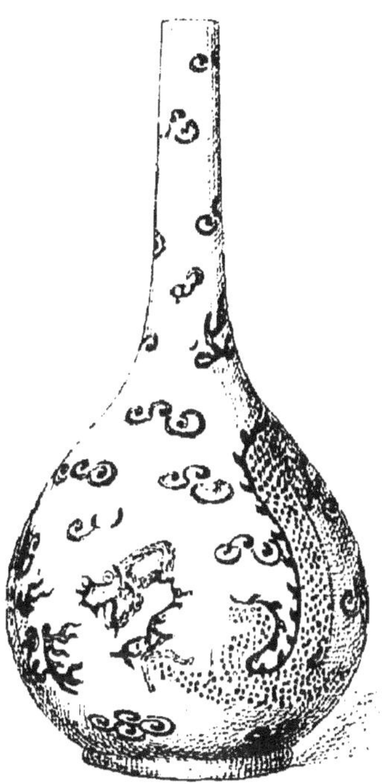

Fig. 105. — Vase moderne à long col (terre de Bachang).

satisfait de son travail, il le faisait naïvement savoir à tous en inscrivant au revers la mention « ngoan-ngoc » (ceci est un beau morceau). Et le premier objet d'une fournée de fabrication ou de cuisson ne manque jamais de porter la devise en quatre idéogrammes : « Le premier exemplaire est difficile. »

Ces quelques notions suffiraient pour établir une histoire détaillée de la céramique, qui nous permettrait d'apprécier les pièces qui nous restent des anciennes époques et de retrouver bien des notions disparues, mais que le cadre étroit de cet ouvrage ne nous permet même pas d'indiquer.

LES ARTS DU DESSIN

Le dessin, en extrême Orient, est soumis à des règles si spéciales, il procède de conventions si fortement établies, qu'il mériterait une histoire particulière; elle serait à coup sûr intéressante et fortement documentée, car il n'est pas d'époque, il n'est pas de lieu qui n'aient eu à la fois plusieurs artistes remarquables, et il n'y a pas de branche d'art plus populaire et plus répandue. Mais, outre que les principes qui la régissent s'étendent sur tous les territoires où la race jaune pullule, il faudrait un volume entier pour en apprécier comme il convient les diverses évolutions, et ce volume s'adresserait aussi bien, en ce qui concerne les données générales, aux Chinois et aux Japonais qu'aux Indo-Chinois. C'est dire que, à notre grand regret, il est impossible de faire une esquisse, même courte, de cette étude, et que nous devons nous en tenir à la constatation des deux règles primordiales du dessin extrême oriental : l'étude de la nature, uniquement superficielle, c'est-à-dire la production de l'effet par la profusion des détails; et l'absence raisonnée de la perspective, telle du moins que nos yeux européens l'entendent.

L'étrangeté du dessin extrême oriental est d'une telle caractéristique qu'il est devenu presque superflu

de la constater; il est vrai que les hommes et les agen-
cements possibles de la surface du sol présentent un
caractère particulier, mais il est exagéré de croire que
la nature chinoise ou indo-chinoise présente réelle-
ment tout l'extraordinaire que nous remarquons dans
les représentations qui nous en parviennent. Les
rochers, le sol et les montagnes de la Chine et de

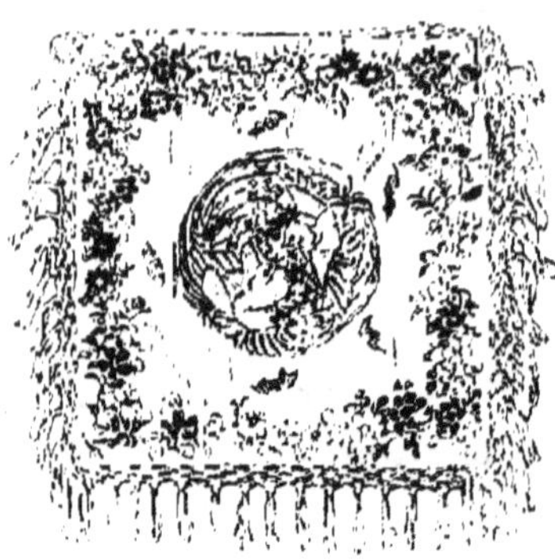

Fig. 106. — Coussin brodé
à fils d'or.

l'Indo-Chine ne sont pas
faits autrement que les
accidents similaires de
la nature européenne;
l'eau coule de la même
façon, et la végétation y
offre plus de caractères
de vigueur et de puis-
sance que de ces aspects
contournés et tordus que
les dessins nous rendent
avec tant de vivacité. Une
large part de l'originalité
du dessin sort de l'esprit du dessinateur. Et, en analy-
sant les caractères et les causes de cette originalité, pour
ainsi dire permanente, nous reconnaissons qu'elle est
due à l'étude superficielle de la nature, c'est-à-dire à la
profusion du détail, à la préférence que le dessinateur
donne au détail sur l'ensemble, et enfin, surtout, à
l'amour du détail exceptionnel. La place prépondérante donnée à ce détail (par cette association d'idées
que la petite exception frappe l'œil au milieu d'un
grand ensemble normal bien plus fortement que cet
ensemble lui-même), et la répétition indéfinie de la

ligne ou des lignes qui le forment, voilà, en les décomposant, les causes de l'originalité continue, — mais toujours semblable à elle-même, — des dessins de l'extrême Orient.

Or, pris pour le principal, l'accessoire, qui frappe l'œil par sa personnalité, vient aussi à s'imposer à la mémoire par la grandeur empruntée qu'on lui prête, et le dessin gagne en vie et en mouvement ce qu'il perd en vraisemblance. Voilà tout le secret de cet art vivant qui se constate dans les productions des dessinateurs chinois, qui sans doute ne ressemblent même plus, — à nos yeux du moins, — que de loin et par appauvrissement aux hommes et aux choses des pays jaunes.

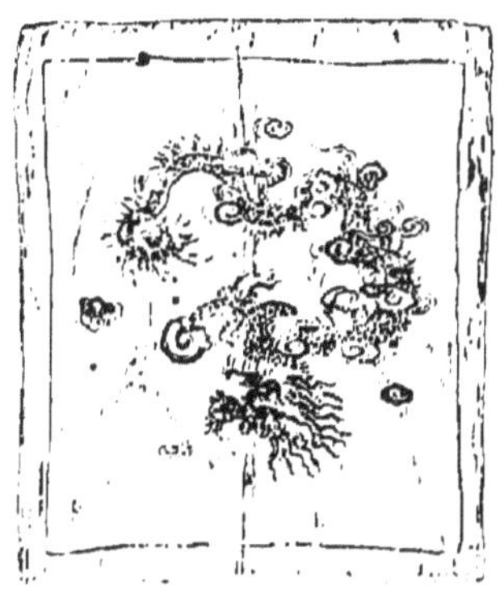

Fig. 107. — Oreiller brodé annamite.

Quant à l'absence de perspective, elle est aussi voulue et raisonnée que la perspective elle-même l'est chez nous ; et il leur est aussi difficile de traduire un dessin occidental à première vue qu'il nous est difficile de traduire un des leurs. Notre convention (et c'est une convention toute moderne, puisque, à l'inspection des dessins et gravures du moyen âge et des Valois, il est facile de se rendre compte de notre complet dédain de la perspective) est de représenter les objets avec les déformations que nous leur voyons, depuis le point de vue où nous sommes placés. La convention indo-chinoise est, une fois une diminution générale adoptée, de représenter les objets tels qu'ils sont, indépendamment de la notion de distance; l'éloignement, que ne figure plus leur petitesse, est figuré par la distance qui sépare le pied de l'objet représenté du trait inférieur du cadre du dessin. Ce procédé n'est pas une enfance d'art ou un manque de tact; c'est un principe étudié, démontré et professé. Malgré toutes les raisons valables que l'on peut invoquer en sa faveur, on ne pourra jamais empêcher l'œil européen de préférer, à la conclusion obtenue par le calcul auquel contraint ce principe, l'impression produite *a priori* par notre sentiment de la perspective.

Parti de ces données primordiales, le dessinateur obtient l'originalité par l'exagération du détail, et la vie par l'exagération des mouvements. Observons le dessin de tel tigre, par exemple, du tableau ci-contre : le mouvement général de l'animal prêt à bondir, et qui est remarquable par sa force et sa souplesse, est composé de l'exagération de tous les mouvements particuliers que font, pour bondir, les différentes parties du corps d'un tigre; toutefois, comme ces exagérations se produisent *toutes* dans le même sens et avec une valeur relativement égale dans leur augmentation, le tout n'en reste pas moins harmonieux et vraisemblable, tout en acquérant un mouvement extraordinaire. C'est par ce procédé que, dans les œuvres du dessin oriental, les hommes se meuvent, les animaux bondissent, l'eau coule, et les arbres, et le sol même semblent vivre avec une intensité qui les fait sortir de la toile, du papier ou du bois.

Les dessins orientaux qui parviennent en Europe sur des paravents, des écrans, des panneaux ou des éventails ne ressortent de l'art que dans la composition du modèle. Leur fabrication est mécanique, autant du moins qu'on peut appliquer ce qualificatif à un ouvrage fait de main d'homme. Ils sont faits par centaines, et sont le produit de l'industrie d'une quantité d'artisans. Dans le même dessin, l'un fait le sol, l'autre les arbres, l'autre les hommes, et celui qui dessine les mains et la tête n'est pas celui qui place les vêtements et les accessoires.

Le passage par tant de mains, pleines d'habileté, mais sans talent, et la vélocité, inséparable du labeur considéré comme tâche, enlèvent à ces productions tout caractère d'intérêt et de personnalité. Certains dessins sont, au contraire, faits avec le plus grand soin, mais ils ne quittent guère leur pays d'origine; ce sont ceux qui sont composés pour des éditions spéciales des livres sacrés, canoniques ou classiques, ou pour les « calendriers annuels », dont les souverains eux-mêmes ordonnent et surveillent la publication. Ces derniers sont gravés au burin sur des plaques de bois de gaïac, et forment ainsi de véritables tailles de bois; ils sont ensuite reproduits sur le papier de Chine; on en trouve jusqu'à vingt et vingt-cinq par chaque édition originale des « ngoclich » (calendriers); mais les exemplaires en sont rares, et ceux qui les possèdent ne vulgarisent pas leurs trésors par la reproduction. On peut en avoir idée dans quelques textes idéographiques chinois[1]

1. Citons particulièrement le *Kintingcheou*, livre de l'agriculture; — le *Penthsaokang,* livre d'histoire naturelle, par Lititchin;

qui se trouvent en Europe dans des bibliothèques de villes ou de particuliers.

La peinture et la broderie sont les deux branches où les Indo-Chinois ont le plus copieusement manifesté leur amour du dessin.

L'histoire de la peinture a déjà été longuement traitée dans des ouvrages spéciaux; qu'il nous suffise de rappeler que les principes de la peinture indo-chinoise laissent à l'inspiration de l'artiste plus d'indépendance et de fantaisie que ceux de la peinture chinoise; elle admet plus de liberté dans la facture, une observance moins étroite des formules classiques, une certaine tendance au naturalisme. D'autre part, les Annales de l'Empire nous apprennent que ce fut avant l'établissement de la dynastie Lê, c'est-à-dire dès le xivᵉ siècle et auparavant, que l'imitation de la nature fut la plus chère étude des peintres indo-chinois; ils l'imitèrent avec la tendresse, la délicatesse poétiques que pouvait leur inspirer la gracilité de leur physique et la gracieuseté de leurs sentiments; et cette délicatesse, parfois faite un peu de recherche et de mièvrerie, s'est conservée jusqu'à nos jours; la finesse et la grande minutie de l'exécution empêchaient toutefois le style large et libre et les grands effets décoratifs. Mais ce qu'ils perdaient en dessin, les artistes indo-chinois le regagnaient sur les Chinois dans l'harmonie des couleurs et la vigueur du coloris; et cette qualité toute spéciale se remarquait bien plus encore, ainsi que nous allons le voir, dans

— le *Chinsiang*, livre de phrénologie; — le *Tsinenti*, traité d'anatomie.

les broderies que dans les porcelaines et les peintures.

Le mode actuellement en vogue en Indo-Chine est la peinture par les laques. Et les différentes épaisseurs de ce produit suivant ses préparations a poussé les Indo-Chinois à ne plus peindre, — quand ils peignent sur bois — de surfaces planes. Le dessin est fait au pin-

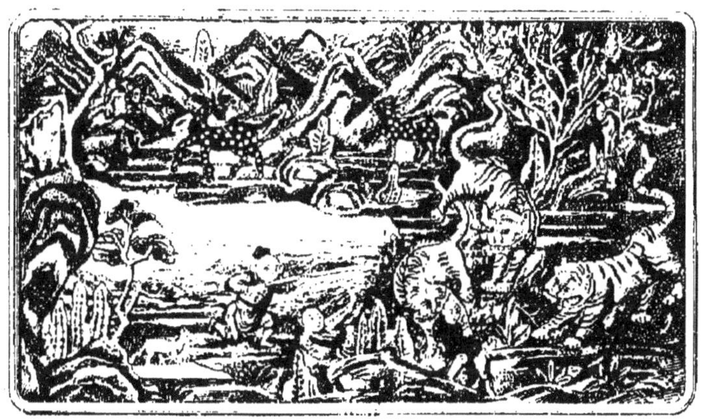

Fig. 108. — Chasse au tigre (peinture sur relief).

ceau d'abord, puis on creuse les fonds au ciseau ; les personnages et tous les détails de la peinture apparaissent alors en saillies, et en saillies uniformes, ce qui donne aux tableaux l'aspect d'un bas-relief sommairement indiqué. L'idée est originale, mais elle mériterait bien davantage d'attirer l'attention, si les saillies des objets n'étaient pas uniformes.

La broderie est, depuis un siècle, un art véritable, tant par l'heureux choix des dessins que par la variété des soies et l'harmonie des couleurs qui les composent. Le fond est généralement (je ne parle que des pièces soignées) de cette soie satinée, dite impériale, ou de soie mate à larges brochures lustrées. Les dessins sont toujours d'un seul motif et empruntés à des bas-reliefs ou à des sculptures célèbres, ou mieux encore sortent, — si ce sont des scènes naturelles, — inédits de l'imagination du brodeur. En bordure seulement, et aux angles, se trouvent des sujets d'ornementation, ou des animaux symboliques ou naturels n'appartenant pas au corps du sujet; mais il faut remarquer que le corps de ce sujet n'est jamais purement ornementatif et contient toujours des êtres animés. On peut donc être assuré que tous les dessins, qui ne sont que des amplifications grossières et sans vivacité des symbolismes religieux ou des motifs vulgaires de la sculpture monumentale, ne proviennent que d'artisans pressés par les demandes d'une exportation à tout prix; à plus forte raison encore, les dessins qui reproduisent sur une seule pièce cinq ou six sujets empruntés à des motifs différents, sujets réunis entre eux par des astragales qui ne sont pas même ingénieuses, ne sont qu'un travail de marqueterie de manouvriers sans invention ni talent ; et sur ces spécimens, qui sont peu chers et qui se trouvent le plus fréquemment en Occident, on ne peut juger ni le dessinateur ni le brodeur indo-chinois.

Outre les règles de dessin plus haut énoncées, les brodeurs usent de deux principaux artifices pour donner du mouvement à leurs productions, et surtout pour pouvoir, sans choquer l'œil, agencer toutes les couleurs dans tous les ordres et en tirer un coloris spécial aussi harmonieux qu'éclatant. L'un de ces arti-

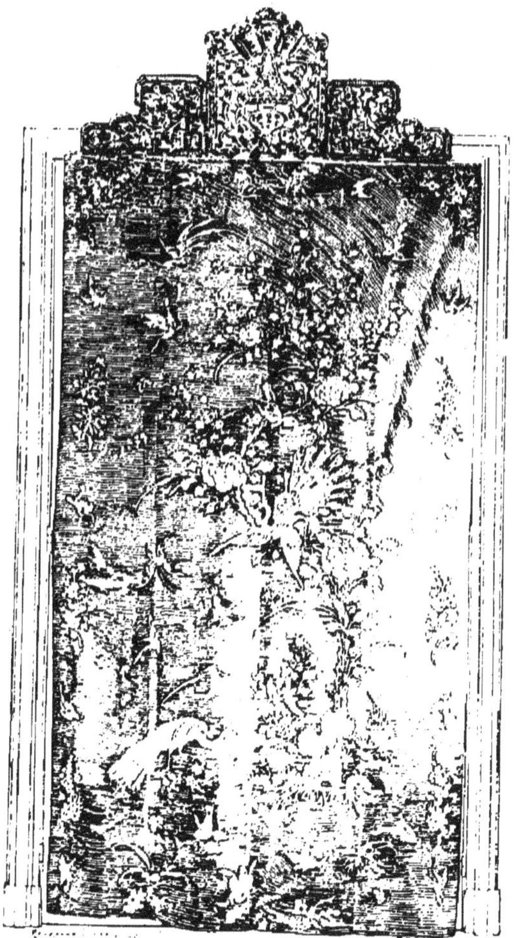

Fig. 100. — Portière brodée (soie impériale et cordonnet).

fices est l'emploi, dans une même pièce, suivant la

partie de la pièce traitée, des différentes grosseurs de soie, depuis le cordonnet jusqu'à la soie pelucheuse à seul fil, ce qui donne un grand relief; l'autre est que, suivant les colorations employées, et aussi suivant le point d'éclairage du sujet, la broderie est faite dans des sens différents et réfléchit ainsi diversement la lumière dans des chatoiements prévus d'avance. Quand il n'y a pas d'autres raisons plus impérieuses, les hommes sont brodés dans le sens où ils marchent, les fleurs dans celui où elles poussent, les eaux dans celui où elles coulent. En agençant, suivant une expérience dès longtemps acquise, ces moyens de diversité, on obtient une gamme de couleurs des plus riches et une harmonisation de ces couleurs plus douce et plus générale que celle dont bénéficie le diapason ordinaire employé sans tempéraments.

LAQUES ET NACRES

L'arbre « tsi », le *Rhux vernix* et l'*Augia sinensis,*
ce dernier surtout, fournissent leur sève aux laqueurs
de l'Indo-Chine. Les laquiers, plantés en quinconce,
sont une des grandes richesses des pays de moyennes
montagnes, dont ils couvrent toutes les pentes occidentales. Les plantations du Songchai, du Songma et
du plateau de Muongxai (haute Rivière Noire) sont
parmi les plus renommées. On sait comment la sève
est recueillie; mais, dans une plantation de plein rapport et d'arbres de première fécondité, comme le « tsi »,
un millier de troncs rapporte à peine 10 kilogrammes
de sève par vingt-quatre heures, et encore faut-il la
décanter. La première laque vierge se vend jusqu'à
6 dollars le kilogramme; elle est d'une très grande
finesse; les dernières laques, provenant de laquiers
usés, ne dépassent guère le prix de 4 francs le kilogramme. Cette résine noircit d'autant plus vite à l'air
que sa couleur naturelle tire davantage sur le rouge.

Les opérations de la mise en laque sont longues
et minutieuses. Le procédé indo-chinois, qui diffère du
procédé chinois par quelques détails, est le suivant:
on délaye une livre de laque dans un litre d'eau; on y
ajoute 40 grammes d'huile de camélia et 20 grammes
de vinaigre de riz. On laisse le mélange prendre con-

sistance jusqu'au noir brillant; et, pour le faciliter, on peut y ajouter un fiel de porc ou de buffle. Le bois

Fig. 110. — Grands panneaux votifs laqués.

sur lequel on doit laquer reçoit d'abord une couche de fiel de buffle et de grès rouge pulvérisé; ce premier fond est poli au brunissoir de métal, gommé et ciré. On donne alors la première couche de laque, la plus mince

possible; puis on sèche à la chaleur humide, et on
planc la nouvelle surface
avec un polissoir de schiste
très fin. On procède à un
deuxième polissage, et ainsi
de suite, en employant, au
fur et à mesure des opérations, de la laque de plus en
plus fine; on donne ainsi
jusqu'à quinze et vingt cou-
ches de laque, séparées par
autant de polissages.

Sur ce fond de laque le
dessin se transporte ainsi :
on pique, avec une aiguille
ou un burin, un dessin préalablement tracé sur papier
de bambou; on applique la
feuille de papier ainsi pi-
quée sur la surface de laque,
et on saupoudre de talc pulvérisé. Cette poussière fine
passe à travers les piqûres
du papier, et l'empreinte
est ainsi transportée sur la
laque. On l'y grave ensuite
au poinçon par un très léger
croquis, et c'est sur ce
croquis que les peintres

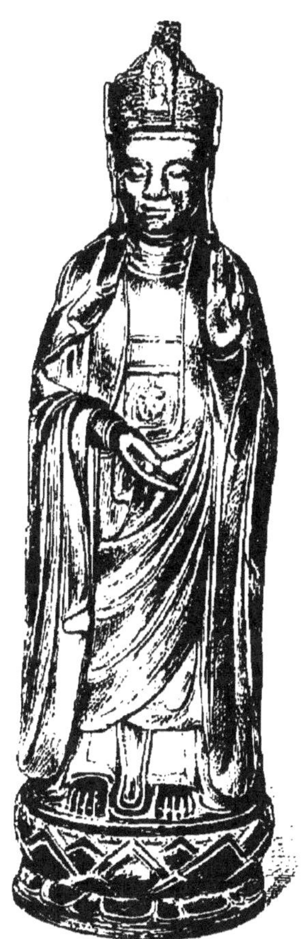

Fig. 111. — Statue bouddhique
(laque d'or).

laqueurs étendent le dessin et appliquent les couleurs qui doivent, soit demeurer sur l'ouvrage, soit

servir de dessous à la dorure (laque rouge et brune).

Les couleurs des laques les plus employées en Indo-Chine sont : la laque noire, la rouge, la bleue de Tienhoa et la verte, que l'on saupoudre ordinairement de poussière de mica. Enfin, on a la laque d'or, qui s'emploie généralement pure. Les laques d'or se mettent plus habituellemect sur les dessins en creux.

On sait qu'on attache un très grand prix aux laques de l'extrême Orient, parce que l'on n'a pas encore trouvé le moyen de leur faire traverser les mers sans détérioration, et que, pour les imiter, nous sommes obligés, en Occident, de nous servir de vernis inférieurs.

L'incrustation de la nacre était, depuis au moins deux siècles, florissante en Indo-Chine ; c'est à Nam-Dinh surtout et à Hanoï qu'elle s'exerçait, et la conquête française a encore trouvé dans cette dernière ville le « Quartier des Incrusteurs ». Une grande réputation environne encore les pièces antérieures à l'arrivée des Européens.

La nacre est prise sur les coquilles du genre haliotide, assez répandues dans les mers de Chine. Les valves étant séchées, on retire au grattoir la première surface blanchâtre et opaque, jusqu'à l'épanouissement complet des couleurs nacrées. On découpe et on enlève au ciseau les morceaux de nacre les plus grands possibles, à cette condition qu'ils soient toujours plans. Ces morceaux sont collés avec un peu de laque à l'extrémité d'un fort polissoir de bois et leurs surfaces rugueuses sont passées au silex. Quand le poli parfait est

obtenu, on colle au dos des pièces un papier de soie
avec le dessin que doit représenter la pièce d'incrusta-

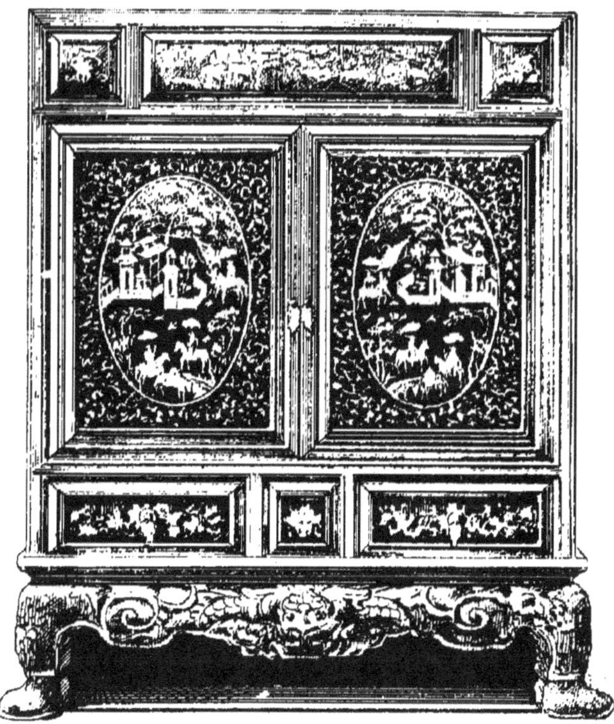

Fig. 112. — Cabinet incrusté moderne, de Namdinh.

tion, et on découpe avec une pointe d'acier très fine et
très forte.

Le bois qui reçoit l'incrustation doit être un bois
de fer choisi parmi les plus durs (comme le goirac), et
être sec depuis longtemps, afin de ne plus *travailler*

à l'humidité. On creuse au ciseau, dans le bois, des logements de dimensions exactement semblables aux pièces de nacre à la surface du bois et un peu supérieures au fond des logements. La nacre entre donc avec coïncement dans la partie supérieure et se trouve maintenue par collage au fond par une laque ou une

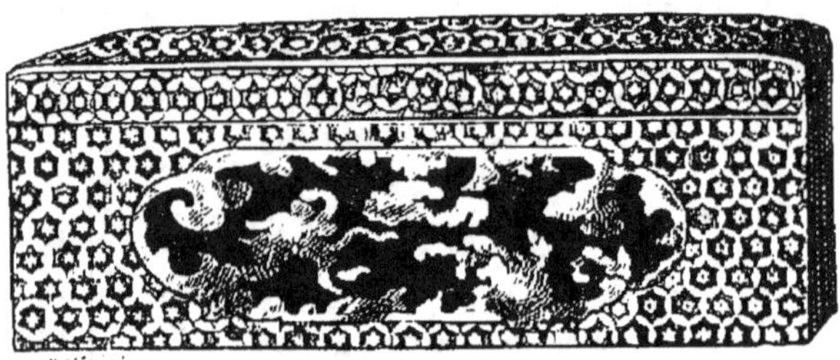

Fig. 113. — Cassette incrustée.

gomme qui occupe l'excédent de vide ménagé dans le logement. Les découpures extérieures à la pièce de nacre sont faites après la pose par un burin à deux dents de scie très fines. Un dernier coup de polissoir rend l'ensemble parfaitement net.

L'art de l'incrustation a, dès le premier jour, atteint la perfection où on le trouve sous les successeurs de Gialong. Il n'a donc pas d'histoire. On fera remarquer seulement que le travail hâtif d'aujourd'hui a fait oublier le soin qu'on avait autrefois de disposer les couleurs naturelles de la nacre aux objets qu'elle devait représenter.

L'ESTHÉTIQUE INDO-CHINOISE

Nous allons tâcher, des études spéciales et rapides qui précèdent, de conclure à l'établissement de la théorie artistique et de l'idéal esthétique de l'Indo-Chinois; l'aperçu analytique que l'on vient de parcourir perdrait toute sa raison d'être, et n'aurait aucune valeur aux yeux de ceux qui y chercheraient des lumières, si l'on ne tentait d'en dégager une synthèse générale des caractères d'art, et aussi une série de principes assez universels pour s'appliquer aux cas particuliers qui peuvent se présenter le plus couramment. C'est seulement ainsi qu'une monographie, sans sortir du cadre modeste qu'elle s'impose, peut servir de guide et aussi de règle d'appréciation et de critérium, et qu'elle peut dépasser le but restreint, que ses moyens lui permettent d'atteindre, par l'indication sommaire des conséquences pratiques que des esprits intelligents peuvent tirer d'elle.

En Indo-Chine, ainsi que chez toutes les races antiques, l'art primitivement ne fut qu'un moyen de rendre un hommage à la divinité, plus parfait et plus durable que les offrandes et les prières du vulgaire ; sa première règle fut donc le Rite écrit, et la tradition des usages sacrés. Mais, tandis que parmi d'autres peuples la religion est embellie, modifiée, agrémentée par le sentiment, et finit par ne plus demeurer que le prétexte et l'occasion de l'œuvre, l'obéissance stricte aux Livres sacrés et à leurs méthodes demeura, en Indo-Chine, une obligation étroite, et il ne fut point permis de plier l'art au goût des artistes ou au caprice des consommateurs. Le sentiment et l'amour ont toujours disparu devant la hiérarchie et le respect. Et l'antique règle d'il y a trois mille années est demeurée, durant toute l'existence politique de l'Annam, la charte universelle et infrangible de l'Art.

Cette perpétuité de la même observance imprime aux œuvres une certaine uniformité, et, pour ainsi dire, un air de famille; la conception générale qu'un peuple ainsi dressé se fait des différents arts participe à la fois de quelques inconvénients et de quelques avantages. L'unité de la fabrication générale et de la tolérance de fabrication provoque l'unité de la conception et l'unité de type produit. Il s'ensuit que l'art national n'a qu'un style, dont la race est profondément imprégnée, mais qui manque de diversité. Il en résulte une personnalité artistique très franche, très accusée et pleine d'originalité, mais toujours semblable à elle-même, et rivée, malgré la découverte de procédés meilleurs et d'inventions nouvelles, au même principe initial; et les siècles, non plus que le progrès, n'ont de prise sur sa production.

Comment l'art atteint-il son but en dehors de l'influence des années et des découvertes, et comment peut-il se maintenir égal et pareil à lui-même? Le sentiment, la commodité d'usage, le goût, les applications de procédés sont choses essentiellement changeantes, et qui sont liées à la marche, en n'importe quel sens, des intérêts, des appétits, du luxe, à l'importance politique d'une nation, à la valeur ethnographique d'une race. Tout art qui s'appuie sur ces données est un art mobile et divers; elles étaient donc, de par sa nature, interdites à l'art indo-chinois : celui-ci ne paraît trouver que dans les mythes philosophiques et religieux des temps légendaires, — mythes dont le respect des peuples a fait le commencement de leur histoire, — la forme perpétuelle à laquelle il s'attacherait. L'art indo-chinois était donc forcément et est demeuré l'expression du plus ancien symbolisme, symbolisme à la fois hiératique et philosophique, et ne pouvait dès lors subir de changement que si le peuple, dont il incarne et réalise les symboles, changeait sa langue, apostasiait ou disparaissait. Le symbolisme continu, qui est la preuve frappante et, pour ainsi dire, la seule manifestation de l'art dans la Péninsule, lui était donc commandé dès son origine par son origine même et par la tendance hiérarchique et fidèle de la race à laquelle il s'adressait.

Obligation du symbolisme, perpétuité des règles et des rites dans la manière de le réaliser, tels sont donc les deux caractères fondamentaux de l'art indo-chinois : on conviendra que ce sont là des caractères restrictifs de toute diversité, c'est-à-dire de toute personnalité, de toute influence individuelle dans l'art. C'est en effet l'impersonnalité qui est la première conséquence d'un tel système, et nous allons remarquer les effets directs de cette impersonnalité, dont bien des nations se désoleraient, mais dont, par une analogie d'idées assez remarquable, l'Indo-Chine se glorifie comme du plus grand de ses mérites artistiques.

Il n'y a, dans les productions de l'Annam, ni styles ni époques. Comme l'Europe, l'Asie n'a pas manqué de ces grands courants intellectuels, de ces cataclysmes humains qui changent la face des États et jusqu'aux conceptions des esprits. Ces grandes révolutions qui ont atteint profondément la vie politique et sociale de notre extrême Orient n'ont en rien modifié les caractères de son art, et n'ont rien jeté bas dans l'édifice des vieux principes et des vieilles vérités axiomales. Les années n'ont pas laissé de trace, et il est impossible, à la forme et au travail d'un objet, de faire la moindre conjecture sur l'époque de sa fabrication. Les procédés seuls ont pu changer; les modèles sont demeurés invariables, et, avec les modèles, les artistes et les artisans.

L'unité des besoins à satisfaire et du but à atteindre s'est également opposée à la coexistence, en une même époque, de plusieurs styles. Il n'y a jamais eu simultanément deux manières de comprendre et d'interpréter les symboles; leur représentation était donc uniforme, et, partant, demeurait semblable à elle-même.

Il existe toutefois quelques différences superficielles dans les productions des diverses parties de l'Empire; mais ce n'est pas aux frontières que ces divergences se remarquent davantage; pas plus donc que l'influence des siècles ou des lieux, on ne saurait voir là la marque des peuples frontières. Mais il faut remarquer que les aborigènes de l'Indo-Chine ne furent pas d'une race unique, et que, en dehors du *giaochi* autochtone et premier occupant, beaucoup de sangs se sont mêlés jadis pour former les actuels citoyens de l'Annam. Or, suivant les lieux, les mélanges furent divers et de diverses valeurs, et l'on ne peut remarquer dans la nation cette fusion de ses éléments primitifs, fusion qu'on ne remarque même pas en France, qui pourtant est la mieux coordonnée des nations. Or, c'est à cette différence dans les mélanges natifs que sont dues les légères divergences des représentations d'un art unique, et c'est ainsi que le Cambodgien moderne qui a du sang rouge, que l'Annamite de Saïgon qui tient du Malais, l'Annamite du centre qui hérite des anciens Kham, et l'Annamite du Tonkin croisé des races montagnardes, modulent différemment sur un même motif, et ne peuvent être taxés absolument égaux en la forme, tout en demeurant au fond parfaitement semblables.

D'ailleurs, le sentiment est l'attribut artistique par lequel les hommes se différencient davantage. Les Indo-Chinois n'ont nulle part sacrifié au sentiment ni à l'imagination pure. Leur rêverie est parfaitement raisonnée, leurs dérèglements sont parfaitement réglés : rien ne se rapproche moins de leur caractère artistique que l'imprévu de l'enthousiasme. La grâce mièvre et ténue, dont sont revêtues maintes fois leurs conceptions, est bien plus dans leur esprit que dans leur cœur, et leur agrément extérieur ne s'échauffe jamais à leur émotion. C'est pourquoi leur intelligence demeure volontiers égale à elle-même, et ignore ces superbes et curieux écarts qui font l'originalité puissante et la personnalité de l'artiste. L'unique idéal esthétique à atteindre se trouve donc recherché par les mêmes voies et avec les mêmes moyens d'inspiration. L'uniformité des manifestations, telle est la première conséquence du symbolisme de l'art et de l'impersonnalité de l'artiste.

Il serait injuste, toutefois, de passer sous silence l'influence des courants religieux qui vinrent de l'Inde avec l'importation du bouddhisme chez les peuples jaunes. Du moment que le symbolisme de l'art était religieux, il ne pouvait être mieux affecté que par une autre religion. Tel fut le cas du bouddhisme en différentes parties de la Péninsule; mais tel surtout fut le cas du brahmanisme et du voisinage des gigantesques manifestations religieuses de l'Inde.

Le bouddhisme, morale facile et pitoyable, accueilli et agréable à tous les cœurs humains, a eu, en tant que théorie philosophique, un immense retentissement dans toute l'Asie, retentissement d'autant plus complet et rapide que cette doctrine s'assouplit et se conforme à tous les caractères, et s'adapte aux dogmes de toutes les nations qu'elle envahit. Au seul point de vue philosophique, cette tendance typique du bouddhisme pourrait faire refuser au système, tel qu'il est exporté de l'Inde, le nom de « religion ». L'influence de cet ensemble de prescriptions morales fut immense sur les mœurs, mais nulle sur les intelligences, et, puisque l'art indo-chinois était surtout intellectuel, ne se fit sentir sur cet art que lentement et sans beaucoup de valeur. C'est une erreur de croire que le bouddhisme introduisit en Indo-Chine la représentation anthropomorphique de la divinité; la dégénérescence du Tao impersonnel avait, depuis plus de trois siècles, mis la figure humaine sur les autels. Le bouddhisme ne fit qu'en multiplier les représentations sous les formes les plus diverses, qu'autorisaient à la fois les mythes venus de l'Inde et les riches collections de légendes sorties de la terre même d'Annam. La douceur de la loi nouvelle imprima seulement à l'art de la statuaire ces caractères de paix et de bonté tranquille que nous y observons encore aujourd'hui, et adoucit ainsi la rigidité du symbolisme que l'école de Fohi et les adeptes de Laotseu avaient mis en honneur.

Mais, aux approches de l'Inde, la conception architecturale indienne, qui remonte bien avant l'éclosion du bouddhisme, était dans les meilleures conditions pour s'imposer aux peuples voisins. Ceux-ci, pénétrés d'admiration, devaient s'inspirer uniquement de ces remarquables modèles et en tirer, chacun suivant son atavisme, leur architecture nationale. C'est ainsi que nous apparaît aujourd'hui, dans ses ruines majestueuses, l'art du peuple khmer. Il ne nous appartient pas de prendre parti dans la grande querelle qu'ont soulevée, entre les techniciens, les découvertes, les rapports et les conclusions de M. Delaporte. Il nous suffira de signaler la question, et comment elle existe.

L'architecture khmer doit sa récente célébrité aux descriptions de Mouhot, de Francis Garnier et du commandant de Lagrée. Peut-être ces nouveaux découvreurs d'antiques monuments oubliés leur firent-ils la place trop belle, et, dans leur enthousiasme, accordèrent-ils trop facilement le bénéfice de l'invention à des architectes qui furent les plus merveilleux des adaptateurs. Ils rendirent les Khmers responsables de tout leur génie. Une étude plus froide et plus patiente démontra que l'Inde était la première source du talent des Khmers. Déjà M. Delaporte, dans ses consciencieux ouvrages, voit des rapports généraux entre les architectures des deux races; cette tendance des rattachements des grandes ruines du Cambodge aux traditions de l'art antique se développe de plus en plus; M. Harmand, et, après lui, Charles Blanc, s'élevant à une synthèse raisonnée de l'art en Asie méridionale, établirent, entre les monuments des deux péninsules, d'étroites connexités, et en conclurent à une filiation directe. Il est difficile de prendre parti dans cette querelle de savants qui semblent tous également bien documentés; mais il paraît qu'aucune des opinions en présence n'enlève aux ruines qui subsistent la majestueuse perfection de leurs formes, non plus que la religieuse admiration de leurs contemplateurs.

Les Kham, qui furent peut-être les autochtones primordiaux des régions indo-chinoises, ont laissé des vestiges d'un art qui semble plutôt le véritable art annamite, pur de tout mélange, et dont M. le Résident Ch. Lemire s'est fait l'historien scrupuleux et convaincu. C'est cet art qui s'est développé par la suite dans la Péninsule, en remontant vers le nord, et sur lequel les procédés de la mécanique et de l'industrie chinoise ont eu si peu de prise. C'est celui qui règne aujourd'hui sous nos yeux protecteurs, et qui n'a, depuis tant de siècles, subi d'autres modifications que celles que lui ont apportées l'insouciance de la race et l'infortune de plusieurs générations successives.

L'impersonnalité de l'art éclate jusque dans les circonstances de la production ; l'absence de style et d'époques différentes conduit à l'absence d'écoles (dans le sens de théories artistiques d'un ou de plusieurs groupes), et l'uniformité de la production conduit à son anonymat. C'est là un caractère tout spécial à l'Indo-Chine, que l'histoire de son art n'ait, sauf en céramique, retenu le nom d'aucun artiste. Soit que la part individuelle parût trop faible, soit que, dans ce symbolisme, la valeur de l'hommage effaçât la personnalité de celui qui le rendait, la gloire ne s'est faite autour d'aucune mémoire, la célébrité autour d'aucun nom.

On a bien conservé l'histoire des formes, la succession des procédés ; les chefs-d'œuvre jouissent jusque dans les annales impériales d'une réputation consacrée et d'une popularité universelle ; nul ne saurait mettre de nom d'auteur même sur l'une de ces huit merveilles de l'Annam, aujourd'hui disparues et écroulées, mais dont la race a conservé le souvenir religieux et entier.

Peut-être verrons-nous une cause de cet anonymat devant la postérité dans l'extrême modestie des artistes et l'obscurité de leur existence. Au milieu d'un peuple dont la culture intellectuelle était fort avancée, et qui se trouvait tout disposé à la compréhension des arts, l'exécution n'en paraissait pas extraordinaire ; de plus, comme je l'ai expliqué rapidement dans le chapitre de l'Architecture, c'était par souches et par villages que les habitants s'adonnaient à telle ou telle branche de l'art; et il est évident que cette collectivité d'œuvres empêchait les individualités, sinon de se produire, du moins de percer. La renommée du bon artisan rejaillissait sur la souche entière dont il portait le nom, et nul d'entre eux ne s'en croyait spolié; sa réputation personnelle ne dépassait pas souvent les limites de sa région, et jamais les bornes de son existence.

La signature des œuvres, qui est le moyen de la célébrité, n'existait qu'à l'état d'exception. Comme la signature sur un objet, dans l'esprit du peuple, détermine en quelque sorte la possession de l'objet par le signataire, les œuvres demeurèrent, pour la plupart, anonymes, et la *marque* fut partout ce qu'elle est pour la céramique en Occident, un sigillaire du lieu de fabrication, ou parfois même un centon philosophique plus ou moins approprié, une invocation, ou un caractère légendaire. Quant aux seuls ouvrages signés qui nous sont parvenus, nous ne sommes pas encore bien certains que le nom qui subsiste soit celui de l'artiste véritable, plutôt que celui du propriétaire de la fabrique, ou du fonctionnaire impérial sous les yeux ou les auspices duquel la fabrication a été faite. Les annales artistiques que différents historiens ont tenues restent muettes au sujet des individus, et, sauf peut-être dans la porcelaine et l'art du potier, il ne faut pas songer à reconstituer par les personnes l'art des temps passés.

La même tendance à l'anonymat subsiste encore aujourd'hui, bien qu'elle s'affaiblisse, et que l'on puisse prévoir, si les conditions actuelles se maintiennent, l'éclosion d'une production personnelle. Ce changement tient un peu à l'amour-propre, mais surtout au désir du gain rapide que l'occupation politique et les demandes commerciales européennes ont développé, et dont nous ferons mention en signalant les effets produits par l'établissement récent de l'influence française.

Dans le même ordre d'idées, il faut constater l'absence des écoles, et aussi des chapelles et des coteries. On n'avait pas à perpétuer un style particulier, ni la manière de faire d'un artiste réputé spécial ; Hué, Hanoï, ni Saïgon ne se disputaient pour la forme ou la couleur, comme jadis Milan, Bologne ou Venise ; on n'avait rien à conserver sur un point plutôt que sur un autre, et la même tradition était l'apanage de tout le territoire. Le peu de célébrité extérieure des meilleurs artistes n'engageait point à former des armées de disciples rangés sous leurs préceptes, leurs préjugés, leurs habitudes ; ceux-là seuls qui avaient étudié à leurs côtés conservaient la mémoire de leurs noms et de leurs leçons, qui, au bout d'une génération, se confondaient avec tout le passé du patrimoine artistique de la race. D'ailleurs, ces écoles, ces divisions, qui sont comme « l'esprit de corps » des artistes, rendent l'art plus vibrant, plus humain sans doute, mais aussi plus discuté, et il n'entrait pas, il ne pouvait pas entrer dans l'intelligence indo-chinoise que les symboles et leur représentation même pussent devenir l'objet de critiques et de polémiques. La critique d'art indépendante eût été considérée à peu près à l'égal d'un sacrilège, ou, en tout cas, d'une irrévérence ; l'Indo-Chine n'a pas plus le droit de juger les symboles que l'Hébreu n'avait le droit de regarder l'arche ; l'égalité relative de l'artiste à son but ne se discutait qu'entre sa conscience et lui, et c'était à lui seul à juger s'il avait eu plus de mérite à s'approcher du symbole que d'impiété à ne pas l'avoir atteint. Et c'est ainsi que, en dehors des contestations et au-dessus du blâme et de l'éloge même, la notion de l'art marcha à travers l'histoire de l'Annam, froide et révérée.

Comment donc s'élèvent les artistes et naissent les vocations? car on ne saurait admettre, sauf en des cas fort rares, la spontanéité du génie. Le jeune artiste puise son talent dans l'atavisme de la race et dans le milieu où il est né; l'unité et l'universalité du symbolisme ont fait à la nation une âme artistique, dont chacun de ses membres tire parti à sa manière. Même parmi les classes les moins disertes. il n'y a jamais d'indifférence ni d'ignorance totale vis-à-vis de l'art, et le jeune homme naît et croît dans une atmosphère intellectuelle et compréhensive qui aiguise et excite ses qualités natives. L'encouragement général est un des plus grands excitants de la production. A ce premier et puissant mobile vient s'ajouter la force de l'exemple collectif. Les artistes d'une même branche d'art vivent par villages et communautés ; l'enseignement qu'ils ne donnent point avec leurs lèvres, et qu'ils négligent ou qu'ils ignorent peut-être, sort de leur présence et de leur seule action.

Il ne faut pas croire que les centres de production

soient des centres de commerce ou s'en rapprochent ;
les principaux centres ne sont ni à Hanoï ni à Hai-
phong, villes de grande vente ; il n'est même pas toujours juste de dire que les grands centres de production se trouvent voisins des lieux où l'on récolte les
matières premières ; les sculptures ne se font pas dans
les pays de forêts, ni les incrustations de nacre au
bord de la mer. Le fils d'un céramiste ne sera point
architecte, et un brodeur ne viendra pas s'installer dans
un village de laqueurs. Bien plus, la corporation, ou
plutôt la famille des orfèvres et des ciseleurs, paraît
affectionner la vie nomade. C'est par souches et communautés qu'on produit et qu'on travaille, et de ces
souches sortent indéfiniment des ouvriers de la même
branche d'art, qui ont appris, sans qu'on le leur
enseigne, les rubriques de la fabrication et les procédés de la production ; la nature, plus ou moins heureuse, fait le reste.

L'individualité de cette éducation, le peu de souci
de la gloire, l'impersonnalité des motifs et l'horreur
que tout Indo-Chinois lettré éprouve pour un déplacement quelconque, donnent à l'artiste une vie modeste,
cachée, mais aussi indépendante. La façon dont il s'est
formé, sans réclamer aucune aide matérielle ou morale,
n'impose aucune obligation à sa production et à son
existence artistique. Il ne réclame rien de personne, et
personne ne lui vient rien offrir. Le personnage de
Mécène est inconnu dans la Péninsule. L'effort de l'artiste n'est pas récompensé, mais il n'est pas non plus
comprimé.

Il ne s'insinue donc pas chez les grands ni auprès des rois, et la protection artistique des puissants n'existe point. Le peu de besoins des hommes, l'amour de leur foyer et de leur indépendance, ne les invitent pas à aller chercher au loin la richesse, mais aussi la servitude. D'ailleurs, on ne se fait point idée d'une cour artistique en Orient ; pour génie que l'on soit, on n'approche pas le roi ni ses ministres ; l'étude des problèmes gouvernementaux intérieurs et des finesses politiques extérieures leur laisse peu de temps à d'autres intérêts moins graves ; de plus, les Rites cérémoniels, d'une majesté et d'une sévérité excessives, n'eussent pas toléré à la cour l'introduction des artistes de toutes les familles.

L'indifférence du pouvoir est donc entière vis-à-vis de l'art ; les commandes qui sont faites aux artistes n'ont pour but que la satisfaction des lois, et non pas la protection des producteurs. Ceux-ci vivent et meurent indépendants et inconnus, et la dignité obscure de leur existence ne les préserve pas de l'oubli de la postérité.

La réserve, pour ainsi dire sacerdotale, que tiennent les artistes au milieu des hommes, ne leur permet pas de prendre une part intellectuelle aux changements politiques et moraux. De cette sauvagerie et de cette égalité d'humeur découle une certaine stagnation de l'art. Se dérobant à toutes les influences immédiates, il reste toujours au même point : c'est un humble hommage à la tradition ; mais n'est-il pas vrai, en art comme en certaines autres sciences humaines, que « qui n'avance point, recule » ? Ce principe, cher à la vivacité et à la vitalité occidentales,

n'est pas du tout reconnu en Orient. La tradition, d'où
sort le symbolisme artistique, est, dit-on, impeccable
et infaillible; si les œuvres d'art ne sont pas parfaites,
on ne saurait s'en prendre qu'à l'insuffisance de l'artiste; il faut donc qu'il recommence, qu'il réfléchisse
et qu'il travaille, et il n'y a aucun motif de changer ou
de rénover quoi que ce soit dans les principes et dans
les Rites de l'art. Tel est le raisonnement primordial
des inventeurs et des artisans de l'Indo-Chine. Cette
stagnation, ce piétinement sur place est dans l'essence
de l'art; et s'il n'empêche pas, du moins d'une façon
absolue, les envolées plus ou moins imaginatives ou
géniales des individus, il s'oppose complètement au
progrès des inventions et au déplacement des manifestations et des sentiments artistiques de l'ensemble.

Près de cette stagnation se tient la décadence; elle
guette bien plus volontiers les peuples stationnaires
que les peuples en marche; elle est presque inévitable
chez ceux qui n'ont pas, dans des musées ou dans les
collections des modèles, ou dans les traditions des
manufactures, conservé de traces matérielles de leur
développement et des phases de leurs goûts et de leurs
modes. Nulle part l'Indo-Chine ne posséda ces monuments durables, qui sont comme les « tuteurs » des
hommes et des talents à venir. La confiance ingénue
dans le génie de ses enfants lui tient lieu d'enseignement et de méthode. Cette prodigieuse insouciance
envers l'objet créé, du moment que le Verbe qui le
créa fut louable, va, — nous l'avons déjà vu, — jusqu'à
ne pas même conserver les dessins ni les moules de la
céramique et du bronze. Le procédé de la cire perdue,

qui n'est appliqué qu'aux morceaux les plus parfaits, identifie, pour ainsi dire, le moule avec l'objet ; et ce moule, qui fut la conception primitive de l'artiste, disparait forcément dans l'opération de la coulée ou du modelage. Si, dès les premières époques, l'art indochinois n'a pas donné de signes de décadence et de fatigue, malgré des procédés aussi négligents et une telle indifférence pour les choses acquises et les forces vives déjà écloses et encore utilisables, il ne faut en savoir gré qu'au tempérament général de la race, au caractère constant de l'art, à l'extrême popularité et à la vulgarisation des procédés et des modèles.

Que conclure de tous ces caractères spécifiques ? C'est qu'un art, soumis aux traditions sévères du symbolisme et que ne mitigent pas les qualités divines de l'émotion humaine, est empreint inévitablement d'une froide majesté qui s'accommode mal de la médiocrité des artistes ; l'œuvre atteindra donc, dans une beauté rigide et géniale, les plus hauts sommets de l'art, ou bien, sans aspirations ni inspirations, elle se traînera dans les lieux communs du convenu et de la simple fabrication ; la *bonne moyenne* ne sera jamais permise. Nous conclurons que toutes les œuvres gracieuses ne procéderont pas du sentiment ému et communicatif, ni de la mise en mouvement de la sensibilité imaginative, mais seulement d'une finesse intellectuelle qui ne sortira point du cœur et ne trouvera pas le chemin du cœur, et ne se départira pas de la froideur générale ; et, là encore, celui qui n'aura pas atteint la perfection de ce genre, c'est-à-dire l'expression manifestée de la résolution d'un problème philosophique ou d'une conception mystique bien ténue, tombera dans l'insupportable réalisation des logomachies et dans l'affectation mièvre de futilités précieuses.

Nous conclurons aussi que, indépendamment de toute valeur matérielle, celui qui n'atteindra pas le grandiose dans la représentation des mythes héroïques s'écroulera dans le ridicule et qu'il ne pourra point se sauver dans un honnête juste milieu.

Et enfin nous ne nous étonnerons pas que, dans une esthétique, où l'idée seule domine au point d'effacer toute sorte de sentiments et tous les autres mobiles, il ne soit guère tenu compte de la matière première ; que, en dehors parfois des exigences des Rites, il soit indifférent pour le mérite acquis d'avoir travaillé le bois, l'ivoire ou l'or, et que l'on ne donne d'attention à la valeur intrinsèque de la matière que si, à cause de la forme de l'œuvre, le travail de cette matière correspond à une difficulté vaincue.

Cette conception, étrangement austère. de la généralité de l'art, n'est-elle pas la synthèse originelle de cet art lui-même, qui, à nos yeux européens, semble si peu régulier et de formes si tourmentées ? N'est-elle pas la genèse de ces architectures qui paraissent compliquées et dont les schémas pourtant témoignent d'un ordre invariable ? C'est que, malgré les éducations et les atavismes, la nature humaine a des droits imprescriptibles, et que l'émotion imaginative et la représentation de la nature feront toujours partie du domaine de l'art. Pour concilier les volontés des trad.tions avec ces désirs secrets et tout-puissants, les extrêmes Orientaux ont peint et sculpté la nature, mais déformée et arrangée au gré de leurs mythes : les animaux sont devenus fantastiques et se sont pliés aux formes des symboles. Voilà la conclusion étrange, hors nature, qui donne à la physionomie de l'art son caractère singulier et, pour ainsi dire, inquiétant, tandis que, en dessous de cette surface et dépouillé de ces ornements bizarres, l'art lui-même demeure d'une impeccable rigidité et d'une parfaite obéissance aux formules.

Pour le conserver entier dans son intégrité fragile sur une seule base philosophique, en l'absence des écoles, des styles, des professeurs, des musées et des manufactures officielles, il fallait à l'individu l'indépendance et à la nation la paix. J'ajouterai même qu'à l'Indo-Chine il eût fallu la solitude. Or, si la liberté de l'existence resta toujours l'apanage de l'artiste dans ses lointains villages et à son foyer modeste, la solitude et la paix, dès la chute de la dynastie nationale des Lê, manquèrent à l'Indo-Chine. Il n'était pas possible à un art aussi ténu et froid de se maintenir dans toute sa pureté à côté d'une race nouvelle, pleine d'idées concrètes, de sentiments réalistes, et d'une personnalité très vivante et expansive. Il n'était pas davantage possible à un peuple, que la guerre venait chercher chez lui et qui était obligé d'abandonner ses travaux pour défendre son sol, de retrouver, après la lutte, une tradition artistique qui ne se basait sur aucune institution précise et tangible, et qui ne subsistait que par la continuité de l'étude qu'en faisaient ses pacifiques adeptes. Les luttes extérieures et intérieures qui, depuis un siècle, désolent l'Indo-Chine, eurent leur immédiate et fâcheuse répercussion sur l'état actuel des arts, et malheureusement aussi sur la valeur des productions des générations prochaines. La glose qui faisait tout l'héritage des aïeux ne fut plus transmise ; à des esprits hésitants et n'étant plus pénétrés des anciennes convictions d'autrefois, l'influence occidentale se présenta au milieu du bruit et de l'éclat de la force victorieuse, et l'on juge de l'effet qu'elle produisit. Il nous est impossible d'en étudier les conséquences, car c'est là une question des plus complexes, dont l'exposé force à entrer dans des considérations administratives et politiques qui n'ont pas leur place dans une critique d'art. Qu'il suffise de déclarer et de retenir que, en thèse générale, l'entrée imprévue, dans une entité artistique, d'une influence extérieure aussi dissemblable de cette entité que les conventions occidentales sont dissemblables des conventions chinoises, ne peut que produire des résultats fâcheux et vraiment informes, de même que l'union d'animaux de genres différents ne donne que des produits monstrueux et tératologiques. De plus, la mixture des qualités et des défauts de races aussi éloignées ne peut conduire qu'à une inévitable dépression morale qui tôt ou tard rejaillit sur l'être artistique de la nation influencée. C'est pourquoi on peut hardiment inférer que l'établissement du Protectorat français en Indo-Chine porte le plus rude coup à la pureté de l'art indo-chinois, et menace tous les jours et de toutes les façons ses qualités constitutives. Mais notre administration peut réparer facilement le tort involontaire que cause sa présence en tâchant de donner corps aux enseignements oraux disparus, de conserver, par des institutions appropriées, le génie de la race et la mémoire des anciens chefs-d'œuvre avec les moyens de les produire de nouveau un jour.

Serait-ce trop demander au gouvernement du Protectorat, lorsqu'il aura définitivement établi son administration, sa police et ses finances, de songer au côté intellectuel de notre conquête ? Une habile, quoique peu coûteuse, protection des arts serait certainement un puissant moyen de nous attirer la sympathie d'un peuple si ouvert aux choses de l'esprit ; et nous ne ferions ainsi qu'adapter au domaine de l'art les théories si heureusement mises en pratique par l'illustre Paul Bert dans le développement qu'il donna aux lettres et aux sociétés savantes et philosophiques de l'Annam.

Un enseignement de l'art indigène, non seulement théorique, mais pratique, et où les jeunes gens viendraient puiser les objets et les règles de leurs inspirations ; l'établissement de fabriques nationales où l'on viendrait étudier les procédés, et la constitution, dans un des nombreux temples vides, d'un musée central où seraient réunis les principaux chefs-d'œuvre du passé, suffiraient très certainement à maintenir la noblesse et l'intégrité de l'art. Et, au point de vue individuel, la protection de la personne de l'artiste et la décharge de l'impôt dans certaines conditions pour des agglomérations de producteurs et de maîtres-ouvriers seraient, à bien peu de frais, de sûrs garants de l'indépendance matérielle des artistes, à qui le souci de la vie journalière enlève toutes facultés et tous loisirs. Tout cela sera possible, et d'une façon durable, le jour où, triomphant des mauvaises volontés et des inerties, le gouvernement français aura, par le respect des hommes et des choses, établi dans la Péninsule cette sœur de l'art et de l'intelligence, la Paix.

CONCLUSION

La rapide promenade que nous venons de faire
parmi les arts variés et touffus de l'Indo-Chine permet
d'affirmer l'originalité du génie de la race, mais en
même temps une stagnation de ses manifestations, parfois même une décadence de ses produits. La recherche
des causes de cet amoindrissement fût sortie des bornes
imposées à nos descriptions et à notre esthétique pré-
cipitée; nous y eussions dû mentionner surtout l'influence du goût parasite occidental. Mais nous en
eussions tiré un résultat qu'il importe malgré tout de
mettre en lumière : c'est que, si les produits de l'art
diminuent, l'idée productive reste entière et incontami-
née, et que, par suite, pour devenir semblables aux
grandes époques d'autrefois, il ne faudra aux époques
futures que plus de recueillement et d'indépendance.

Cette indépendance et ce recueillement ne vont pas
sans la tranquillité et la stabilité politiques. C'est donc
de nous autres Occidentaux que dépendent indirectement
le réveil artistique de l'Indo-Chine et la continuation
des vieilles traditions. Ce n'est pas à ce seul point de
vue toutefois que nous désirons voir l'art indo-chinois
entrer dans la compréhension française ; car nous estimons, en outre, qu'une race aussi originale et entière

que la race indo-chinoise montre, dans son art, un peu de son caractère et de son humeur. Nous estimons que, parmi surtout les nations traditionnelles et respectueuses du Passé et des Rites, les institutions ont leur image et leur écho dans les manifestations de l'architecture et de la sculpture ; nous pensons donc que, si l'étude des chefs-d'œuvre indo-chinois peut être agréable aux artistes, elle peut encore être utile à tous ceux qui sont chargés de conduire les hommes, du cerveau desquels ces chefs-d'œuvre sont sortis. Et nous serions heureux d'avoir ainsi, dans leurs monuments et dans leurs bibelots, découvert et démontré, brièvement mais clairement, l' « âme » indo-chinoise.

FIN

TABLEAU CHRONOLOGIQUE

DES DEUX DERNIÈRES DYNASTIES RÉGNANTES

EN ANNAM

1° Rois de la dynastie Lê.

Le-loi (Le thaito), 1428-1434.
Le-thai-tong (Tieubinh), 1434-1443.
Le-nhan-tong (Thaihoa), 1443-1460.
Le-thanh-tong (Quang-thuan), 1460-1498.
Le-hien-tong (Kien-tong), 1498-1505.
Le-tuc-tong (Thai-trinh), 1505.
Oai-muc de (Doan-Khanh), 1505-1510.
Le-tuong-duc (Hong-tuan), 1510-1517.
Le-chieu-tong (Quang-thieu), 1517-1523.
Le-cung-hoang (Thong-Nguyen), 1523-1528.
Mac-dang-dong (Minh-duc), usurpateur, 1528-1530.
Mac-dang-dinh (Daichanh), usurpateur, 1528-1530.
Le-tran-tong (Nguyen-hoa), 1533-1549.
Le-trung-tong (Thuan-binh), 1549-1557.
Le-anh-tong (Chang-tri) 1557-1572.
Le-the-tong (Gia-thoi), 1572-1600.
Le-duy-tan (Hoang-dinh), 1600-1619.
Le-than-tong (Duc-long), 1619-1643.
Le-duy-huu (Phuoc-thai), 1643-1648.
Le-than-tong (deuxième fois), 1649-1663.
Le-duy-cuu (Canh-tri), 1663-1673.

Le-duy-hoi (Duc-Nguyen), 1673-1675.
Le-duy-hiep (Chanh-hoa), 1675-1705.
Le-du-tong (Bao-thoi), 1705-1729.
Le-duy-phuong (Vinh-Kanh), 1729-1732.
Le-thuan-tong (Long-duc), 1735-1740.
Le-duy-thin (Vinh-huu), 1740-1745.
Le-hien-tong (Canh-hung), 1745-1786.
Le-chieu-tong (Chieu-tong), 1786-1788.

INTERRÈGNE

2º Rois de la dynastie Nguyen.

Gialong, 1801-1820.
Dam (Minh-mang), 1820-1841.
Nguyen-phuoc (Thieutri), 1841-1847.
Hoang-nham (Tuduc), 1847-1883.
Hiep-hoa, 1883.
Memen (Khien-phuoc), 1883-1884.
Unglich (Hamnghi), 1884-1885.
Ung-dau (Dong-Khanh), 1885-1888.
Thanhtai, 1888.

TABLE DES MATIÈRES

Pages.

PRÉFACE   7

L'ARCHITECTURE

I. — L'ARCHITECTURE RELIGIEUSE. — Culte des ancêtres, — Taoïsme, confucianisme, bouddhisme. — Type architectonique du temple. — La pagode confucéenne. — Les temples commémoratifs. — L'architecture religieuse des Khmers. — Les manifestations religieuses du Laos, du bas Mékong et du Siam   14

II. — L'ARCHITECTURE MILITAIRE. — Les anciennes forteresses tonkinoises. — Daïla. — Les fortins détachés. — Les forteresses de l'ancien Cambodge et du Siam.   60

III. — L'ARCHITECTURE CIVILE. — Les Lois et les Rites de la construction. — La bâtisse intérieure. Les palais khmers, cambodgiens et siamois. — Construction des digues et des ponts.   74

IV. — L'ARCHITECTURE FUNÉRAIRE. — Règles funéraires; pagodes funéraires. — Les monastères fermés. — Les sépultures royales : les tombeaux du Laos et du Siam. .   94

LA SCULPTURE

I. — SCULPTURE MONUMENTALE. — L'ornementation et la décoration symboliques. — La danong et le voimat. — Les

Pages.

bas-reliefs. — Histoire de l'ornementation monumentale
au Cambodge. — Le bas-relief siamois 108

II. — La statuaire. — Caractère spécialement religieux de
la statuaire. — Le sentiment de la représentation idéale
de l'homme divinisé. — Les statues de Phât. — Les statues des dieux inférieurs. — Les pyramides de statues.
— Instruments du statuaire. — Les statues gigantesques.
— Les monstres. 126

III. — La sculpture sur bois. — Les bois précieux de
l'Indo-Chine. — Les ornementations des maisons. — Le
meuble : le meuble sacré; le meuble usuel; ancienneté
de la sculpture sur bois. Les meubles spéciaux; étude de
leur forme générale et de leurs dessins superficiels. —
Instruments de musique. 152

IV. — La sculpture de l'ivoire. — L'ivoire vivant et l'ivoire
mort. — Différentes sortes d'ivoire et manière de les distinguer. — La dent d'éléphant. Les os de baleine. Qualités des sculptures sur ivoire 183

LES ARTS DES MÉTAUX

I. — Cuivres et bronzes. — Cuivres natifs et alliages. — La
fonte et ses règles traditionnelles. — Les anciennes
pièces. — Les moulages et les cires perdues. — Les
époques du bronze. — L'art des Khmers. Les cloches.
Les armes. 193

II. — Ors, argents, émaux. — Orfèvrerie, bijouterie, joaillerie ; ors et argents natifs. — Étirage et martelage : la
ciselure. L'émaillage. 222

LA CÉRAMIQUE

Les fabriques impériales d'Annam. Les époques de la porcelaine épaisse. Histoire de quelques marques. 237

La technique, les principes et les procédés. Le détail et la
perspective. — La peinture. — La broderie : ses modes. 247

LES ARTS DU DESSIN

Pages.

Les laques et les nacres 257

L'esthétique indo-chinoise 263

Conclusion 285

FIN DE LA TABLE

Paris. — Lib.-Imp. réunies, 7, rue Saint-Benoît.

OUVRAGES DE MATGIOI

(ALBERT DE POUVOURVILLE)

ÉTUDES COLONIALES

I. *Le Tonkin actuel* (avec 3 cartes), *1888-1889*. Savine, 1890.
2ᵉ édition.

II. *Deux années de lutte, 1890-1891*. Savine, 1893. 3ᵉ édition.

III. *La Politique indo-chinoise, 1892-1893*. Savine, 1894,
2ᵉ édition.

L'ESPRIT DES RACES JAUNES

L'Art indo-chinois, avec 113 gravures. Quantin, 1894.

Le Tao, de Laotseu. Traduction exacte. Librairie de l'Art
indépendant, 1894.

Le Livre de la vertu, de Laotseu. Traduction avec notes.
Librairie de l'Art indépendant, 1894.

De l'autre côté du mur, avec 16 compositions originales de
L. Ehrmann. (En préparation.)

Notes sur la marche (1 brochure, Baudoin, 1887).

Un point d'histoire coloniale (1 brochure, Savine, 1892).

L'Idée de patrie en Asie (1 brochure, Mayeux, 1893).

BIBLIOTHÈQUE

DE

L'ENSEIGNEMENT

DES

BEAUX-ARTS

Bibliothèque nationale de France
2001

Centre Joël Le Theule - Sablé sur Sarthe

Réd. : 18

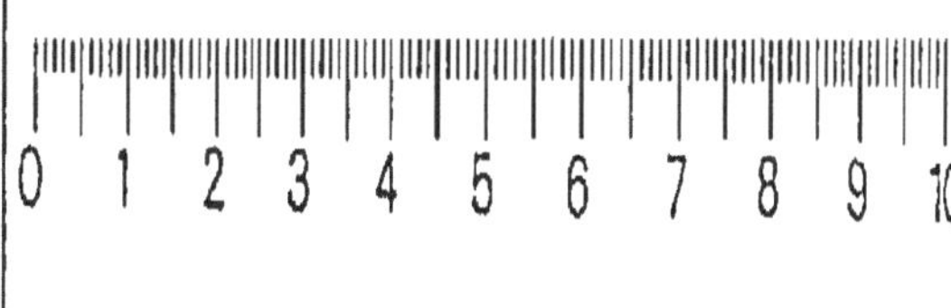